U0740445

中国经济社会发展智库丛书 ■ 第1辑

激辩"新人口策论"

New Critical Debate on Population Scheme

程恩富◎主　编

胡乐明　李建平◎副主编

中国社会科学出版社

图书在版编目（CIP）数据

激辩"新人口策论"/程恩富主编. —北京：中国社会科学出版社，2010.1
（中国经济社会发展智库丛书·第1辑）
ISBN 978‑7‑5004‑8390‑8

Ⅰ. 激… Ⅱ. 程… Ⅲ. 人口政策—研究—中国 Ⅳ. C924.21

中国版本图书馆 CIP 数据核字（2009）第 233711 号

责任编辑 田 文
责任校对 杜 峰
封面设计 李尘工作室
技术编辑 李 建

出版发行 中国社会科学出版社
社 址 北京鼓楼西大街甲 158 号 邮 编 100720
电 话 010—84029450（邮购）
网 址 http://www.csspw.cn
经 销 新华书店
印 刷 北京君升印刷有限公司 装 订 广增装订厂
版 次 2010 年 1 月第 1 版 印 次 2010 年 1 月第 1 次印刷
开 本 710×1000 1/16
印 张 21.25 插 页 2
字 数 312 千字
定 价 38.00 元

凡购买中国社会科学出版社图书,如有质量问题请与本社发行部联系调换
版权所有 侵权必究

新人口理论与政策——中国经济社会发展智库首届论坛
2009年7月21日 中国社会科学院（北京）

主席台左起：李建平、杨魁孚、程恩富、王伟光、赵白鸽、何秉孟、田雪原、许为民；胡乐明主持会议

中国社会科学院常务副院长　王伟光

国家人口和计划生育委员会副主任　赵白鸽

国家人口和计划生育委员会原副
主任　杨魁孚

中国社会科学院学部委员、人口与劳
动经济研究所原所长　田雪原

中国社会科学院马克思主义研究
院院长、智库理事会召集人　程恩富

中国社会科学院马克思主义研究院
原理部主任(副局级)、经济社会发展研究
中心副主任　胡乐明

《中国经济社会发展智库丛书》
编 委 会

主 任　程恩富　中国社会科学院学部委员、学部主席团成员、马克思主义研究学部主任、马克思主义研究院院长、经济社会发展研究中心主任、第十一届全国人大代表

编 委　胡乐明　中国社会科学院马克思主义研究院原理部主任、经济社会发展研究中心副主任

　　　　郭建宁　北京大学马克思主义学院院长

　　　　艾四林　清华大学马克思主义学院常务副院长

　　　　秦　宣　中国人民大学马克思主义学院院长

　　　　白暴力　北京师范大学马克思主义学院院长

　　　　段　霞　首都经济贸易大学人文学院院长

　　　　王树荫　首都师范大学政法学院院长

　　　　冯金华　上海财经大学马克思主义研究院副院长

　　　　李建平　福建师范大学马克思主义研究院院长、福建师范大学原校长

　　　　何干强　南京财经大学当代马克思主义中国化研究中心主任

　　　　许为民　浙江大学宁波理工学院院长

目　　录

前　　论

甲方文章

乙方文章

相关信息

百年中国人口

宋健，原国务委员、九届全国政协副主席、中国工程院院长，中国科学院和中国工程院院士，著名控制论专家，是我国率先运用控制论研究人口发展战略的杰出学者。

世界科学界公认，20 世纪下半叶中国成功地抑制了人口急速增长。总和生育率（平均妇女生育数）从 6.0 降到 1.8 左右，已 15 年低于更替水平。年出生人口从 2880 万（1965—1970）降至 1600 万（2008），自然增长率由 2.6% 减至 0.5%。只要再坚持一段低生育政策，25 年后中国人口可望稳定在 15 亿左右，接近零增长。一百年来中外政治家和知识界担忧的"中国人口大爆炸"的引信已被拆除。这是中华民族千秋史上的重大转折，科学理性的伟大胜利，为可持续的科学发展创造了条件，奠定了基础，极大提高了全国人民全面建设小康社会，实现工业化和现代化的信心。① 联合国人口基金会和各国人口学界都认为："中国通过计划生育成功地控制了人口过快增长的

---

① 李斌：《攻坚天下第一难，创造世界人口发展奇迹》，载《光明日报》2009 年 9 月 18 日，记者陈菲、周婷玉报道。

趋势,实现了社会人口转型和经济高速发展的两大奇迹,为世界发展积累宝贵知识和经验。"① 西方少数人对中国人口政策的謷言恶语也已销声匿迹。

百年奋斗

现在各国社会学和人口学界主流的共识是,在人口众多的中国计划生育之所以能取得成功,关键在于党和各级政府的远见卓识和坚强领导。从20 世纪 50 年代始,当中国人口为 6 亿时,毛泽东、刘少奇、周恩来、邓小平等耐心劝导全国人民节制生育。早在 1955 年 3 月中共中央批转卫生部党组报告中就提示:"节制生育是关系广大人民生活的一项重大政策性问题。在当前历史条件下,为了国家、家庭和新生一代的利益,我们党是赞成适当地节制生育的。各地党委应在干部和人民群众中适当宣传党的这项政策,使人民群众对节制生育问题有一个正确的认识。"②

1957 年 2 月 26 日毛泽东在最高国务会议上说:"我们这个国家有这么多人,是世界各国所没有的。要提倡节育,少生一点就好了。"1958 年1 月他又说:"人类还不能掌握这个劳动力的再生产。我看若搞到 7 亿人口,就会紧张起来,邵(力子)先生那个道理(节制生育)就会大兴。邵先生之道大兴之日,是 7 亿到 8 亿人口之时。"③ 毛泽东首先提出计划生育的概念:"计划生育应同五年计划配合起来,三年试点,三年推广,四年普及实行。"1957 年中共中央颁布的《全国农业发展纲要》中规定:"除少数民族地区外,在一切人口稠密的地区,宣传和推广节制生育,提倡有计划地生育子女,使家庭避免过重的生活负担,使子女受到较好的教育,并且得到充分的就业机会。"

经历了 1957—1961 年痛苦的"反右"、"大跃进"和三年灾荒以后,中共中央、国务院又专门发布了《关于认真提倡计划生育的指示》(1962

① 《国际社会积极评价中国人口发展状况》,新华社通讯稿 2009 年 10 月 29 日。
② 国家人口和计划生育委员会编:《中国人口和计划生育史》,中国人口出版社 2007 年版。
③ 中共中央文献研究室编,逄先知、金冲及主编:《毛泽东传(1949—1976)》,中央文献出版社 2004 年版。

年12月），确定了"实行计划生育，控制人口增长"的方针，要求"各地党委和政府要把这一工作列为议事日程"。1963年4月又进一步提出："在全国开展计划生育群众运动，加强计生工作的领导。提倡少生、晚婚，修改不利于计划生育的规章制度，加强技术指导和药品供应。"

"文化大革命"期间，人口从7亿（1964）猛增至9.5亿（1977），已大大超出了毛泽东的警戒线，使全国震惊。全国大批判马寅初《新人口论》的余音尚且绕耳，中央和社会各界真的紧张起来了。1978年全国人大五届一次会议决定把"提倡和推行计划生育"写入宪法。同年国务院专门成立了计划生育领导小组，下设计划生育委员会（2003年改为国家人口和计划生育委员会）。1980年6月主管经济工作的中央副主席陈云批示说："提倡只生一个孩子是眼前第一位的工作，至于由此而产生的一些问题则属于第二位的问题。""一要大造舆论；二要立法，要求一对夫妇生一个孩子。"[①] 1981年1月邓小平说："计划生育是一项战略性任务，一定要抓好。要大造舆论，表扬好的典型"；"中国人口如果不加控制，到本世纪末会达到15亿，人口增长会超过经济的增长。因此，我们的人口政策是带有战略性的大政策"[②]。1982年中共中央决定把计划生育列为基本国策。2001年人大常委会颁布了《计划生育法》。在国务院直接领导下，逐步形成了晚、稀、少，多元化、因地制宜的生育政策，在人口密集地区和城市"一对夫妇最好生一个，最多两个，间隔4年"。中央要求各地"书记挂帅，全党动手，把自然增长率降到1%以下，20世纪末把人口总数控制在12亿以下"。国家计划生育委员会成立以后，卓有成效地领导了全国计生工作。50多万计生工作者艰苦奋斗，克服种种困难，为中华民族的可持续发展、为计划生育事业作出了伟大贡献，开创了人类发展史上一个全新的时代。

溯顾20世纪，辛亥革命以降，人口问题一直是各时代革命家、政治家、社会科学家等知识界所关心的重点问题之一。孙中山、李大钊、陈独

---

① 《国务院计划生育领导小组工作汇报提纲》，计生委会议文件，1981年5月。
② 国家人口和计划生育委员会编：《中国人口和计划生育史》，中国人口出版社2007年版。

秀、毛泽东等对此都有过重要论述。不难理喻，在革命高潮或御侮时期，大敌当前，革命家们志在组织群众，厉兵秣马，整军经武，人多兵强，才能在战争中取胜。北伐前夕（1924）孙中山说："欧洲人有强权而无公理。中国人少了，他们要以多数征服少数，一定会吞并中国。"那时中国4亿人口，他认为"中国地大，能养8亿人"①。解放战争中，解放军不断壮大，战胜了敌人。1949年，毛泽东激情地说："中国人口众多，是一件极大的好事，再增加多少倍人口，也完全有办法。""世间一切事务中，人是第一个可宝贵的。在共产党的领导下，只要有了人，什么人间奇迹也可以造出来。"②李大钊认为，即使中国存在人口问题，也只能通过铲除侵略、改革社会和发展科学，且只有在革命胜利后才能解决。③

20世纪20—40年代，大批学贯中西的经济学家、历史学家、社会学家、地理学家和医学家们，为救亡图存，改造中华，对中国的人口问题进行过系统的科学研究，发表过大量论文和专著。《新青年》杂志开辟人口专栏，人口问题遂成为社会科学界的热点命题，形成中国科学史上罕有的争鸣热议时代。梁启超（1873—1929）、陈长蘅（1888—1987）、许仕廉（1896—?）、陶孟和（1889—1961，中研院、中科院院士）、马寅初（1882—1982，中研院、中科院院士）、许德珩（1895—1990）、李达（1890—1966，中科院院士）、顾孟余（1888—1972）、陈达（1896—1975，中研院院士）、李景汉（1895—1986）、吴景超（1901—1968）、钟惠澜（1901—1979，中研院、中科院院士）、胡焕庸（1901—1998）、梁漱溟（1893—1988）、许涤新（1906—1988，中科院院士）、翁文灏（1889—1971，中研院院士）、孙本文（1894—1979）、戴世光（1908—1999）、潘光旦（1899—1967）、吴文藻（1901—1985）、费孝通（1910—2007）、言心哲（1898—1984）、雷洁琼（1905— ）等，都为此作出过重要贡献。

---

① 孙中山：《民生第三讲》（1924年8月17日），载《孙中山全集》第9卷，中华书局1985年版。
② 毛泽东：《唯心史观的破产》，载《毛泽东选集》第4卷，人民出版社1963年版。
③ 李大钊：《战争与人口问题》（1917年3月30日《甲寅》日刊），载《李大钊选集》，人民出版社1978年版。

他们从清除贫困，发展经济，建设工业和振兴农村出发，都认为中国应节
制生育，俾人口与经济发展水平相适应。辛亥革命后，陈长蘅、许仕廉等
断言："今日我国生计问题应解决者多矣，而人口问题乃为根本之一。"①
"人口为国家之原，文化和财富生产者，一切社会问题之根本。"② 中国应
该实行"生育革命"，广施科教，节制生育，人民才能拯贫致富，国家才
能强盛。陈长蘅引用某经济学家名言"只有狐狸才希望野兔多子多孙"。
他们的著述奠定了中国现代人口学的基础。首任中研院院长蔡元培带头支
持，科学界广发共鸣，至30年代已成为主流思想。③ 民国期间，社会学家
在北京、河北、山东、山西、江苏、浙江、福建等省开展了较大规模的社
会调查，为研究人口问题提供了宝贵的实证资讯，肇始了人口普查制规。④
科学家们促成了国民党六次代表大会（1945年5月）通过"节制生育与
开展性教育议案"。费孝通、梁漱溟关于发展乡镇企业的乡村建设"架桥
救国论"⑤，吴景超的"反对全盘西化，计划和市场结合，对外开放，实业
救国"⑥，潘光旦的"优生育人救国"⑦ 等创意已被历史证实为确。

　　新中国成立后，50年代初，人口学讨论又进入新高潮，带头的是国民
党元老、新中国政务院政务委员邵力子（1883—1967），1954—1956年连
续三次在全国人大代表大会上郑重提出实行计划生育、控制人口增长的提
案。1957年春各界要求实行计划生育的提案和建议纷呈人大、政协。⑧ 卫

　　① 陈长蘅：《中国人口论》（商务印书馆1917年初版，1927年再版），载《民国丛书》卷3，上海书店1989年版。
　　② 许仕廉：《中国人口问题（1930）》，载《民国丛书》卷3，上海书店1989年版。
　　③ 陈达：《人口问题（1934）》，《现代中国人口（1944）》，载《民国丛书》第一编第19辑，上海书店1989年版。
　　④ 陈达：《人口问题（1934）》，《现代中国人口（1944）》，载《民国丛书》第一编第19辑，上海书店1989年版；李景汉：《华北农村人口结构问题（1934）》，载《民国丛书》第一编第19辑，上海书店1989年版；张鸿鸾：《江宁县481家人口调查研究（1932）》，载《民国丛书》第一编第19辑，上海书店1989年版。
　　⑤ 梁漱溟：《乡村建设理论（1935）》，载《梁漱溟全集》卷2，山东人民出版社1990年版；费孝通：《乡土重建（1948）》，载《国民丛书》第三编第14辑，上海书店1991年版。
　　⑥ 吴景超：《中国工业化途径》，商务印书馆1938年版。
　　⑦ 潘光旦：《优生原理》，上海观察社1949年版，天津人民出版社1981年重印。
　　⑧ 张永年、刘星翔：《新中国初期人民政协呼吁实行计划生育》，载《人民政协报》2009年9月20日。

生部长李德全以翔实数据为凭，建议全国实行计划生育。6月马寅初发表《新人口论》。很多功勋卓著的革命家，经济学、社会学、人口学、医学等各界学者奋袂支持控制人口增长，全社会形成了空前的共识。遗憾的是，不久风生浪起，发生了"反右运动"，主张控制人口的学者大多挨批，被划为右派分子而受惩处。从反右到"文化大革命"末，凡20年，万籁寂静，唯存叱声。许多社会科学家在新伤旧创中悒怏逝去。生存下来的，后虽摘帽改正，已年高体衰，淡薄退隐。① 然而，他们用丹心碧血染镌了中国人口学史的首章，奠定了基础，播下了种子，发轫了人口动力新轨迹。他们的著作都已编纂出版，珍存于京馆、学府，飨及后人。

科学如原上草，火烧不尽，春来又生。"文化大革命"结束，人们骇然发现，从批判马寅初到1978年的21年间，中国人口已增长到9.6亿，新增3.2亿。毛泽东晚年震惊不已，对外宾说："中国人太多了，非控制不行。"② 社会科学界老青两代，不念荣辱，披肝沥胆，冲决而起，奋力恢复沉寂了近30年的社会学、人口学。北大、复旦等十几所大学成立了人口研究所，与人口有关的报纸杂志如雨后春笋，开启了社会科学崭新的繁荣时代。一大批中青年科学家脱茧而出，成为新时期人口学的支柱，为70年代以后人口政策的形成和实施作出了决定性的贡献。③

诚以为，中国计划生育事业的成功，是中国社会科学界百年奋斗的胜利凯歌。

长寿不惮老化

一个简单的推理毋庸置疑，地球面积有限（1.55亿平方公里），资源有穷，所能支持的人口断不会是无限。2008年世界人口67.5亿，平均每妇女生2.55个孩子，人口自然增长率1.17%。若如此下去，百年后增长5.4倍，200年增30倍，500年长5470倍，人口30万亿，每亩陆地要养

① 阎明：《社会学在中国》，清华大学出版社2004年版。
② 穆光宗：《中国人口科学60年》，载《中国社会科学报》2009年11月12日。
③ 同上。

150 人。中国近年人口仍以 0.5% 速度增长，2008 年出生 1608 万，死亡 925 万，净增 683 万。100 年后人口超过 20 亿。远眺之，即使是千分之一的增长率都不可能持续。无论中国或世界，人类的归宿只能是零增长，生死相抵，把人口总数稳定在某一适当水平上。

发展经济，保护环境，提高生活水平，健全医疗保健，提高平均寿命，让绝大多数人能享尽天年福寿，这是天赋民意，人类永恒的追求。苟有阻碍这潮流者必灭无疑。进化论断定，人寿必有极限，世无仙子，没有长生不死之人。极限在何处？科学尚不能回答。人口统计学的实证估计是平均寿命当在 100 岁以下。目前平均寿命最高的国家是日本和冰岛，81.8 岁（2005—2010），预估到 2050 年两国都可能提高到 87 岁。中国人口平均寿命从新中国成立初期的 40 岁已提高到目前的 73 岁，预计 40 年后可望达到 80 岁。[①]

人口动力学指示我们，在稳定的零增长，即定态社会中，倘不计迁徙，妇女总和生育率（平均妇女生育子女数）应处于"更替水平"，后者由各年龄组死亡率和生育年龄分布一意决定，故因国而异。[②] 各发达国家都在 2.05 左右，中国目前在 2.1 上下。在定态社会中，出生率与死亡率相等，年出生人数必为人口总数 N 除以平均（出生时）期望寿命 E，即 N/E。平均寿命 E 和人口年龄结构由各年龄组死亡率所一意决定，是人民福利水平的综合指标之一。各国人口统计表明，在相同发达程度的社会中，欧亚各国同一年龄组死亡率几乎相等。随着社会进步，科学发达，生活富裕，医疗卫生条件改善，各组死亡率下降，期望寿命就高。婴儿死亡率对期望寿命影响最大，前者降低 10%，后者可提高一岁。中国目前婴儿死亡率是 15.3‰（2007），[③] 日本、韩国、北欧都在 5‰以下，这是他们期望寿命较高的重要原因之一。

人口的年龄结构，劳动人口的比例，对老少人口的抚养指数等会影响

① 联合国人口司：《世界人口前景 2006》第 1 卷，2007 年。
② 宋健、于景元：《人口控制论》，科学出版社 1985 年版；宋健、于景元：《人口生育率双向极限》，载《中国科学（B 辑）》1991 年第 5 期。
③ 卫生部编：《2008 中国卫生统计年鉴》，中国协和医科大学出版社 2008 年版。

国家经济发展速度，故近有人口红利之说。① 既然零增长定态社会是人类最终归宿，我们只能接受此天命，未雨绸缪，早做准备。

附表第一栏中列出平均寿命为 85 岁时的定态人口标准分布，系本文作者所推算。中国和发达国家、全世界 2010 年和 2050 年的人口分布数据，引自联合国人口司的预测（2006）。② 从表中可看到，各发达国家的人口年龄构成已接近期望寿命 85 岁的标准分布。40 年后中国亦然，即儿童（0—14 岁）占人口的 16%，青年占 11%，劳力（15—64 岁）占 59%，65 岁以上老人占 25%，抚养比 0.7（每劳力抚养 0.7 个儿童和老人），平均（中位）年龄为 45 岁，比中国现在提高 10 岁。

人类夙求幸福。健康、长寿、富裕、仁德、善终是五福。健康长寿享尽天年是至福。工业化、现代化建设都在追求着这一目标。新中国成立前中国人平均寿命小于 40 岁，平均年龄 23 岁，现在是 73 岁和 35 岁，故曰现在比过去幸福。

联合国预测中国约于 2030—2035 年达到零增长，平均寿命能提高到 77 岁，2050 年达到 80 岁，平均年龄 45 岁，比现在更幸福。发展医药卫生，健全医疗保健，降低死亡率，提高平均寿命是现代文明的圭臬。人人活的更长，平均年龄提高，长者和老人比例增加，社会就更成熟，更理智，更有经验，更有知识，更老练、老成、老道。青少年能分享长者的博识和品尝过人生而天命从心的智慧。老者仁厚，持续奉献，钟爱青少、指点迷津，寿终方尽。这就是我们正在建设的社会目标。舍此何求？

旧社会，天道渺茫，老无所恃，晚年若残冬落叶，催人黯然泪下。今人倘因长寿而惊愕"人口老化"、"银发潮骤至"和"种群衰落"，把以占人口 60% 的劳力去昵伴占人口三分之一的少年儿童的零增长社会想象成人类的"冬天"，那就是幼稚和糊涂。

---

① 蔡昉：《中国未来的人口红利》，载《文汇报》2009 年 11 月 9 日。
② 联合国人口司：《世界人口前景 2006》第 1 卷，2007 年。

附表　　　　平均期望寿命为 85 岁时，定态社会人口年龄分布（％）

和中国与发达国家的比较

	标准定态人口年龄分布（％）	中国		发达国家*		全世界	
		2010	2050	2010	2050	2010	2050
人口总数（亿）	N	13.52	14.09	12.32	12.45	69.07	92.0
儿童 0—4 岁	5.2	6.3	5.1	5.5	5.0	9.3	6.6
5—14 岁	10.7	13.3	10.2	11.0	10.2	17.6	13.3
青年 15—24 岁	11.0	16.2	10.9	12.9	10.6	17.6	13.4
小学 6—11 岁	6.4	7.8	6.1	6.5	6.1	10.6	8.0
初中 12—14 岁	3.2	4.3	3.1	3.3	3.1	5.3	4.0
高中 15—17 岁	3.3	4.4	3.1	3.6	3.1	10.6	8.1
大学 18—24 岁	8.6	10.1	6.1	7.9	6.4	10.6	8.1
育龄妇女 15—49 岁	39.4	56.0	38.7	46.5	38.2	51.9	45.3
劳力 15—59 岁	52.8	67.6	53.6	61.5	52.2	62.0	58.3
15—64 岁	58.7	72.0	61.4	67.6	58.7	65.4	63.9
60 岁以上	31.3	12.5	31.1	21.7	32.6	11.1	21.8
65 岁以上	25.4	8.4	23.7	15.9	26.1	7.7	16.2
80 岁以上	9.6	1.4	7.3	4.3	9.4	1.6	4.4
中位年龄	44.6	34.9	45.0	39.7	45.7	29.2	38.1
抚养比	0.71	0.39	0.64	0.48	0.71	0.53	0.56
出生时期望寿命（岁）	85	73	80	76	82	68.3	75.4

注：* 发达国家指西欧、北美、澳大利亚、新西兰和日本。

中国的适度人口

　　如上所辨，零增长是现代人类的归宿，当代中国的急务。理想的总合生育率是更替生育水平，每位妇女生育 2.05—2.1 个子女。"只生一个"，保持了 15 年的低生育率（1.8），是为遏制 70 年代人口激增的果断选择。否则，人口早就超过 17 亿，以现在人均每年 380 公斤的粮食粗供能力，每年就会缺粮 1.5 亿吨。今全国人民仓廪丰满，聚精会神地发展经济，建设环境，创造奇迹，大抵因控制住了人口急速增长，奠定了可持续发展的基础。宁愿旌颂"只生一个"是为国牺牲，数代人为祖国的振兴付出了代价，作出了历史性贡献，从而赢得了科学发展理性的胜利。

人口动力惯性巨大，自然增长率从 2.6%（1970）降到 0.5%（2010）花了近 40 年，到零增长还需要 25 年。理论已有证明，一个完整的人口调整过程需要相当于人口平均寿命的时间（时间常数）。[1] 鉴此，社会学家和人口学家重提那个久存难决的战略问题：21 世纪下半叶基本实现现代化后，中国人口规模应控制在何种规模为宜？这就是人口学中老大难的适度人口问题。[2] 面对这个全新的时代，关于中国未来人口问题，科学界苟有宏策大略，宜早日筹划，逐步实施，迨数十年后始能见成效。况且近来人口学者和社会各界要求调整人口政策的呼声不断，有云"维护生育多样性，尊重公民权利，应还权于民，放开二胎"[3]。还有论者甚至认为：没有理由继续实行压缩（人口）规模的战略；这与以人为本的科学发展观相背弃，对可持续发展构成威胁；"应防止劳动人口急剧减少，尽快把总和生育率提高到更替水平"[4]。

关于地球的承载能力，从 17 世纪至今已研究了 300 多年，从未有过一致意见，但大多结论在 60 亿至 200 亿之间。[5] 1970 年有美国人口学家认为世界最佳人口应在 10 亿以下，"人人都能像美国人那样富裕"，70 年代的 37 亿已超过最佳人口 3 倍。[6] 1972 年由美国总统主持的"人口委员会"研究报告认为，当时美国 2 亿人口已超过了国土承载能力。[7] 在中国，孙中山认为中国可养 8 亿人（1924）。毛泽东认为（1957）"不要超过 7 亿，达

---

[1] 宋健、于景元：《人口控制论》，科学出版社 1985 年版。

[2] 田雪原：《人口发展战略分"三步走"》，载《中国社会科学报》2009 年 9 月 8 日第 3 版；程恩富：《先控后减的"新人口论"》，载《中国社会科学报》2009 年 9 月 8 日第 3 版；翟振武：《地球究竟能养活多少人》，载《理论动态》2007 年第 6 期。

[3] 穆光宗：《打造幸福计生》，载《中国社会科学报》2009 年 9 月 8 日第 3 版。

[4] 长子中：《从可持续发展看稳定中国的人口规模》，载《中国发展》卷 19，第 4 号，2009 年 8 月；胡鞍钢：《关于人口政策》（新浪网 http://www.sina.com.cn），2009 年 11 月 26 日；王中宇：《关于人口问题的非主流思考》（上、下篇），载《科学时报》2009 年 7 月 9 日、7 月 13 日。

[5] Cohen, Joel E., *How Many People Can the Earth Support*? W. W. Norton & Co. N. Y.-London, 1995.

[6] Hulett, H. R., "Optimum World Population", *Bioscience*, 20, 1Feb. 1970, pp. 160 – 161.

[7] US-PC, The Report of the Commission on Population Growth and the American Future, New American Library, 1972.

到 8 亿就晚了"。1957 年、1980 年中国学术界有过研究适宜人口高潮。王震任副总理时（1980）曾向本文作者表示"中国人口能控制在 3 亿—4 亿就好了"。南京大学孙本文教授研究结论（1957）是"8 亿最适宜"①。胡保生和王浣尘教授主持的西安交大系统工程研究小组的结论是 7 亿—10 亿为佳（1981）。②中国社会科学院田雪原、陈玉光（1981）的计算结果是"6.5 亿—7.0 亿最有利"③。近来，意见分歧仍大，程恩富学部委员的"新人口策论"认为 15 亿以后应降至 5 亿，④田雪原学部委员的"三步走战略"要求律定理想人口数量，⑤李小平研究员希望先降至 8 亿—10 亿，再降至 3 亿—5 亿。⑥

　　人口承载能力一词并无严格定义。经济学家关注资源保障，生物学家重在食品供应和生态稳定，技术专家评估科技进步能增养多少人。食品安全供应能力是共同的关注重点。随时代变化，科学进步，生产能力提高，以及人口增长的刚性，使"承载能力"一词遂成为一个动态的、随人口增加而增长的概念。国际应用系统分析研究所（IIASA）1978 年发表过一个研究报告说，地球能养活 1 万亿人。粮食不足，改吃水生藻类，在大洋中生产；陆地面积不够，在海上建浮城住人；淡水循环利用，淡化海水补充；钢铁不够，改用地球上储量最丰的硅、铝、镁；太阳能代替化石能，用真空隧道运输代替机动车等。报告作者申明，"这不是科幻，只要利用现有技术，200 年后就能实现"。他还警告人们，如果不降低人口增长速度（1978 年为 1.9%），300 年后人类就得为 1 万亿人谋生存。⑦

　　中国社会科学院李小平同志的意见，"人口总量是中国未来发展的根

---

　　①　孙本文：《八亿人口是我国最宜人口数量》，载《文汇报》1957 年 5 月 11 日。

　　②　胡保生、王浣尘、朱楚珠、李维岳：《利用可能度和满意度研究我国的总人口目标》，载《第三次全国人口讨论会文集》，1981 年。

　　③　田雪原、陈玉光：《从经济发展角度探讨适度人口》，载《第三次全国人口讨论会文集》，1981 年。

　　④　程恩富：《先控后减的"新人口策论"》，载《中国社会科学报》2009 年 9 月 8 日第 3 版。

　　⑤　田雪原：《人口发展战略分"三步走"》，载《中国社会科学报》2009 年 9 月 8 日第 3 版。

　　⑥　转引自王中宇《关于人口问题的非主流思考》（上、下篇），载《科学时报》2009 年 7 月 9 日、7 月 13 日。

　　⑦　Marchetti, C.. A Check on Earth Carrying Capacity for Man. On 1012：RR-78-7. International Institute for Applied System Analysis（IIASA），1987.

本性问题"①，极中肯綮。欲调整人口政策应该先有目标，尽早确定中国 21 世纪下半叶的适宜人口数量。2035 年后，是保持在 15 亿左右，还是减少一点抑再多一点为好？时代将逼迫国人作出选择。这自是一个复杂的系统科学问题。耕地、粮食、淡水、环境容量、劳动就业、医疗保健、延迟退休、教育、住宅、交通等各项事业的发展规划都影响和制约着人口目标的确定，故属多目标、多变量的巨系统决策问题，只能用人机结合的方法解决。②预测中的不确定性，现代化建设进程的复杂性都预示着，这里不可能找到一个对各项事业都至善的"最优方案"，能得到"次优"、"可行"就将是巨大的贡献。一百多年前恩格斯说："人类数量增多到必须为其规定一个限度的抽象可能性当然是存在的。"至于"什么时候，用什么方法和措施，我不认为自己有向他们提出建议和劝导的使命，那时的人们无论如何不会比我和你笨"③。中国的社会科学界有能力证明这个假设，在今后 30—40 年内完成中国向适度人口过渡，开创人口学的先河。

从系统科学观点看，家、国、天下处于不同层次，各有其范。今全世界科学界广泛接受古希腊学者亚里士多德（前 384—前 322）的名言："最完善、最美丽的国家，就是能维持人口数量不超过一定数量的国家，能自给自足而又不难管理。国家对人口进行严格管理是合法的和有益的。"（《政治学》，第 4 章）保持人口总量与经济发展水平相适应，与资源环境相平衡，是国家的大政，巨系统的大局，国家的战略性任务，是仅靠"还权于民，生育多样性"的治家之道断然无法解决的命题。只有按照广纳民意、科学论证、综合平衡、民主集中的科学民主程序和系统工程的方法才能作出正确的判断和决策。

窃以为，中国社会科学界，特别是经济学、社会学、人口学界必能发扬百年不屈的奋斗精神，乘胜前进，继续谋划中华民族的未来，提出方案，供政府综合审理，报中央作出决策，以飨前人后代。

---

① 李小平：《最根本问题仍是人口总量问题》，载《中国社会科学报》2009 年 9 月 8 日第 3 版。
② 钱学森：《论系统工程》，湖南科技出版社 1982 年版。
③ 《马克思恩格斯全集》第 35 卷，人民出版社 1980 年版，第 145—146 页。

激辩新人口策论

前　论

提供科学的决策咨询和政策建议
——在中国经济社会发展智库首届论坛上的致辞

◇王伟光[*]

各位来宾、同志们：

大家上午好！首先，我谨代表中国社会科学院，对"中国经济社会发展智库"的成立及其首届论坛的召开，表示热烈的祝贺！同时，对各位专家学者出席本次会议表示热烈的欢迎！

大家知道，中共中央对于哲学社会科学历来高度重视，寄予殷切期望。江泽民同志曾经指出："哲学社会科学界要努力担负起认识世界、传承文明、创新理论、咨政育人、服务社会的职责"，要立足中国实际、放眼世界大势，"加强对全局性、战略性、前瞻性重大理论和实践问题的研究"，"发挥社会科学的能动性和实效性，对改革实践起到超前指导的作用"。以胡锦涛同志为总书记的党中央，从中国特色社会主义事业的全局出发，高度重视哲学社会科学，颁布了《关于进一步繁荣发展哲学社会科学的意见》，作出了实施马克思主义理论研究和建设工程等一系列重大决策，明确了新时期繁荣发展哲学社会科学的指导方针、总体目标和主要任务。党的十七大适应新形势，立足新实践，对哲学社会科学工作提出了新任务，作出了新部署，特别强调"鼓励哲学社会科学界为党和人民的事业发挥思想库作用"。广大哲学社会科学工作者，要以马克思主义基本原理

---

* 王伟光，中国社会科学院常务副院长、中国社会科学院研究生院教授、博士生导师。

和中国特色社会主义理论为指导，全面落实科学发展观，为繁荣发展当代中国的马克思主义哲学社会科学，继续推进中国特色社会主义伟大事业，作出应有贡献。

去年以来，国际局势发生了重大的变化。一年来，我们接连经历了一些难以预料、历史罕见的重大挑战和严峻考验。目前，国际政治经济形势复杂多变，不确定不稳定因素明显增多。国际金融危机尚未触底，国内经济增长形势严峻。这就要求我们哲学社会科学工作者顾大局、议大事、谋大计，使科学研究完全服从服务于党和国家工作大局，完全融入到建设和发展中国特色社会主义的伟大实践，深入研究我国经济建设、政治建设、文化建设、社会建设以及生态文明建设和党的建设所面临的一系列重大问题，深入研究世界经济、政治、文化等各个领域的深刻变化，真正把握世情、国情、党情、民情，站在中国经济社会发展进步的潮头，正确回答和解决中国改革发展关键时期的重大问题，开展创造性的理论研究、战略研究和对策研究，在党和国家政策的酝酿、制定、执行等各个环节，随时提供充分的知识储备和理论支持，提供科学的决策咨询和政策建议。

我相信，主要由一批马克思主义理论工作者组织的"中国经济社会发展智库"，一定会把对马克思主义的学术研究、理论宣传和政策探讨有机结合起来，高举马克思主义及其中国化理论的伟大旗帜，依托中国社会科学院和一些高等院校丰富的学术资源和我国哲学社会科学深厚的学术积累，紧紧围绕党和国家的中心工作，不断推出具有前瞻性、战略性和全局性的精品研究成果和学派性的政策建言，为党和人民的事业发挥重要而积极的作用。

首届论坛的主题是人口理论与政策。众所周知，中国的人口问题由来已久，从 19 世纪开始就争论不断，20 世纪 30 年代之后，人口问题引起了更多学者的关注，讨论也日益深入。新中国成立以来，以毛泽东同志为核心的党的第一代中央领导集体为解决中国的人口问题与计划生育事业的开创和发展作出了艰辛的探索和历史性的贡献。20 世纪 70 年代初，中国将控制人口增长指标纳入国民经济发展计划，成立了计划生育领导小组，开始全面实行计划生育政策。改革开放以来，中国人口计生工作成效显著，比较成功地探索了一条有中国特色统筹解决人口问题的道路，为改革开放和全面建设小康社会创造了良好的人口环境。党的十六大以来，以胡锦涛同志为总书记的党中央，提出了科学发展观、构建社会主义和谐社会等重大战略思想，党中央、国务院作出了《关于全面加强人口和计划生育工作统筹解决人口问题的决定》。党的十七大将人口计生工作纳入以改善民生为重点的社会建设之中，进一步明确要坚定不移地走中国特色统筹解决人口问题的道路。应该看到，中国仍是当今世界人口最多的发展中国家，人口众多仍然是并将长期是我国的基本国情，中国发展面临的所有重大问题，几乎都与人口数量、人口素质、人口结构、人口分布以及人口流动迁移密切相关；坚持以人为本，统筹解决人口数量、素质、结构、分布等问题，努力实现人口自身发展的协调以及人口与经济、社会、资源、环境发展的协调，仍然是全面建设小康社会面临的重大问题；不断丰富和完善中国特色统筹解决人口问题的理论、政策和措施，仍然是我们哲学社会科学工作者面临的重大课题。

中国社会科学院是我国哲学社会科学研究的重要机构。以胡锦涛同志为总书记的党中央高度重视中国社会科学院的建设发展，要求把中国社会科学院建设成为马克思主义的坚强阵地，建设成为我国哲学社会科学研究的最高殿堂，建设成为党中央、国务院重要的思想库和智囊团。中国社会科学院现有研究院所31个，研究中心45个，科研业务人员3200多人，拥有一批在国内外学术界享有盛名、学术造诣高深的专家学者和在理论研究与政策研究方面崭露头角的中青年科研骨干。目前，我院正在锐意改革，大力实施科研强院、人才强院和管理强院战略，积极构建哲学社会科学创新体系，努力实现中央"三个定位"的要求和目标。希望在座的各位领导和各位朋友关心和支持中国社会科学院的建设发展。我坚信，在中央的正确领导下，中国社会科学院与我国哲学社会科学界一定能够在实现中华民族伟大复兴的历史进程中发挥不可替代的重大作用。

最后，衷心祝愿"中国经济社会发展智库首届论坛"圆满成功！祝愿"中国经济社会发展智库"越办越好！

人口发展与人口政策

——在中国经济社会发展智库首届论坛上的致辞

尊敬的各位领导、各位专家、同志们：

非常感谢社会科学院给我今天这样一个机会，来参加这样一个智库论坛。首先我对智库的成立和论坛会议的召开表示热烈的祝贺！我认为这个会议是有非常重要意义的。有一本书大家可能读过，叫《谁掌控美国?》，在这本书中重点介绍了美国的决策过程。在这个决策过程中，智库发挥了重大的作用，它不仅起到了提供思想、提供决策依据，促进科学决策的作用，而且在整个国家的经济社会文化以及政治的发展过程中都发挥了重大作用，相信社会科学院中国经济社会发展智库能在这些方面起到一个很大的作用，并且在落实科学发展观、促进以人的全面发展为中心的全面协调可持续的发展过程中发挥重大的作用。因为今天召开的是一个智库的会议，所以我在这里把一些背景和问题提出来，可能是有利于智库一些思考的。

我今天演讲的题目就是人口发展与人口政策，从另外一个角度提供有关人口发展和政策的一些思考。大家都非常熟悉中国在过去30年当中取得的成就，特别是第一点，就是关于中国经济发展的成就，这些数据我就不重复了，包括GDP、外汇总额以及世界的经济总量等。但是第二点我觉

得应该在今天这个会上重点强调。中国在过去的 30 年当中，在人口发展方面（这个人口发展的英文译为 human development，不是 population development，这是两个不同的概念，human development 是包括了人文的因素在里面的），有两亿人脱贫，人民的健康水平明显提高，预期寿命达到 73 岁，和发达国家接近；基础教育取得重大进展，特别重要的是"人类发展指数"2007 年达到 0.77，从 1990 年大约在全世界排名第 104 位上升到第 81 位。有人说我们中国的人力发展指数是全世界发展速度最快的国家，是不是之一？我们可能是唯一，我认为。这个成就我觉得我们应该是引以为自豪的，我们不仅仅有 GDP 的成就，有经济的成就，我们还有以人的全面发展为中心的发展成就，在这个成就的后面，它和人口政策有什么样的关系？我们知道从 70 年代总生育率的 5.8 下降到了今天的 1.8 左右，尽管这个 1.8 可能有不同的争议，有的说是 1.77，这是联合国的数据，有的说是 1.5，有的说现在已经是 2，这个我后面会提出问题，所以我们这个数据的支撑就是所谓的 human development，数据与所支持的决策是有关系的，但是不管怎么说，我国总和生育率应该说实现了一个重大的转变，整个人口的状况发生了重大转变，而这个转变对于人口发展是有着至关重要意义的。

大家都非常熟悉，我国的生育率从 5.8 降到 1.8，显现中国进入低生育水平。大家可以看到，在 20 世纪 60—70 年代我们每个家庭是将近 6 个孩子，可是到了今天大概平均是 1.8 个孩子。这个测算是怎么来的，就是如果以我们今天的总和生育率是 5.8—6 的话，而不是 1.8，我们今天的人口应该是在 17.3 亿而不是 13.3 亿。这 4 亿人的少生，是有着非常重大意义的。很多人认为，你不能因为你出生以后就限制另外 4 亿人的出生，这只讲对了一部分。但是我们还要考虑一个问题，如果这 4 亿人出生以后，他是不是能够得到一个全面、协调和可持续的发展，我把这个问题提出来，这个成就使我们整个国家在 2007 年的排序中位于第 81 位，和我们非常接近的印度排名第 104 位。尽管很多人认为印度是世界美好发展的明天，但是我可以预言，像它们这样的一个发展状况肯定是超不过我们的，现在排名第一的是挪威，而不是大家想象的美国。原因在哪里？就是美国的全面、协调和可持续不够。从世界的人口状况来看，尽管中国目前人口 13.3 亿左右，大约占世界人口的 20%，但是请大家注意另外的一组数据，就是它的预期寿命达到了 72—73 岁。这样一个数据实际上不仅表明了它的一个健康水平，而且表明了它的一个生存质量，所以中国在整个世界人口发展状况当中，我们还有很多引以为自豪的方面。

根据联合国人口基金会的调查结果，从 2007 年世界人口来看，如果不包含中国在内，它的总和生育率将由现在的 2.9 上升到 3.4，这是一个非常大的变化，看上去只有 0.5 的变化，但是在这个地球上却增加了 3 亿多人。我们再看一下，根据未来的世界人口预测 2007 年到 2050 年，不发达国家的人口增长率包括中国在内是 48%，不包括中国在内增长率是 63%。大家知道，现在世界人口增长的主要地区都是发展中地区，特别是那些欠发达地区，大概非洲的撒哈拉地区是全世界目前人口发展最快的地区之一。大家想想我们这个人不仅仅是一个生物的人，他应该是作为一个全面发展的人存在和生活在这个世界上的。如果我们不能够给他提供全面发展的一切支撑条件的话，那我们就得考虑应该采取一个什么样的政策，使人类能够在世界上得以很好的生存发展。总体上我们可以非常自豪地说，走在前面不是由于我们的人口数量，而是由于我们的人力资本和发展的质量。

世界上目前对中国的人口问题特别是计划生育的总评价体现在联合国对千年发展目标评价的一个总体报告中，一共提了七个方面。我个人以为千年发展目标所表现的是在政治、经济、社会、文化和生态五个方面全面发展的一个状况。那么计划生育对它产生了一些什么样的作用呢？它帮助消灭了极度的贫困和饥饿，中国最有代表性，两亿人脱贫，如果没有中国反贫的成功就没有世界反贫的成功。计划生育促进实现了普及的初等教育，这是千年发展目标的第三条。计划生育促进了妇女的平等，并赋予了妇女权利，这个很有意思，如果一个妇女做母亲了，她今天带着 6 个孩子，或者 10 个孩子，可能比她现在带着两个孩子的担子要重得多。同时计划生育降低了儿童的死亡率，改善了孕产妇的保健，增强了对艾滋病和疟疾以及其他疾病进行斗争的能力。最后一个是确保了环境的可持续发展能力。整个千年发展目标一共有八条，除了第一条是促进南南合作以外，计划生育基本涉及千年发展目标的全部内容。所以我正式呼吁今天在座的所有专家学者们，在介绍中国经济发展的时候，人口的发展、社会的发展以及人的全面发展，我认为应该作为我们这个民族的一个创新点。

中国的发展对全球的意义重大，因为它不是一个 500 万人的国家、一个 1000 万人的国家，它也不是一个 2 亿人的国家，它是一个 13 亿人的国家。因此，它的成功是一个占世界人口 20% 的人口大国的成功，它的成功是一个在资源紧缺的国家成功的发展，成为人与自然和谐的范例。它的成功是一个实行改革逐步转型成功的案例。所以这个意义非常之大，目前不管是联合国也好，在很多双边机构也好，中国是南南合作伙伴组织的主席国，在占世界人口 60% 的 24 个国家中，中国经常介绍其在经济社会文化发展过程中的经验，特别是在人口发展方面的经验，当然这个经验不完全是讲一孩政策，中国本身也不是一孩政策，但是我们是在 30 年前就把人口资源环境这样一个因素进行了一个很好的综合，所以它的意义是非常巨大的。

在说这么多成就的同时，目前全世界对于人口发展问题提出了新的议论和思考，为什么呢？大家可能最近在网上、报纸上和所有的新闻媒体当中，注意到一个非常重大的问题就是气候变化。很长时间以来，我们把气候变化认为是一个环境的问题，最近各国都在准备 12 月份即将在哥本哈根举行的国际研讨会，大概有 12000 人参加，在这次会议上，各国将就气候变化问题提出它的战略和对策。在讨论的问题中，人口问题将被再一次的提出，而且成为讨论的焦点。那么目前气候变化问题是一个什么样的问题，我也想利用今天这个平台给大家介绍一下。

当前全球面临的气候问题已经非常严重，根据有关专家的测定，空气中二氧化碳的当量浓度已经达到了 400 个 PPM（百万分之一）。如果这个浓度达到了 450 个 PPM 以后，全球的温度将会上升 2 度。这就意味着北冰洋的冰层溶化，导致海平面的上升。像荷兰这样的国家将要消失了。在中国也不能认为它离我们很远，像上海广东等很多地区都将受到这个气候变化的影响，所以气候变化目前不是离我们很遥远，而是非常近。根据目前的统计，如果二氧化碳当量浓度不能有效控制，预计在 10 年内，全球温度变化以后，对于全世界引起的挑战是非常之大的。有人认为从农业文明走向工业文明，它是从黑色文明走向黄色文明，下一轮的变化就是从黑色文明走向绿色文明。所以我们必须从生态环境来考虑整个气候变化问题，而在气候变化问题当中，人是非常重要的。7 天前我就在英国的论坛上介绍了这样一个观点。那么目前由于我们少生 4 亿人，中国每年减少的排放量是 16 亿吨的二氧化碳，这是一个什么概念？大家看看部分国家目前的人均排放量的比较，美国是我们的 5 倍，英国是我们的 3 倍，中国现在大概是 4.1，这是 2004 年的数据。如果我们今天的人口是 17.3 亿，而不是 13.3 亿的话，那么我们的总排放量将增加多少？因此我们对气候变化的贡献是非常巨大的。中国正是在 30 年前，就把人口资源环境这样的一个概念提出来了，而且取得巨大的成果，因此这也是我们引以为自豪的。

目前世界对于气候变化主要考虑两大系统应该怎么办？一大系统是地球系统，这主要是对自然环境而言的；一大系统是对人类系统，这个因为我们智库主要侧重在经济和社会发展领域，在整个人类系统当中，人口是占着一个非常重要的位置，我们必须考虑对人口的管理，人类的文明、人类的健康、公平性、生产和消费模式、贸易的形式和社会文化倾向，在这个过程当中，人是整个系统的一个中心所在。当然我们不仅仅是讲人的数量问题，它也包括人的素质，就是人力资本的问题。目前世界上应对的综合框架主要有两个：一是适应，二是减缓。所谓适应就是你不得不去应对；所谓减缓就是我们通过所有的措施和政策，使迅速变化的气候变化得到一定的遏制。在这个过程当中，人口问题又站在整个过程的一个非常重要的制高点。在目前的情况下，世界对人口问题进行了全面的反思。7 天前英国这个会议的出席者中，是包括了所有研究自然环境的诺贝尔奖的获得者，还包括一部分企业，在这次会议上提出了一个问题，就是世界人口的增长，每增长 10 亿人所需要的时间在急剧的变化。请大家看，从 20 亿人增长到 30 亿人用了 30 年，但是 30 亿人增长到 40 亿人只用了 14 年，从 50 亿人增长到 60 亿人只用了 12 年，那么大家就在问这样两个问题：第一个问题是这些增加的人口都在哪里？第二个问题是如果我们仍然以这样逐渐缩短的每增加 10 亿人所用的时间增长的话，世界能够承受吗？我想把这两个问题也提到今天的智库论坛上。

这个问题其实不只是中国要回答，世界要回答的，而是每一个人都必须要回答的。在英国的这次会议上就有一个人提出挑战，说中国的人口政策怎么考虑人权问题、怎么考虑个人权益的实现？我想这一点，也在今天这个智库论坛上和大家共享。这提到了两个问题，第一个是个人权利和群体权利，大家想想一个家庭生 10 个孩子和一个家庭生 2 个孩子的情况是完全不一样的。当然，我们不希望像非洲每一个家庭生 10 个孩子这样的状况在全世界扩散。第二个问题现在必须要考虑的，就是在这个过程当中，我们如何使人口资源环境有一个适度的、长期的、均衡的发展，这也许是我们这个智库应该进行研究的一个非常重要的问题。就像刚才所说的，20 世纪世界人口增长了 3 倍，对世界产生了前所未有的影响，大家非常熟悉的粮食不足、土地不足、水资源不足等问题在中国显得尤其的尖锐。大家可以看看，三大主要资源：耕地、饮水、矿产，前面两个特别重要。如果没有的话，那人的生存极限是没有的，目前北京水已经到了一个极限。整个耕地我们现在占世界的比重，从总量上来看只有 7%，水资源也仅仅只有 7% 或 6.8% 左右，矿产资源是 12%。我们整个人均耕地占世界人均耕地的二分之一还不足。我们的水资源是世界人均资源的四分之一。我们的矿产资源是世界人均资源的 40%。在这种情况下，我们必须研究中国究竟什么样的人口规模对中国的人口发展是一个最合适的决策。

正像我刚才所说到的，现代发展的理念它是应该包括政治、经济、社会、文化和生态的一个全面发展过程，而以人为本，以人的全面发展为中心，应该是作为我们这个发展的一个最重要的制高点。目前世界正在开始重新定义 GDP 的概念，有的甚至提出应该用 HDI 即人类发展指数作为一个综合性的评价指数，中国在这方面是走在前面的，因为我们的科学发展观理念的提出，实际上是走在世界的发展理论的最前沿，现在的问题是我们要怎么样的操作，怎么样的实现。综合起来看，我认为人口的问题是整个发展的一个首要问题，而人口战略和政策直接关系到中国未来经济社会的全面协调和可持续的发展过程，而人口战略和政策的完善需要科学决策和谨慎的论证。因为产生的影响其实是非常大的，很多同志都在对国家、对我们中华民族给予非常大的关注，我认为下面几个问题是应该来让我们思考，也是我今天报告的三个重要的请求。

第一个问题应该考虑对中国人口政策的评价，因为现在这个评价的过程当中，很多都提到了老龄化的问题，性别比的问题，这个我不是说是错误的，我想还有更全面一点的。目前我们提两个大统筹，一个统筹是人口资源环境的统筹，一个统筹是人口数量、结构和迁移问题的统筹。所以对中国人口政策的评价，以及如何看待人口资源环境和可持续发展的相互关系，我认为这样可能会更全面一些。第二个问题我觉得要引发的思考就是承载力，目前全世界也在进行讨论，世界上有没有最适度的人口规模，根据目前的情况来看，人口增长远远高于经济增长和自然资源增长的速度，这是一个不可辩驳的事实，要不然现在也不会出现人类这么大的危机。因此，如何实现人口长期均衡发展，我们应该怎么做是要考虑的。最后一个问题是人口与人力资本的相互关系，也就是说作为一个大国它是需要更多的人数还是需要更多的人力资本。这个问题我觉得应该提出来，因为它将决定我们未来的知识经济，我们未来在新型经济发展的过程中，人在这个过程当中的重要作用，以及人力资本对整个经济和社会发展所产生的重大影响。

我的发言就到这里，谢谢各位！

（本文根据录音整理）

我国计划生育工作基本经验的几点回顾与思考

◇杨魁孚*

我国改革开放30年来，正确分析“人口多，耕地少，底子薄，人均占有资源相对不足”的基本国情，认真落实计划生育基本国策，在全国自觉地推行计划生育，取得了举世瞩目的巨大成就，促进了经济、社会发展和国民生活水平的提高。实行计划生育带来的诸多效益，对我国和平发展具有深远的重要意义。计划生育的可喜成果来之不易。这是各级党政领导、人口理论工作者、计划生育工作者和广大干部群众共同努力的结果，我们应当倍加珍惜。

在具有中国特色计划生育的伟大实践中，我们创造了宝贵的经验，在人类发展史上闪耀着奇迹般的光辉。

一　把计划生育定为国家的基本国策

人口过多是中国的基本国情，也是最大的难题。土地是人类赖以生存的物质基础。人地关系是经济社会发展的基本关系之一。人多地少是我国社会主义现代化建设进程中遇到的最大困难之一，它将贯穿于整个社会主义初级阶段。当前我国人均国民生产总值居于世界后列，这是反映生产力水平的主要表现。而人均国民生产总值是由国民生产总值和人口规模两个

* 杨魁孚，国家人口和计划生育委员会原副主任。

因素决定的。我国过多的人口已成为经济和社会发展的一种压力。为了抚养大量的新增人口，要消耗掉许多国民收入，这种由于人口过快增长而产生的分母效应，引起了全社会的警醒。

1980 年 9 月 25 日，《中共中央关于控制我国人口增长问题致全体共产党员、共青团员的公开信》（以下简称《公开信》）在全国发表。中国共产党以无比的魄力和胆识，站在促进实现社会主义现代化的战略高度，发表了这一纲领性文献。虽然《公开信》中的个别提法，随着时间的推移和社会条件的变化也会有所改变，但它所阐明的一些基本观点和原则已被实践证明是正确的，它的思想光辉照亮了我国计划生育事业的发展道路。

在 20 世纪 80 年代新形势下，中央从可持续发展的战略高度指出，人口问题是关系我国全局的重大问题。实行计划生育是实现我国发展战略目标不可缺少的重要条件，是一项长期的战略任务，是我国的一项基本国策。基本国策这一定位具有划时代的意义，它为实行计划生育指明了根本发展方向，开辟了广阔的道路。这对于统一和提高全党全国的思想认识非常重要。

在改革开放的进程中，党中央、国务院就人口和计划生育问题作出了一系列重要决定，要求各地各部门各级干部和广大群众，务必长期坚持计划生育这项基本国策。不要盲目乐观，不要有丝毫放松，一定要头脑清醒，持之以恒，常抓不懈。这些年来，从中央到地方都坚持这样做了，收到了很好的效果。

二 认真制定和落实人口计划

改革开放以来，我国的计划生育事业真正走上了有计划的轨道。

在我国社会主义制度下，为了使人口、经济、社会、资源、环境协调发展和可持续发展，在全社会实行计划生育。人口计划、规划目标与经济社会发展战略目标是相一致的。人口发展规划与经济社会发展规划是相对应的。人口控制的战略目标是通过年度的人口计划和各阶段的人口计划而实现的，全国的人口计划又是通过各地区的人口计划来落实的。这与西方国家的家庭计划是有原则区别的。

在确立社会主义市场经济体制以后，国家又及时指出，计划生育工作决不能放松，必须确保实现既定的人口控制目标。强调完成人口计划仍然是政府的调控职能，不能靠市场和劳务市场自发调节人口出生率。国家明确提出，到20世纪末把全国人口控制在13亿以内，到2010年把人口控制在14亿以内。要求各地都要本着实事求是、切实可行以及人口计划与生育政策基本相统一的原则，制定经过努力可以完成的人口计划。现在正在落实"十一五"人口规划。今后若干年内还是要这样做的。

三　制定计划生育政策及法律法规

1978年，我国宪法规定"国家提倡和推行计划生育"，为计划生育确立了法律基础。1982年，我国婚姻法规定"夫妻双方都有实行计划生育的义务"。

从我国国情出发，提倡晚婚晚育、少生优生，制定计划生育政策法规，以此作为全民生育行为的准则，这是我国相当长时期计划生育工作的突出特征。今后相当长时期还要靠计划生育政策法规的约束力去实现人口控制目标。实践证明，实行计划生育政策基本上是成功的。

我国现行的计划生育政策，是经过长期的探索逐步完善起来的。可以说，我国的计划生育政策是马克思主义人口理论基本原理与我国国情相结合的产物。我国实行计划生育总的原则是，使人口发展与经济社会发展相适应，与资源利用、环境保护相协调，这是我国制定计划生育政策法规指导思想上的一个飞跃。它表明，把计划生育提到总体战略的高度，与国家的总体利益、长远利益联系起来了。

实践证明，这个政策体现了实事求是的思想路线，有利于促进生产力发展，有利于提高人民生活水平，符合全国人民的根本利益，经过多年的工作已经得到广大群众的理解与支持。尽管现行政策同有些人的生育意愿存在一些差距，同眼前利益存在一定矛盾，具体生育政策需要进一步完善，但它是从中华民族的长远利益和子孙后代着想的，是从根本上保护中华民族生存权与发展权的，与家庭和个人的现实利益也基本是一致的。

为了使计划生育有法可依，从 20 世纪 80 年代开始，在国家指导下，根据宪法总的要求，各省、区、市的人大常委会按照立法程序，把现行的计划生育政策具体化、条文化、定型化，制定为计划生育地方法规。国务院于 1991 年颁布了《流动人口计划生育管理办法》。

经过多年的努力和准备，2001 年 12 月 29 日，全国人大常委会通过了《中华人民共和国人口与计划生育法》。这是人口与计划生育事业发展史上一个重要里程碑。这部法律是计划生育工作领域的一部基本法律。它首次以国家法律的形式确立了计划生育基本国策的地位，把国家现行计划生育的基本方针、政策、制度、措施和综合治理人口问题的成功经验上升为国家的法律。从而为进一步做好人口与计划生育工作，为地方完善人口与计划生育立法提供了法律依据，对进一步提高人口与计划生育工作的管理服务水平，促进人口与经济、社会、资源、环境协调发展和可持续发展产生重大而深远的影响，使计划生育工作进一步走上了法制轨道。

四 积极建设社会主义新型生育文化

作为观念形态的旧传统生育文化，具有相对独立性和长期潜在性，它并非随着旧经济制度的消失而消失。我国在旧社会所形成的"生育子女命中注定"、"重男轻女"、"传宗接代"、"多子多福"、"不孝有三无后为大"等旧观念还会长期存在，潜移默化地影响着人们的生育意愿和行为，这就加大了计划生育工作的难度。特别是"重男轻女"、"传宗接代"的旧观念是实行计划生育最大的思想障碍。这种深层的文化心态至今还在影响一些人的生育行为，成为多胎生育、计划外生育及出生婴儿性别比升高的根本原因之一。因此，实行计划生育是婚姻、家庭、生育领域里破旧立新、移风易俗的一场思想革命，是一项最广泛的群众性思想教育活动。我国几十年的计划生育发展史表明，广大群众生育观念的转变，需经历一个长期的渐进过程，必须通过持久不懈的宣传教育和引导，才能随着经济文化的发展而实现。我国人口出生率的下降不像西方发达国家那样靠经济文化的发展，自然地诱发生育率的下降，而是靠社会主义制度的优越性，靠宣传思想工作的优势，靠群众路线，不断提高群众的思想觉悟，使群众成为计划生育的主人，充分发挥主观能动性，来促使生育率下降的。所以特别强调发动群众，移风易俗，贯彻计划生育"三为主"工作方针，把宣传教育放在首位，引导群众树立科学、文明、进步的婚育观念，积极建设社会主义生育文化，这是我国实行计划生育的一个重要特点。

多年来，全国城乡利用多种形式广泛开展群众喜闻乐见的宣传活动和科普活动，各地深入开展婚育新风进万家活动和关爱女孩行动，把计划生育同爱国主义教育结合起来，把计划生育作为社会主义精神文明建设的一项重要内容，把建设社会主义新型生育文化作为有中国特色社会主义文化的组成部分。

今后要继续深化计划生育宣传教育，宣传落实科学发展观，统筹解决人口问题的重要性，宣传计划生育对构建环境友好型社会的重要意义。一是要用马克思主义人口理论的基本观点武装人们的头脑，深入开展国情国策教育；二是要利用多种形式大力宣传男孩女孩都是后代、女儿也是传后人、生男生女都一样的观点，在全社会树立男女平等的新风尚；三是把计划生育同创建文明社区结合起来，依托社区综合发展培育社会主义生育文化；四是有针对性地开展人口理论和生殖生理、晚婚晚育、避孕节育、优生优育、生殖健康等科学知识教育，把人们的婚育行为引向科学指导的轨道。

五 坚持社会制约机制与利益导向机制相结合

在我国社会主义初级阶段的经济文化条件下，人口控制是不可能自发实现的。在全社会实行计划生育，无疑是一种社会制约行为。在我们这样一个农业人口占大多数的人口大国，在相当长的时期内都不可忽视社会制约对人口控制的作用。在各级党委、政府的领导下，建立起政策法规制约、经济制约、行政制约、舆论道德制约相结合的社会制约机制。

第一，把依法管理计划生育纳入依法治市、治县、治乡的部署之中；

第二，制定经济政策，对超生者征收社会抚养费，对其他违背计划生育规定的采取相应的经济限制措施；第三，有关社会政策应当有利于控制人口增长；第四，对人口问题实行综合治理。

自人类进入可以控制生育的时代以后，一般来说，追求物质经济利益和养老效益乃是一个家庭决定生育子女数量的基本动因。我们应当承认，有些问题不是开展宣传教育就可以解决的，还必须采取实际措施来加以解决。特别是在农村，必须为农民办实事、办好事，出台各项具体政策和鼓励措施，通过利益导向，把他们引向科技兴农、多种经营、少生快富之路。使计划生育家庭得到较多的利益，可以先富快富起来，感到少生有利；相反，使超生的家庭得不到好处，感到吃亏。把这种利益对比的效应辐射到每个家庭，引导夫妇自己权衡利弊，从而愿意计划生育。

所谓利益导向机制，主要是运用物质利益原则，对独生子女家庭、计划生育家庭和晚婚晚育者给予优先优惠和照顾奖励，使他们既感到光荣，又得到实惠。这样就启动了群众自觉实行计划生育的内在动力。多年来，全国各地坚持计划生育与发展经济、帮助群众勤劳致富、建设文明幸福家庭相结合，扶贫开发与计划生育相结合，深受广大群众欢迎。近年来，实施的计划生育奖扶制度、救助制度和少生快富工程，进一步强化了计划生育利益导向机制。当前如何处理好普惠政策与计划生育利益导向的矛盾，是不可回避的必须妥善解决的问题。

总之，控制人口增长的社会制约机制与利益导向机制是相辅相成的。在实践中要把这两者有机地结合起来，使之互相促进、互为补充，更好地发挥应有的作用。

六 执行群众路线，提供优质服务

实行计划生育不仅是我们国家的选择，也是人民群众自己的选择。

计划生育涉及千家万户，是一项最广泛的群众工作。广大育龄夫妇是生育的主体，也是计划生育的主人。因此，广大群众自觉参与，调动群众的积极性和主动性，是搞好计划生育工作的根本。多年来，中央反复强调，开展计划生育工作，必须认真执行党的群众路线，自觉做到为了群众，相信群众，依靠群众，动员群众，认真倾听群众的意见和要求，把这项造福于民的伟大事业做好。"三为主"、"三结合"、"中心户"、"人口学校"、"会员之家"、"文化大院"、"创建计划生育合格村"、"婚育新风进万家活动"、"关爱女孩行动"都是干部群众在实践中创造出来的。反之，有的地方群众工作没做好，就会出现这样那样的问题。实践证明，只有把群众工作做实、做细、做好，才能真正落实国家指导与群众自愿相结合的基本原则，保证计划生育工作健康持久地向前发展。

中央强调指出，计划生育关系亿万群众的切身利益，必须积极、慎重、稳妥地对待，既要抓紧，又要抓好，不可把完成人口控制指标同密切党群关系对立起来。应当通过摆事实讲道理的方法、民主讨论的方法，正确处理开展工作中遇到的矛盾。领导干部接待群众日、建立基层联系点、同群众民主协商当面对话、走访人民代表、政协委员等做法值得提倡，有条件的应做到制度化、经常化。中央要求，要关心群众的生产和生活，多为群众办实事、办好事。给群众讲政策，讲科学，送感情，送温暖，为育龄群众提供安全、有效的避孕节育方法。要注意发挥工会、青年团、妇联和计划生育协会等群众组织的作用，把计划生育工作纳入村（居）民自治，充分发挥群众自我教育、自我管理、自我服务、自我监督的积极性。建立健全以宣传教育为先导，"依法管理、村（居）民自治、优质服务、政策推动、综合治理"的人口和计划生育长效工作机制。

改革开放以来，各地切实加强计划生育服务网络体系的建设，热心为群众提供宣传、技术、生产、生活服务，把科学管理寓于各项服务之中，树立了我国计划生育的良好形象。今后应当按照统筹解决人口问题的要求，继续坚持执行群众路线，进一步拓宽服务内容，提高优质服务水平。

七　建立计划生育工作领导责任制

在社会主义制度下，领导者的活动具有更重要更明显的作用。我国各级领导干部都处于执政掌权的地位，是党的路线、方针、政策的执行者，是一个地区工作的决策者、组织者和指挥者。计划生育这项工作是在党和国家统一领导下的社会工作，又是史无前例的伟大事业，它涉及各地区、各单位和每个家庭。这项艰巨的工作非常迫切需要发挥各级领导的重要作用。大家从多年的计划生育实践中，从成功与失误的经验教训中，深刻地认识到，计划生育工作能否抓好，力量在群众，领导是关键。领导的重视与支持是一个地区一个单位搞好计划生育工作的重要保证。所以，中央提出了对这项工作要党政一把手亲自抓、负总责的要求。应该说，这一条是我国抓好计划生育基本经验的精华。

第一，只有各级领导真正重视，才能把这项工作纳入总体规划和工作日程并付诸实施；第二，领导者体现权力、责任和服务的统一，在管理活动中居于重要的地位，领导站在更高的角度抓计划生育工作，才能把群众动员起来，使这项工作沿着健康的轨道向前发展；第三，计划生育工作是一项综合性较强的复杂的工作，只靠计划生育一个部门是不行的，需要各有关部门齐抓共管、密切配合，因此必须由主要领导出面协调才能做到；第四，领导的重视程度直接影响计划生育干部队伍的工作信心和情绪。正因如此，中央强调提出，各级党政一把手要对计划生育工作给予特别的关心和重视，做到真抓实管。对党政一把手如何亲自抓、负总责提出了五条要求：（1）组织领导干部学习马克思主义人口理论，学习党和政府关于计划生育的方针政策，进一步统一和提高对人口问题的认识。在思想上牢固树立人口意识、人均观念和人口、经济、社会、资源、环境协调发展的整体观念。（2）亲自主持召开党委和政府的会议，专题研究计划生育工作，定期听取汇报，检查人口计划执行情况，认真解决计划生育工作中存在的困难和出现的问题，切实加强基层工作网络，投入必要的人力、物力和财力，以保证计划生育工作在基层落到实处。（3）把人口计划纳入当地经济和社会发展的总体规划，负责组织实施。明确各有关部门在计划生育工作中的职责分工，亲自协调督促各有关部门齐抓共管计划生育工作。（4）亲自抓人口目标管理责任制的落实与考核，在党政干部的政绩考核、奖励表彰、提拔晋升中要把计划生育工作作为一项重要的指标。（5）抓好对党员和干部的基本国情和基本国策教育。各级党委应该教育党员、干部带头实行计划生育，发挥模范作用。各级党校、干校都要把人口与计划生育的教育作为必修课。

　　总之，领导重视贵在自觉、贵在务实、贵在持久，要扎扎实实地落实在行动上，认真执行计划生育工作领导责任制，为解决我国社会主义初级阶段的人口问题，以促进社会主义现代化建设尽职尽责。中央在 20 世纪 90 年代初总结的这条基本经验和对各级领导干部提出的要求，今天仍然具有现实指导意义。

新中国人口政策 60 年

◇田雪原[*]

迄今为止，中国仍是世界第一人口大国。国内外大同小异的预测表明，到2030年中国人口达到14.65亿实现零增长以后，方能将这把交椅让与印度，心安理得地退居次席。中国人口问题属人口压迫生产力，即人口和劳动力过剩性质；如今人口零增长一天的到来依稀可见，这一成绩的取得实属不易。一方面，经济的发展和社会的进步是基础，是人口转变的基础；另一方面，旨在以降低生育率为主线的人口政策长期卓有成效地实施，则起到关键的推动作用。然而学术界和社会上还存在某种歧义，特别对1980年中央提倡一对夫妇生育一个孩子决策的出台存有各种猜测，有的甚至以讹传讹。本文以作者亲历并立足人口学以及人口与经济、社会发展视野，对1980年决策出台的前前后后，当前的政策选择，作出理论与实践相结合的阐发。

舆论准备：为马寅初先生新人口论翻案

自古以来，中国就以地大物博、人口众多著称于世，虽然在历史发展的长河中不乏节制人口的主张，但是众民主义对上策动着统治阶级的人口政策，对下迎合着民众多子多福的心理，从孔子"庶矣哉"、孟子"不孝

---

* 田雪原，中国社会科学院学部委员、人口与劳动经济研究所原所长、著名人口学家。

有三，无后为大"封建伦理道德，到孙中山大汉民族"同化论"，无不把人口多少视为国家兴衰、国力强弱的象征，自觉不自觉地推行旨在鼓励人口增长的政策。1949年中华人民共和国成立后，无疑这种众民主义思想传承下来并得到显现，在短短三年国民经济恢复时期，即完成由高出生、高死亡、低增长向着高出生、低死亡、高增长人口再生产类型的转变。1953年普查全国人口达到6亿，出生率上升到37.0‰，死亡率下降到14.0‰，自然增长率创23.0‰新高。这种情况为党和国家的一些领导人所看到，他们或召开座谈会，或成立"节育问题研究小组"，并在"一五"国民经济计划报告中写进"适当地提倡节制生育"字样。更引起社会有识之士的关注，邵力子先生在第一届全国人大第一、第二次会议上，呼吁宣传避孕知识，放宽对人工流产的限制。马寅初则利用担任人大代表之便，1954—1955年先后三次视察浙江，形成他对人口问题比较系统的观点，在人大代表浙江小组会上作了"控制人口与科学研究"的发言；1957年在一届人大四次会议上进一步阐述他的观点，7月5日《人民日报》全文发表他的书面发言，这就是他的《新人口论》。《新人口论》以1953年人口普查数据为依据，分析了人口增长过快同经济、社会发展的矛盾，主张控制人口数量、提高人口质量，并且提出具体的办法和建议，由此引发一轮人口问题讨论和探索的热潮。早在20世纪二三十年代就主张节制人口的社会学派节制主义陈长蘅、陈达、吴景超、费孝通等人，也纷纷发表文章，阐发他们的人口主张。这些文章和建议，有的还受到包括毛泽东在内的中央领导的赞赏。但是1957年反右派斗争之风一起，则纷纷遭到批判，社会学派节制主义代表人物无一例外地被戴上右派分子的帽子。是声望过高还是别的原因，只有马寅初先生得以幸免，依然做他的北大校长、全国人大常委职务；只是批判是少不了的，马老却不屑一顾，从未做过任何检讨。1959年我考进北大经济学系学习，正值第二次批判马寅初新人口论。当时的情景是：大字报铺天盖地，声讨之声不绝于耳——发生了什么事情？我们的老校长怎么了？这使我一有时间就跑到第五期刊阅览室，找到刊登马老《我的经济理论、哲学思想和政治立场》文章的《新建设》等杂志，同时也找来《光明日报》等发表的批判文章读了起来。越读越觉得马老关于控制人口数量、提高人口质量的论述讲得颇有道理，更为那种年近八十誓死捍卫真理、直至战死为止的彻底唯物主义精神所打动；相反，那些连篇累牍的批判文章却讲不出多少道理，除了标签式的政治口号和扣大帽子之外，便是偷换前提一类的逻辑推演，其目的就是要将《新人口论》批臭，把马寅初一巴掌打下去。特别是康生亲临北大点名"属于哪个马家"之后，包括马老居住的燕南园在内的整个燕园大批判升级，直到最后马老从北大校园、政坛和学坛上"蒸发"，再没有见到马老的身影。这使我着实困惑了一段时间，留下一个悬念，这场大批判就这样收场了？心中埋下一个学术情结。

1964 年毕业后，先是参加两年"四清"，接着便是所谓的十年"文化大革命"和干部下放劳动。除了和我们这一代人大同小异的经历外，作为系统学习过马克思主义经济学和西方经济学说史的学人来说，原来盼望祖国尽快强盛、人民尽快富裕起来的情结受到莫大的伤害。在"四清"同吃、同住、同劳动过程中，亲身体验到新中国成立十五六年后，许多农民依然过着缺吃少穿的清贫日子的情景；城市也好不到哪儿去，直至 70 年代每人每月只供应几两油、肉、蛋，自行车、手表等日用工业品都要凭票供应，在饥饿、温饱、小康、富裕和最富裕几个发展阶段中，处在由饥饿向温饱过渡阶段。由此不能不对当时的人民公社以及整个国家的计划经济产生疑问：为什么西方市场经济国家忧虑的是生产过剩，而高度集中统一的计划经济国家则被短缺困扰？第二次世界大战结束后二三十年，我们同发达国家的差距不是缩小而是扩大了，国家尽快富强起来的期望跌到了失望的边缘。1978 年底党的十一届三中全会的召开，给我的感觉真的是"忽如一夜春风来，千树万树梨花开"，于是便投身到理论战线上的拨乱反正中去，发表《调整是目前国民经济全局的关键》、《为社会主义的托拉斯恢复名誉》等几篇经济论文。不过积压多年的最大学术情结，还是 50 年代末 60 年代初那场对马寅初的批判。于是我把多年积累的资料整理出来，写出《为马寅初先生的新人口论翻案》长篇文章。1979 年 8 月 5 日《光明日报》作为"重头文章"发表并加了"编者按"，算作该报对过去错误批判的清算，自然在学术界和社会上产生较大影响。说心里话，当时撰写和发表这样的文章是需要一点儿勇气的。因为批判了马寅初新人口论之后，人口问题成为无人敢于触动的"禁区"，传统的、权威的观点，是前苏联《政治经济学》教科书"人口不断迅速增长是社会主义人口规律"的教条。对此提出异议，弄不好有可能被戴上马尔萨斯人口论的帽子，马寅初等被批判的情景历历在目。然而30年的计划经济不能使人民摆脱贫穷的困扰，人口却由1949年的5.42亿增加到1979年的9.76亿，净增4.34亿，年平均增长达到2.0%的高率，"经济上不去、人口下不来"严重地阻碍着人民生活的改善和国家的富强。事实给了人口越多、劳动力越多、生产越多、发展越快的"人口越多越好"论当头一棒，这样的历史再也不能继续下去了。为了国家和人民的利益必须挺身而出，拿起笔来为马老翻案，为他的新人口论平反。在此基础上，我将马老其他数篇有关人口的文章汇集到一起，以《新人口论》命名重新出版，三年内连续出了三版。为马寅初新人口论翻案打破了人口不断迅速增长是社会主义人口规律的教条，推翻了"人口越多越好"论神话，带动了整个人口理论的拨乱反正，也为新人口政策的制定做了必要的理论准备。

严格控制人口增长：提倡一对夫妇生育一个孩子

人口变动具有速度比较缓慢和累进增长的特点，短期内变动不很显著，时间一长增长的效果却异常明显，而且积累的势能很难改变。如果说共和国成立后的前一二十年人口增长还容易被人忽视的话，那么进入70年代忧虑人口增长的人们日渐增多起来。在这种情况下，1973年国务院成立计划生育领导小组，标志着将计划生育纳入政府行为，提出"晚、稀、少"具体要求："晚"指晚婚、晚育。那时算了这样一笔账：如果20岁结婚并生育，100年中就是5代人；如果25岁生育，就是4代人；如果30岁生育，就是3代人多一点，晚婚、晚育对控制人口增长有着现实的意义。"稀"指生育子女间隔时间要长一些，拉开子女之间的年龄距离，要求间隔4年。"少"指生育的数量要少，针对多生多育提出生育两个孩子的数量目标。在以后的实践中，对"晚、稀、少"有所发展，演变为"一个不少，两个正好，三个多了",表明生育政策有进一步收紧的倾向。从 1974 年起,国家把人口纳入国民经济发展计划,规定了具体的人口增长总量指标。1978 年新一届国务院计划生育领导小组成立,中央批转该领导小组第一次会议的《报告》,要求全党要从战略意义上提高认识,增强抓好计划生育工作的自觉性。这一年 7 月,河北省作出计划生育十条规定,第二条为"鼓励一对夫妇生育子女数最好一个,最多两个"。1979 年 1 月国务院计划生育领导小组召开全国计生办主任会,提出"今后要提倡每对夫妇生育子女数最好一个,最多两个,间隔三年以上;对于只生一胎,不再生第二胎的育龄夫妇,要给予表扬;对于生第三胎以上的,应从经济上加以必要的限制"[①]。这段期间,有的地方如山东省荣成县等部分群众,已经提出只生育一个孩子的口号;在有关领导讲话中,也提出了一对夫妇生育一个孩子和 1985 年人口增长率降低到 5‰、2000 年降低到零的目标。

实现人口零增长,涉及未来的人口变动和发展,需要作出科学的人口预测。当时已是将近 10 亿的泱泱人口大国,从事人口研究的人却少得可怜,预测手段也不发达,只能大致地计算一下。恰在这时,七机部二院宋健副院长等几人提出他们初步预测的一些结果。他们将自动控制论应用到人口预测中来,一是数据资料需要补充完善,某些参数需要推敲审定;二是需要对预测结果作出分析,得到人口学界和社会的承认,因而需要人口学家参与。包括本人在内的人口科学工作者,当时对计算机还知之甚少,更不可能应用到人口预测中来,因而需要自然科学工作者介入。正是这种相互需要,1979 年下半年至 1980 年初,宋健、李广元等同志常常利用星期天等业余时间,到月坛北小街中国社会科学院经济研究所来同我一起讨论研究,中午就啃两块馒头、喝杯开水继续磋商,最后新华社发布了多种方案的中国百年人口预测结果。该预测由著名科学家钱学森和经济学家许涤新推荐给当时主管人口工作的陈慕华同志,陈慕华同志回信称转报中央政治局。1980 年 3—5 月,中央书记处委托中央办公厅召开人口座谈会,

---

① 杨魁孚、梁济民、张凡:《中国人口与计划生育大事要览》,中国人口出版社 2001 年版,第 65、67 页。

对人口问题进行了5次规模不等的讨论，最后在中南海勤政殿形成座谈会向中央书记处的《报告》，以及致全体共产党员、共青团员的《公开信》。人口座谈会讨论了方方面面的人口问题，特别是提倡一对夫妇生育一个孩子、2000年人口控制目标、人口零增长等敏感问题。本人参加这样的座谈会深受感动，也很受教育，是一次充分发扬民主、科学决策的会议。所以很不赞同社会上有的人说当初什么都没有考虑，是一个不计后果的错误决策。以提倡一对夫妇生育一个孩子而论，1980年中央召开人口座谈会，大家都赞成尽快控制人口增长；但是对于能不能提出一对夫妇只生育一个孩子，一些与会者表示出某种担心。因为此举前无先例，需要认真研究。

讨论中提出的第一个问题，是只生育一个孩子会不会引起孩子智商和智能的下降问题。有一位领导同志在发言中列举民间的一种说法，叫作老大憨，老二聪明，老三最机灵、最聪明，俗话说"猴仁儿""猴仁的"。是不是这样呢？就要休会一段时间，组织力量查阅资料和进行论证。结果表明，生育孩子次序同聪明不聪明没有必然的联系，无论是"老大憨"还是"老二聪明"、"猴仁儿"等传说，都缺乏真正的科学依据，最多是有些地区群众中有这样的一些说法而已。群众的说法同过去多生多育相联系，因为生育的子女多，第一个孩子（老大）就担负着协助父母照料比其小的弟弟、妹妹的任务，表现出宽容大度，带有一些憨厚的劲头儿；后边的弟弟、妹妹，也显得更活跃一些、聪明一些。同时，虽然1980年改革开放尚处在"摸着石头过河"初期，但是过去高度集中统一的计划经济再也不能继续下去了，要发展商品经济在经济学界取得较多共识。而要发展商品经济，交换价值升值，势必冲击人们传统的观念，婚姻和生育观念必然要发生某些改变。可以预料的是，诸如婚前性行为、未婚先孕、离婚率和买卖婚姻等的增多和升高，会改变怀孕和实际生育的孩次。作为"第一个孩子"留下来的"老大"，不是实际所怀的第一个孩子的比例会增多起来。今天看来，这样的估计并不过分，实际情况有过之而无不及。由此得出结论，提倡一对夫妇生育一个孩子，不会降低人口的智商和智能。

二是提倡一对夫妇生育一个孩子以多长时间为宜。会上气氛热烈，有的主张搞长一些时间，列举苏联、加拿大土地面积比我国大，人口比我国少得多；美国与我国国土面积差不多，人口只有我国的四分之一。我国人口过剩严重，应当尽快实现零增长和负增长，生育一个孩子搞上半个世纪、一个世纪也不为过。有的不赞成这样的意见，认为生育一个孩子时间长了，会带来劳动力短缺、老龄化过于严重、社会负担过重等多种社会问题，不能只顾及控制人口数量一个方面。我在会上力陈并在向书记处的报告中阐述，提倡一对夫妇生育一个孩子主要是要控制一代人的生育率，因为控制住一代人的生育率也就自然地控制了下一代做父母的人口数量，因而主要是未来二三十年特别是 20 世纪的事情。故提倡一对夫妇生育一个孩子既非永久之计，半个世纪甚至一个世纪的搞下去不行；也非权宜之计，搞上三年五载就收兵不搞了也难以奏效，随着时间的推移其作用也就自然的消减了。提倡一对夫妇生育一个孩子主要着眼于控制一代人的生育率，这是权衡利弊之后的科学选择，得到与会多数同志的赞同。

三是所谓"四二一"结构问题。即提倡一对夫妇生育一个孩子，会不会造成老年人口为四、成年人口为二、少年人口为一的"四二一"年龄结构。经过论证，提倡一对夫妇生育一个孩子，如果两代人都是这样的"单传"，某些家庭可能出现这种"四二一"结构；就整个社会范围而言，只有双方都是独生子女并且结婚后全部只生育一个孩子，才具备形成"二一"的条件。因此，只要允许独生子女结婚可以生育两个孩子，总体上就不存在"二一"结构；事实上，从这一政策诞生的第一天起，各省、自治区、直辖市都实行了双方均为独生子女者结婚，可以生育两个子女。而整个社会老年人口的"四"，是不可能形成的。众所周知，老年人口的年龄级别死亡率较高，处于结婚生育年龄的育龄人口在其后成长到老年的三四十年中，实际上因为不断死亡其数量在逐步减少，老年人口的"四"是没有办法保持下来的，可能变成"三二一"（假定二一成立），甚至是"二二一"（假定二一成立）。所以，无论是四个老人全部健在，还是双方都是独生子女结婚还要生育一个孩子，都是与现行生育政策相违背的，所谓"四二一"结构乃是认识上的一个误区。

座谈会向中央书记处的《报告》和中央的《公开信》，体现了上述基本精神。本人在受命起草向书记处的《报告》时，还按照领导要求，分别撰写以个人署名的几个《附件》，以示对这样的论证负有责任。这两个文件奠定了80年代以来我国生育政策的基调，产生很大影响。今天看来，80年代初提出的以提倡一对夫妇生育一个孩子为主要标识的生育政策，绝不是"拍脑袋"的结果，而是经过认真的讨论和论证，对其实施后果进行了深入研究，符合国家和民族根本利益的抉择。

审时度势：调整 2000 年人口目标

提出1985年自然增长率下降到5‰、2000年零增长和总人口控制在12亿以内目标，人口政策必须相应跟上。于是1982年2月《中共中央、国务院关于进一步做好计划生育工作的指示》（中发〔1982〕11号），要求国家干部和职工、城镇居民，除特殊情况经过批准者外，一对夫妇只生育一个孩子。农村普遍提倡一对夫妇只生育一个孩子，某些群众确有实际困难要求生二胎的，经过审批可以有计划地安排。不论哪一种情况都不能生三胎。对于少数民族，也要提倡计划生育，在要求上，可适当放宽一些。具体规定由民族自治地方和有关省、自治区，根据当地实际情况制定，报上一级人大常委会或人民政府批准后执行。① 同年中共中央办公厅、国务院办公厅转发《全国计划生育工作会议纪要》，对生育政策作了具体的阐述：普遍提倡一对夫妇只生育一个孩子，严格控制二胎，坚决杜绝多胎。各省、区、市规定了三种情况可以生育二胎：（1）第一个孩子有非遗传性残疾，不能成为正常劳动力的；（2）重新组合的家庭，一方原只有一个孩子，另一方系未婚的；（3）婚后多年不育，抱养一个孩子后又怀孕的。此外，各省、区、市还对农村作了若干补充规定，主要有：（1）两代或三代单传的；（2）几兄弟只有一个有生育能力的；（3）男到独女家结婚落户的；（4）独子独女结婚的；（5）残废军人；（6）夫妇均系归国华侨的；（7）边远山区和沿海渔区的特殊困难户。② 与此同时，1981年3月第

① 参见彭珮云主编《中国计划生育全书》，中国人口出版社1997年版，第19页。
② 同上书，第22页。

五届全国人民代表大会常务委员会第十七次会议审议通过设立国家计划生育委员会，国家计划生育委员会正式挂牌成立。1982年中共十二大报告，强调人口问题始终是现代化建设中的一个极为重要的问题，明确"实行计划生育，是我国的一项基本国策"①。这是诸多基本国策中第一个正式宣布的基本国策。随后在1982年的机构改革中，建立了自上而下的计划生育组织机构，为推行计划生育基本国策提供了强有力的组织保证。

在中国社会科学院工作的同志有一条不成文的规定：研究无禁区，宣传有纪律。我本人拥护并身体力行这条原则。对于2000年全国人口控制在12亿以内目标，心里存有一定的疑虑；但在公开文章中，还是遵循力争达到的基调。但是研究的任务，则要实事求是地探讨这一目标和相关政策的可行性，在内部刊物发表不同研究结果。机会来了，1981年3月，时任党中央总书记的胡耀邦同志在同《人民日报》、《红旗》杂志、中国社会科学院部分同志座谈时，讲到要研究本世纪末中国将展现出一幅怎样的图景？占世界人口五分之一的我国人民，那时将过着怎样的物质文化生活？希望通过调查研究绘出具体生动的前景，以激励人民为之奋斗。根据这一指示，中国社会科学院和国务院技术经济研究中心组织部分同志着手《2000年的中国》研究。该研究是一项大工程，涉及人口、经济、消费、能源、交通、科技、环境、国际等各个方面，要完成系列研究报告，描绘出2000年我国经济、社会、科技发展的图景、特征、思路和相应的决策选择。我同另一位领导同志负责《2000年的中国》首篇《2000年中国的人口和就业》研究报告。由于是呈送党中央、国务院领导的内部研究报告，适用"研究无禁区"原则，开展实事求是的科学研究。1984年该研究完成，提出并论证了2000年中国人口和就业发展的十个方面的图景：人口数量得到控制，增长速度放慢；婴儿死亡率不断下降，人口预期寿命不断延长；人口文化素质不断提高；人口由年轻型向成年型过渡；人口的城镇化趋势；经济生产年龄人口比总人口增长为快，就业人口空前膨胀；农业劳动力向非农业转移；工农业物质生产部门劳动力向非物质生产部门

---

① 彭珮云主编：《中国计划生育全书》，中国人口出版社1997年版，第21页。

转移；总人口就业率上升，经济生产年龄人口就业率下降；就业效益和劳动生产率提高十个方面的发展趋势、可能达到的目标和决策选择。关于人口发展战略和 2000 年人口发展目标，《报告》从我国人口以及经济、文化、社会等的实际出发，提出并阐发了实现低位预测 12 亿目标困难极大，要作突破的准备；但一般认为也不会超过 12.8 亿高位预测；最大可能是中位预测的 12.5 亿左右。《报告》给出的 2000 年人口和就业图景最主要之点是：人口数量控制在 12.5 亿左右，身体和文化素质有较大提高，城乡结构大体上"四六开"的成年型人口。安排比目前多出 2 亿多劳动力，城乡劳动力大致对半开，管理体制比较科学，具有较高效益的就业。[①] 就人口目标而论，在当时已经确定并大力宣传 2000 年全国人口控制在 12 亿以内情况下，提出并论证控制在 12.5 亿左右，整整多出 5000 万即相当于英国或法国一个国家的人口，是需要有坚定的科学信念和勇气，顶住来自包括学术界在内的某些压力的。关于 2000 年人口控制在 12 亿以内目标，学术界存在不同观点，也有同志通过不同方式向上反映过，中央领导同志有过批示。1984 年中央批转国家计生委《关于计划生育情况的汇报》（即 7 号文件），提出"要进一步完善计划生育工作的具体政策"。主要是：对农村继续有控制地把口子开得稍大一些，按照规定的条件，经过批准，可以生二胎；坚决制止大口子，即严禁生育超计划的二胎和多胎；严禁徇私舞弊，对生育问题上搞不正之风的干部要坚决予以处分；对少数民族的计划生育问题，要规定适当的政策。可以考虑，人口在一千万以下的少数民族，允许一对夫妇生育第二胎，个别的可以生育三胎，不准生四胎。具体规定由民族自治地方的人大和政府，有关的省、自治区，根据当地实际情况制定，报上一级人大常委会或人民政府批准后执行。[②] 结果"大口"没有堵住，"小口"则开得大了，造成 20 世纪 80 年代中期一定程度的生育小高潮。与此同时，国家也将 2000 年全国人口控制在 12 亿以内修改为 12 亿左右，当时国务院领导还作出"左右不过五"的诠释。结果呢？2000

---

① 参见国务院技术经济研究中心《2000 年的中国》之一《2000 年中国的人口和就业》（研究报告），1984 年。

② 彭珮云主编：《中国计划生育全书》，中国人口出版社 1997 年版，第 24 页。

年普查全国人口为 12.66 亿，既不是 12 亿以内，恐怕也不能称之为 12 亿左右，人口高指标的教训值得认真总结。

与时俱进：立足于统筹解决人口问题的政策选择

历史推进到 21 世纪，人口变动与发展面临新的态势。一是人口增长的势能减弱许多，2030 年全国人口增长到 14.65 亿左右时，即可实现零增长；二是劳动年龄人口增加到临近峰值，2017 年 15—64 岁劳动年龄人口增加到 10 亿将成为由增到减的拐点；三是人口老龄化加速推进，2050 年 65 岁以上老年人口比例可上升到 23% 高水平；四是人口城市化步入 S 曲线中部，呈加速上升趋势；五是出生性别比持续攀升，与现行生育政策的关系值得重视。如前所述，这些问题早在 20 世纪 80 年代初大力控制人口增长时已经作出大致的估计；但是那时毕竟没有实践检验，现在经过实践，人口素质、结构方面的问题日益显现出来，成为新时期人口发展战略和人口政策必须着力解决的问题。同时随着科学发展观和可持续发展战略的深入贯彻，人口问题的解决也必须纳入其中，纳入和谐社会建设之中。基于这样的认识，提出统筹解决人口问题"三步走"人口发展战略和相应的政策选择。

"三步走"人口发展战略，第一步，把高生育率降下来，降到更替水平以下，实现人口再生产由高出生、低死亡、高增长向低出生、低死亡、低增长类型的转变。1992 年生育率下降到更替水平以下，标志着这一步已经完成。第二步，稳定低生育水平，直至实现人口的零增长；同时注重人口素质的提高、人口结构的合理调整。这一步预计 2030 年前后可以实现。第三步，零增长以后，由于人口的惯性作用将呈一定程度的减少趋势，再依据届时的经济、社会发展状况以及资源、环境状况，作出理想适度人口的抉择。这样理想的适度人口是全方位的，不仅数量是适当的，而且素质是比较高的，年龄、性别等的结构也是合理的。这一步是人口零增长以后的事情，现在能做到的是走好第二步，为第三步战略的实施创造条件。如何走好第二步？其指导思想和基本点，可表述为：在以人为本科学发展观指导下，实行控制人口数量、提高人口素质、调整人口结构相结合，促进"控制"、"提高"、"调整"协调发展，人口与资源、环境、经济、社会可持续发展。为实现这样的人口目标，提出下述可供选择的生育政策建议：

第一，全国不分城乡，双方均为独生子女者结婚一律允许生育两个孩子。这一步现在即可实施。当前，已婚育龄妇女独生子女领证率在22%左右，城镇远远高于农村，实行"双独"结婚生育两个孩子，生育率升高极其有限，可不附加任何条件。

第二，农村一方为独生子女者结婚，允许生育两个孩子，现在也可以开始实施；城镇可暂缓几年，2010年以后组织实施为宜。对于农村来说，由于独生子女率较低，"一独生二"影响有限；对于城镇来说，由于独生子女率普遍很高，一方为独生子女结婚者比例不会很高，对生育率影响也不会很大，特别是推延到2010年30岁以下育龄妇女进一步减少后实施。但是实行"一独生二"的生育政策，对于"一独"方的父母家庭养老和改变家庭人口年龄结构来说，有着现实的、不可替代的意义。

第三，在有效制止三孩及以上多孩生育条件下，农村可不分性别普遍生育两个孩子。目前全国农村实际的总和生育率在2.0水平上下，如果除人数较少的少数民族外均不得生育三个及以上孩子能够做到，生育水平可大体上维持现在的水平。我们的"软着陆"预测方案还留了一点儿微升的余地，只要真正做到"限三保二"，是不会造成农村和整个社会生育率有多大反弹的。

参考文献

1. 胡锦涛：《高举中国特色社会主义伟大旗帜为夺取全面建设小康社会新胜利而奋斗——在中国共产党第十七次全国代表大会上的报告》，人民出版社2007年版。

2. 彭珮云主编：《中国计划生育全书》，中国人口出版社1997年版。

3. 国家人口和计划生育委员会编：《中国人口和计划生育史》，中国人口出版社2007年版。

4. 国务院技术经济研究中心：《2000年的中国》之一《2000年的中国人口和

就业》（研究报告），1984 年。

5. 田雪原等：《21 世纪中国人口发展战略研究》，社会科学文献出版社 2007 年版。

6.《田雪原文集》，中国经济出版社 1991 年版；《田雪原文集》（四），红旗出版社 2005 年版。

7. United Nations，*World Population Prospects The 2006 Revision*，New York，2006.

8. United Nations，*World Population 2006*，New York，2006.

主旨报告

▌先控后减的"新人口策论"
——回应十点质疑

◇程恩富　王新建*

导言　"新人口策论"的十个要点

马克思主义认为，社会生产一方面是物质（含生态环境）和精神的生产，另一方面是人类自身的生产。两种生产互为前提，相互依存，共同对社会发展起着制约作用。尽管现代社会的人口变动不是社会发展的最主要力量，但人口变动仍然对社会发展有促进或延缓的作用。"两种生产"的理论是唯物史观和政治经济学的重要组成部分，揭示了两种生产的对立和统一是人类社会存在和发展的基础。

马克思主义认为，人口现象和人口问题是由自然状况和社会发展方式决定的社会现象和社会问题。一定空间内的社会条件和自然条件，尤其是生产力发展、生活水平以及相关社会制度和政策，客观上制约着人口规模和人口再生产类型的转换。

马克思主义认为，与资本主义社会相比较，社会主义社会的人口数量和质量应当有计划地发展和调节，使人口和劳动力的发展同整个经济社会

* 程恩富，中国社会科学院学部主席团成员，马克思主义研究院院长、教授、博士生导师，研究方向为马克思主义理论、中外经济学；王新建，浙江理工大学马克思主义学院教授。

发展状况和生活水平提高相适应。

因此，马克思主义人口理论是与我国计划生育政策密切相关的，那种以为主张计划生育就是背离马克思主义的马尔萨斯观点，显然是错误的。

在中国近代史上，由于现实可利用的生产资料同人口和劳动力的数量比例失调，是导致相对贫穷落后的原因之一。新中国成立后的30年，没有实行计划生育或实行不力，是导致改变贫穷落后面貌的潜力未能充分发挥的原因之一（所谓错批马寅初1人，多生2亿多人）。改革以来的30年，为了减缓人口规模的过快膨胀，在全国范围内开展了轰轰烈烈的计划生育工作，使人口再生产类型在社会生产力尚不发达的情况下，实现了历史性转变，总和生育率从1970年的5.8降至现在的1.8左右，到2005年全国累计少生4亿多人[①]，资源和环境压力得到有效缓解，生活水平有了显著提高。可以说，人口再生产类型的成功转型，为中华民族的复兴繁荣、生活水平较快提高和现代化建设，以及全球人口控制作出了突出的贡献。

伴随30年实行较严格计划生育政策，一直存在要不要放宽的歧见，近年又出现了大争鸣。在今后的数十年内，是继续严格实行一胎政策，还是逐步放开二胎政策，渐成社会各界关注的焦点。

以马克思主义人口理论精神来审视我国目前的人口形势，理性缜密地考量我国人口发展战略和政策选择，我们倡导的"先控后减的新人口策论"要点如下：

（1）不断增加的中国人口总量，正在逼近国内主要资源所能承载的极限。2008年底中国人口为13.28亿，在今后较长时期内每年还将新增人口700万左右，人口总规模在较低生育率的基础上继续大量扩张，而且国内主要资源短缺严重，其向现有可高效利用资源的人口极限规模推进。

（2）不断增加的中国人口总量，正在逼近国内生态安全所能承载的极限。我国多数江河湖泊和近海受到严重污染，有的著名河流和湖泊萎缩干

---

① 国家人口发展战略研究课题组：《国家人口发展战略研究总报告》，中国人口出版社2007年版，第15—19页。

涸，草原退化，湿地减少，荒漠扩大，多种野生动物濒临灭绝，排放有害物质总量增加，等等，这些问题均不同程度地直接或间接与人多相关。

（3）发达国家越来越多的人持少生育或不生育的现代生育文化观，需要国家不断加大奖励生育的措施来维持人口的再生产。而我国在人们尚未自觉改变传统生育观和人口收缩到适度规模（5亿人左右）以前，则应坚持不懈地推行"城乡一胎、特殊二胎、严禁三胎、奖励无胎"的"一胎化"主导的新政。少数民族、难医治不良头胎等列入特殊情况。实行免费和奖励婚前体检，严惩胎儿性别查堕行为。

（4）在尚未改变传统偏好男孩的习俗以前，实行一种有差别的变罚为奖的社会保障配套措施，"无胎高保、女胎中保、男胎基保（低保）、超胎自保"，即对于不生育的家庭实行高保，生一个女孩的家庭实行中保，生一个男孩的家庭实行低保或基保（社会普遍的基本或基础保障），违纪超生的家庭自保。尽快变处罚为奖励，促进生育和谐与计划生育工作和谐。

（5）只有严格实行"先控后减"的人口调控政策（总人口先控制在15亿左右，后逐渐减至5亿左右），才能有效缓解我国社会主要经济矛盾和巨大就业的压力。不断膨胀的巨大人口规模所引起的社会需要扩张已难以单靠发展生产和粗放式发展方式来满足。必须倚靠人口规模的严格控制和缩减，才能使主要矛盾和就业压力不因人口总量过快增长而加剧。

（6）只有严格实行"先控后减"的人口调控政策，才能实现生活水平和人口素质的较快提升，更好地促进人口同资源和生态环境相协调的可持续发展，从而尽快赶上欧美日韩等国的人均国民生产总值、人均国力和人均生活水平，真正实现高标准的共同富裕和科学发展目标，最终在社会主义与资本主义的比较中获得完全的优势。

（7）树立全国一盘棋的统筹城乡人口方针，为了使众多的农村剩余劳动力和农民工较快成为北京、上海等城市的正式市民，所有城市均不宜推行独生子女结婚可生二胎的政策。要确保因严格计划生育所节省的经费用到改善老年人口的生活方面去。

（8）国家一方面要把严格计划生育所节约的各种经费及时投入到老龄人口的生活和工作改善等方面；另一方面要借鉴日本等发达国家经验，随着人的寿命提高而适当提高退休年龄，消除让劳动人口提前退休而又实际形成三分之一退休者再就业的不良局面。随着人的寿命和退休年龄的提高，应相应提高老龄人年龄的统计标准。

（9）国家应对包括兵役逝世或伤残在内的非正常人生夭折或失去劳动能力的不同情况，给予高低不一的家庭补贴或保障，以激励人们从事高风险的工作，并高水准地解决其家庭生活的后顾之忧。

（10）与 "（经济）资源节约增效型社会"、"（生态）环境保护改善型社会" 相匹配的应是 "人口控减提质型社会"。这 "三型社会" 完整地体现了科学的可持续发展观，从而为根本转变对内对外发展方式，缓减内外 "资源战"、"环境战"、"生态战"、"贸易战" 和 "移民战" 等奠定基础。要像 1980 年中央决定实行一胎化计划生育政策那样，广泛通过立法、政策、宣传、教育等配套措施，尽快大力推行先控后减的一胎化计划生育新政，积极倡导 "人口控减提质型社会"（至于如何全面提高人口素质，需另文阐述）。

对于笔者提出的上述 "新人口策论"，可以产生十点质疑，本文一一进行回应，以便深化讨论，逐步形成科学共识。

一　回应人口人手说

人口人手说，是计生政策诸多质疑中较为典型的一种。人们不会忘记 20 世纪 50 年代的 "人口论" 与 "人手论" 之争，也不会忘记被错误批判的所谓不识时务的马寅初，说他竟然用资产阶级的 "人口论" 反对无产阶级的 "人手论"；以及新中国广泛宣传的为了国家繁荣昌盛大量生育后代的苏联 "母亲英雄"。持人口人手说观点的论者认为：中国人将人的数量问题称为 "人口" 问题，强制计划生育又极大地强化了这种把人看成是 "人口" 而非 "人手" 的观念。将人看成 "人口"，何以与 "牲口" 区别？近期更有论者指出，"要打倒中国的 '人口' 学，建立中国的 '人手' 学"。因为 "人手" 安排好了，"人口" 就不是负担而是动力。在科学技术高度发达的将来，即使人一生的大部分时间用于全日制学习和休闲，他

（她）生产的价值仍然可能远远大于他消费的价值。[①]

　　这种质疑具有一定的迷惑性。第一，"人口"岂能无条件地变成"人手"？"人口"要成为社会财富的有效创造者，成为论者所说的"人手"，是有条件的，其条件还应该是当下的，是难以推给"将来"的。从"时间在先"的意义上说，人的数量问题无论如何首先都是"人口"问题。人不得不在一定的时间（成年前和老年）不同程度地失去其"人手"的属性。据测算，即使按 1998 年的消费模式和物价水平，我国抚养一个孩子从母亲怀孕始至 16 周岁止，全国平均所需支付的总抚养费最低为 5.8 万元，最高为 6.7 万元。现在，人的寿命越来越长，在老年阶段的时间也越来越长，这也需要家庭和社会负担。随着社会经济的发展，妇幼保健、社会教育、老年医疗等投资将不断升高，家庭和国家为抚养每个人非劳动阶段所支付的总抚养费也将大幅上升。这样，由于"放开二胎"而多生的几亿人口，将给家庭和社会带来沉重的经济负担。

　　第二，即使人到了劳动年龄阶段，能否就业则不一定；就业后从个别单位计算能否提供微观剩余劳动也不一定；就业后即使从个别单位计算有剩余劳动，但纳入社会资源和生态环境等外部因素，能否真正提供社会剩余劳动则更不一定。这表明，有劳动能力的人要转化为现实从事劳动的人，以及能为单位和社会都提供该部门平均或超过平均的剩余劳动，是需要现实可利用的生产资料和科技水平的。

　　第三，人口人手说反映的是一种无需积极提高劳动生产率和生活水平的落后生育观念。"从农业角度看，这无非是将本来可以由一个人耕种的土地由两个人来耕种，或者将本可以由机器代替人力来耕种的土地继续交给更多的人来耕种而已。从工业角度看，无非是将三个人的活由五个人来干，或将可由机器干的活换成人来干而已。从商业角度看，无非是将一个人所卖出的东西由两个人来卖，用更多的小摊贩替代大型商场和超市而已。不仅如此，过度生育的另一个功能就是将本可以作为森林、草原、湿

---

　　① 参见方一《"人口论"与"人手论"?》，载《经济管理》1979 年第 11 期；另参见何亚福博客文章《人口论、人手论和人脑论》，杨支柱博客文章《打倒"人口"学，建立"人手"学》等。

地、湖泊等创造幽雅生存环境的大自然的天然生态，不断地变成农业耕地，以将本可应有的美学生活和生态环境逐步破坏到生态危机的地步来养活一个低水平生存的庞大人口群而已。"① 不难看出，漠视"人口"而仅抽象突出"人手"，以此为放开生育政策的主张辩解，实质上是一种不思进取的农业社会的古老生育观念。不摈弃这种落后的生育观，谈何实现类似发达国家的动态现代化和人均高质量生活水平？我们再不能醉心于"世界加工厂"、"廉价劳动力"等"美誉"。与其说是"美誉"，不如说是无奈。在由人口大国向人力资源强国的转变中，只有控减人口数量，才能更快地提高人口质量。

第四，我们不否定"科技高度发达后，一个人生产的价值远远大于他消费的价值"的观点，但在"科技高度发达"之前怎么办？是否每个人都能在高科技单位从事生产？持人口人手说的论者还认为："一个社会如果能建立一种各尽所能的制度，吃饭的问题还解决不了吗？"② 这当然只能是"如果"，因为"各尽所能的制度"实现，必须要有各尽所能的工作条件，要有企事业等就业需求。就业需求问题不解决，遑论"各尽所能"？况且，原始社会末期人就可能提供剩余产品，但人需要逐步实现自由和全面的发展，需要不断提高物质和精神生活的质量，而绝不仅仅是一个吃饭或温饱问题。

二 回应生育权利说

有论者指出，公民个人有自由生育的权利，这种个人权利是神圣的，不受侵犯的，国家没有理由限制公民个人的生育自由。因为 1966 年联大《关于人口增长和经济发展的决议》也指出，每个家庭有权自由决定家庭规模；1968 年 5 月联合国世界人权会议通过的《德黑兰宣言》第 16 条规

---

① 李小平：《论中国人口的百年战略与对策——生育控制与农村社会经济问题的综合治理》，载《战略与管理》2004 年第 3 期。
② 参见方一《"人口论"与"人手论"？》，载《经济管理》1979 年第 11 期；另参见何亚福博客文章《人口论、人手论和人脑论》，杨支柱博客文章《打倒"人口"学，建立"人手"学》等。

定，父母享有自由负责地决定子女及其出生间隔的基本人权。也有论者认为："生育权首先是私权，然后是公权。"①

生育权利说是绝对生育权观念的反映，是一种片面的、抽象的、自私的权利观。

首先，生育权利说仅仅片面地、孤立地抓住"自由决定"的字眼，割裂了权利和义务的关系。联合国文件中第一次论及生育权问题，是1966年联大通过的《关于人口增长和经济发展的决议》。《决议》首次将夫妇的生育权利作为一项基本的人权。随着世界人口快速增长和人口资源环境等可持续发展问题的日益凸显和尖锐，联合国有关文件在生育权的表述上是逐渐完善的。我们应该全面了解联合国有关生育权利和生育义务的一些基本观点。1974年布加勒斯特世界人口会议《行动计划》对生育义务的定义是：夫妇和个人在行使这种（生育）权利时，有责任考虑他们现有子女和将来子女的需要以及他们对社会的责任。这一标准性表述，被广泛地应用于各种国际性文件中，并被各国政府所接受。较之传统文化和宗教中的生育义务，《行动计划》中的义务强调对子女负责——要考虑子女的教育和生活水准等；强调对社会的责任——要考虑自己的生育决定对其所生活的社区和社会的平衡发展的影响，个人的生殖行为应当与社会的需要和愿望相适应。一些有识之士指出，这种"考虑到后代的需要和权利的概念，正是可持续发展的核心"②。国际人发大会行动纲领在把生育权纳入人权范畴的同时也强调指出：生育不仅是自由的，也是有义务的和负责任的。《中华人民共和国人口与计划生育法》第17条也指出："公民有生育的权利，也有依法实行计划生育的义务。"③

其次，生育权利说漠视中国的具体国情，缺乏科学、客观的公正立场。马克思指出："权利永远不能超出社会经济结构以及由经济结构所制

---

① 穆光宗：《我国人口政策应如何走?》，载《中国社会科学报》2009年7月2日。
② 参见联合国《关于人口与发展战略和方案的经验：世界人口行动计划的第四次审查和评价（中文）》，A/CONF，1994年版。
③ 《中华人民共和国人口与计划生育法》，中国民主法制出版社2002年版，第5页。

约的社会的文化发展。"①马克思主义一向反对把人权（包括生育权利等）问题绝对化和抽象化，主张人权的历史性和相对性，强调人权观和人权标准必须与各国的经济发展、社会进步、文化传统和价值观念相结合。毋庸置疑，马克思主义的人权理论也是中国人权和生育权利理论研究的坚实基础。中国政府在20世纪70年代把计划生育确定为基本国策，主要基于国家经济社会发展与人口增长之间的尖锐矛盾，看到人口的自由增长严重制约了资源、环境的可持续发展。党的历届领导人论述人口问题，都是以人口多、底子薄这一最基本的国情为出发点的，是建立在对基本国情的科学判断和把握上的。对于一个13亿之众的大国，国家人口政策首先要考虑的，只能是全体人民的生存发展和福祉的提升，而难以顾及脱离现实的所谓自由生育。中国在特定的历史条件下，采取不得已而为之的严格生育政策，正是优先考虑到全民的生存权和发展权。倘若按照自由生育说满足每个个体生育孩子的数量要求（如主张"有儿有女并不是一个落后的理想，而是一个比较合理的愿望，或者说是一个比较美好的愿望"②），而不考虑在资源和生态环境约束下，其子女未来的衣食住行和教育福祉的提高，这样必将影响到后代们又好又快的发展权和教育权。于是，"私权"只是浅层次地得到满足，实际上"私权"和"公权"均未圆满实现。

再次，生育权利说割裂了个人利益同社会利益和全球利益的关系。国际上最早对生育权进行系统研究的瑞典隆德大学丹麦籍著名人权专家卡塔琳娜·托马瑟夫斯基撰写的《人口政策中的人权问题》一书，从人权角度分析了各种人口政策以确定与人口政策有关的人权标准的实际意义，并根据这些标准规定了政府在人口政策领域所应承担的义务。该书认为，政府为影响人们的生育行为而进行的干预并不一定都是与人权标准相违背的。人权标准要求将个人权利与整个国家的福利相平衡。如果高生育率会对整个社会产生有害作用，或者父母的生育行为会对其子女产生不良影响，那

---

① 《马克思恩格斯选集》第3卷，人民出版社1972年版，第12页。
② 唐勇林：《"放开二胎刻不容缓"——专访中国人民大学校长纪宝成》，载《南方周末》2009年4月9日C15版。

么政府就有权干涉。^① 美国东西方中心人口研究所研究员凯伦·梅森的《人口方案侵犯妇女人权吗?》指出:一些国家人口迅速增长,而资源十分短缺,孩子生多了就会影响到社会目前和未来的发展。在这种情况下,为了防止生育失控而影响整体利益,政府限制个人的生育自由是完全正当的。^② 加拿大生殖健康权利研究专家吕贝卡·库克在《生殖健康与人权》一书中指出,发展中国家的人们特别是妇女缺乏调节和控制生育能力,不仅会影响到他们家人的健康,还会影响到全球的稳定,影响人口与自然资源、人与环境之间的平衡,成为对妇女人权的侵犯。^③ 联合国《公民权利和政治权利国际公约》第一条还明确规定:所有民族均享有自决权和自由处置其天然财富和资源的权利,这是民族之生计,不容剥夺。这就突破了西方仅将人权理解为个人权利的片面观点,第一次在国际人权中确认了国家(集体或民族)人权,并使之成为基本人权的重要组成部分。国际社会对生育权利的研究表明,尽管"家庭和夫妇在生育问题上应该有自主自决的权利"^④,尽管生育是一种现实的具体的个人可行使的权利,但对于人口快速增长的发展中国家来说,通过制定人口政策限制个体自由生育权,是完全必要的和科学的。个体生育权的无节制自由行使,必然危害国家整体的生存权和发展权。而国家和民族的生存权、发展权的进步,也将为个体生育权和发展权提供更为和谐有利的环境和条件。私权和公权,两者应该合乎国情和世情地有机统一起来。

近代西方思想家卢梭指出,个人利益服从公共利益,只不过是社会成员服从自己的理由而已;国家和全体社会成员强迫个别社会成员服从公共利益,只是强迫他服从自己的利益,因为社会成员并不总是能看清自己的理由。这种统一性,是公共利益与个人利益矛盾得以存在的基础之一,也是人类社会、国家和法得以存在的基础之一。^⑤ 这说明,在国家、民族整

---

① 参见卡塔琳娜·托马瑟夫斯基《人口政策中的人权问题》,中国社会科学出版社1998年版。
② 参见凯伦·梅森《人口方案侵犯妇女人权吗?》,载《生殖健康与计划生育国际观点与动向》,中国人口出版社1996年版。
③ 参见[加]吕贝卡·库克《生殖健康与人权》,高明静等译,中国人口出版社2005年版。
④ 穆光宗:《我国人口政策应如何走?》,载《中国社会科学报》2009年7月2日。
⑤ 参见[法]卢梭《社会契约论》,何兆武译,商务印书馆1980年版,第29页。

体利益受到严峻挑战时，牺牲部分个人与部分家庭的一些利益和愿望，也是应该的、必须的和不得已的。

最后应该指出，主张自由生育权利的论著，大多是出于对公民个人私权的偏爱或"体恤"。然而不可否认的是，其中反映了某种秘而不宣的心态：对于人类生态环境和资源问题，提高整个民族的现代化水平和人均生活水平，那是大家的事，将来的事，可望而暂时不可及的事；而对于放开二胎等计生限制来说，则是自己和自己家族的事，是眼前的事，是可望且即刻又可及的事。

三　回应人口密度说

有论者认为，从人口密度来说，英国、意大利、德国、日本、韩国、菲律宾等国都比中国要高，但这些国家并没有控制人口规模和限制生育，因而中国限制生育自然是错误的；认为人口密度优势和规模优势是经济繁荣的必要条件。

首先，不能单纯以人口密度概念来衡量人口规模的合理性问题。人口密度仅考虑到地理面积，未顾及这一空间的资源和生态环境以及是否利用其他空间的资源等状况。例如，我国江苏人口的平均密度约为 600—700 人/平方公里，而西藏却不及 2 人。仅从数字上会看到西藏人口稀少而江苏人口过密，同时也觉得西藏土地在供养人口方面还有巨大潜力。其实并非如此。西藏地区是海拔平均 4000 米的高原山地，实际耕地面积只限于狭窄的南部河谷等地区，高原干寒草场的产草量也较低，单位面积的载畜量有限。而位于长江入海处的江苏，其长江三角洲平原上的水网农田生产力较高，有效耕地面积自然远超西藏。因此，要综合考量各国家、各地区人口密度同该国、该地区的内外资源和生态环境的利用关系，才能衡量某种人口密度和人口规模是否具有合理性和高效性。

其次，不能把人口密度与经济发展之间的关系简单化。人口密度的提高可能促进经济的发展，而并非任何条件下人口数量及其密度与经济发展都相互促进并成正比例或正向相关。在一定条件下，人口数量及其密度过大又会对经济发展产生阻碍作用。同样，当人口数量及其密度达到一定高度和经济水平提高到一定程度，经济发展对人口数量增长和人口密度提高的促进作用也会趋于缓和，而不再那么明显和突出。

在人口密度与经济增长之间的关系方面，有许多实证的研究。在世界范围内，简单观察人口密度与经济发展水平之间的关系，往往并不能看到明显的相关关系。对1999年世界上130多个国家的人均GDP与人口密度进行等级相关分析，得出的相关系数不够显著，仅为0.194。亦即在把许多自然资源条件等因素截然不同的国家放到一起时，我们很难得到一般性的判断，说GDP与人口密度之间存在或不存在某种相关关系。对中国的实证分析也表明，人口增长和人口密度对经济发展有复杂多变的关系。从一定的意义上看，过快的人口增长意味着新增人口急剧膨胀，经济发展的成果将有相当一部分为新增人口所消耗，不利于人们生活水平的提高；意味着消费需求逐渐扩大，相应人口投资将大量增加，因而总投资中的生产性投资份额相应减少；意味着为经济发展带来就业压力；意味着对教育投资造成影响，不利于人力资源的素质提高和经济的长期发展。[1]

再次，不能把"人多好办事"、"韩信点兵，多多益善"，看做人口促进经济发展的规律性表述。如有论者说，美国之所以成为超级大国正因为它是一个人口大国。那么请问，美国等发达国家哪一个是因为人口多才强盛的？印度比哪个发达国家人口都多得多，为何数十年都发达不起来？韩国等人口不多，为何能较快地强盛起来？

从人口密度居世界前列的10个国家（摩纳哥、新加坡、梵蒂冈、马耳他、巴林、孟加拉国、马尔代夫、巴巴多斯、毛里求斯、瑙鲁）和上面所提及的一些人口密度较大的国度或地区来看，其较大的人口密度，但也不能成为中国人口密度相对较小而不应该控制人口规模的理由。它们的较大人口密度与其经济发展水平并不存在正相关关系。一是上述国度或地区的较大人口密度，大多因国土面积较小。如世界上10个面积较小的国家中，人口密度最大的国家占了一多半。二是从地理位置来看，它们大多数

---

[1] 蔡昉等：《人口密度与地区经济发展》，载《浙江社会科学》2001年第6期。

为岛国或群岛国，地理位置十分优越；三是从发展程度、发展手段、发展方向上看，这些人口密度最大的国家或地区之间的差异也很大。有的是依托独特的资源优势，如瑙鲁的磷酸盐矿产资源，马尔代夫比较发达的渔业和航运业，巴林举世闻名的采珠业和国际金融中心；有的几近完全依赖别国资源，如新加坡利用转口贸易的优势，进而发展出口加工业、航运业、金融业，成为亚洲屈指可数的发达国家。日本更是依赖别国资源发展的国家。

四　回应人口老化说

近年来，中国的老龄人口问题和老龄化趋势，引起了公众的担忧，人口老化说也成为一些人质疑现行计生政策的主要说辞。然而，这一质疑是盲目的，中国人口的主要问题在于"太多"而非"太老"。

（1）老龄人口问题并非等同于人口老龄化问题。老龄人口问题是指老龄人口这一特殊群体的养老保障问题，而人口老龄化问题指的是老龄人口在总人口中的比重不断升高，而其他年龄组人口的比重不断下降的动态过程，主要表现在这一过程给经济社会发展带来的负面影响。一个国家和地区的人口不论是老龄化还是年轻化，都会存在一般意义上的老龄人口问题，但却不一定存在人口老龄化问题，而老龄化问题则内在地包含着老龄人口问题。[①]

中国老龄人口多，并非像人口老化说所主张的完全是由低生育率带来的，而首先是由中国"人口众多"这一突出国情所决定的。与不少发达国家相比，中国老龄人口规模虽大，但目前老龄人口比例却较低。况且中国老龄人口规模大主要表现为低龄老人（60—65 岁）比例大。这一老龄人口的特点说明，中国现阶段主要存在的是一般意义上的老龄人口问题，而非给经济社会发展带来诸多负面影响的人口老龄化问题。既然如此，人口

---

① 田雪原等：《21 世纪中国人口发展战略研究》，社会科学文献出版社 2007 年版，第 174—175 页。

老化说拿人口老龄化趋势来诟病现行计划生育政策，便是片面的。

（2）人口老龄化不等于人口老龄危机。人口老龄化是一个人口统计学概念，表示某个人口群体中老龄人口所占比重逐渐上升的一种趋势。其正面或负面影响有多大，需要客观分析。人口老龄危机则是一个人口经济学概念，反映的是由于人口老龄化而导致了劳动力的供给小于其真实需求，从而造成一种不利于经济发展，甚至使人均国民收入或人均国民财富难以继续增长的结果。[①] 换言之，如果人口老龄化并没有导致劳动力供给的短缺，那么就不存在所谓的人口老龄危机。

以中国为例，举世公认的是，中国城乡将长期存在大量显性和隐性的劳动力过剩。因收入和劳动状况的机会成本变动而导致个别地区劳动力结构性短缺，并不能掩盖和否定这一基本事实。据预测，到 2010 年，中国劳动年龄人口将达到 9.73 亿，16—64 岁人口 2016 年将达到 9.9 亿峰值，2050 年为 8.7 亿，高于目前发达国家劳动力的总和（李斌语）[②]，而经济资源和国民生产总值却比发达国家少得多。就中国现代化进程中推动资本对劳动力的潜在替代能力来看，中国没有任何理由担忧老龄化趋势。比照发达国家，中国在未来一个世纪也不会出现劳动力的供给小于劳动力真实需求的情况，于是也就不存在人口老龄危机的问题。

（3）不能以某些城市和地区的老龄化数据替代动态的老龄人口分布和地区差异。在看待中国的老龄化程度问题上，人口老化说之所以表现出"忧心忡忡"，还在于忽略了中国老龄人口地区差异大和农民工流动人口等因素。整体上看，全国各地区人口年龄老化的速度和现状是有很大差别的，这种巨大差异是中国不同于一些小国（如以色列）和其本身的同质性较高的国家（如英国、法国）的一个显著特征。这正是中国在平衡地区老龄化的矛盾差异时可以利用的一个"优势"。据国家统计局对中国 31 个省、857 个县、7100 个村 68000 个农村住户进行大规模的抽样调查显示，截至 2008 年底，中国农民工总数为 2.25 亿人。其中 1.4 亿人在本乡镇以

---

① 王芳、李小平：《人口老龄化带给我们什么》，载《中国信息报》2007 年 7 月 2 日第 5 版。

② 国家人口计生委宣教司、中国妇女报经济部：《坚定不移走中国特色统筹解决人口问题的道路——改革开放与人口发展论坛专家发言摘登》，载《中国妇女报》2008 年 10 月 24 日 B2 版。

外就业，占总数的62.3%。如果考虑到这1.4亿农民工的流动和迁移，我国老龄化的整体程度自然是大大缓解的。北京、上海等每年始终保持数百万年轻的农民工及其家属，大量的职工又提前离职或退休，如果客观统计，这些城市还存在老龄危机吗？众多的农村剩余劳动力和农民工都急于转移到北京、上海等城市，这些城市有什么理由用市民两个独生子女结婚生二胎来延缓这一转移呢？这说明，不能仅仅看到中国人口老龄化的总体趋势，混淆一般意义上的老龄人口问题和老龄化问题，以某些城市和地区的老龄化数据替代动态的老龄人口分布和地区差异。否则，可能构成对正常思维和政策的误导。

（4）在老龄化问题上，不能使用互相矛盾的论证逻辑。持人口老化说的论者中，有人一方面宣称人口爆炸必致科技和资源爆炸——计划生育减少的数亿人口中的少数人的科技成果，不但足以养活他们这个群体，还能使得全人类受益[1]；说什么"要从全球化角度看待资源，即使中国一个孩子都不生，民族自杀，留着资源给其他国家，也不过多用几十年。因此，人类要存在和发展只有一条路可走：依赖于科技进步开发新资源"等，可另一方面又呼喊未来的社会"老有所养，谁来养？怎么养？"[2] 这是混乱的逻辑矛盾。我们要追问的是：既然能养活绝对的、更多的人口，既然"科技进步开发新资源"那么容易，请问，为什么就不能养活相对更多的老人呢？

（5）以个别国家所谓养老金的短缺问题来论证，也是站不住脚的。假如一个人口逐渐老龄化的国家并没有出现劳动力的真实短缺，而且人口总量的减少加速提高了人均国民生产总值和人均收入水平，那么所谓养老金的短缺问题，不过是社会分配政策方面的不合理所致，完全可以通过调整社会分配而解决之。假设现在有两个人口数量和经济规模一模一样的"中国"，一个在100年内始终保持在13亿人口，另一个在100年后降低到5亿人口，无疑后者老龄化程度大大高于前者，但哪个"中国"将具有更高

---

① 易富贤：《大国空巢》，香港大风出版社2007年版，第144页。
② 同上书，第292页。

的人均养老收入和更好的老龄生活环境？结论不言自明。①

（6）解决人口老龄化问题（含老龄人口问题）取决于人均劳动生产率而非抚养比。人口老化说经常用劳动人口对老年人口的抚养比之提高趋势，来表示老龄化将使劳动力养老负担不堪重负，甚至认为"存钱不如存人！多养育一个孩子等于买一份最好的养老保险"②。这种观点，没有看到中国劳动力大量过剩的事实，以及仍将长期潜在过剩的趋势和资本对劳动替代的潜能，没有认识到一个社会提供养老金的能力主要取决于人均劳动生产率和人均国民收入水平，而非劳动力的人头数。现代化的最基本含义，就是以更多的机械与自动化设备代替人力来生产财富。因而有论著提出：美国为什么能够用 3 亿人口生产出远高于中国 13 亿人口所生产的 GDP？说到底，就是美国科学技术的发达使得它得以用资本技术密集型生产方式来创造财富。一个人均 GDP 4 万美元需供养的老龄人口比例为 40% 的国家比一个人均 GDP 5000 美元而老龄人口为 20% 的国家，哪个更有利于老年人的养老保障？答案显然是不言而喻的。③

（7）依据上述分析精神，可以认识到另一个重要问题，即对严格"一胎化"所容易形成的某些"四二一"人口结构的家庭，要有正确的评价。一方面，这只是一部分家庭的人口结构而非全部；另一方面，若采取提高退休年龄，以消除让劳动人口提前退休而又实际形成三分之一退休者再就业的不良局面，把严格计划生育所节约的各种经费及时投入到老龄人口的生活和工作改善，那么，即使属于"四二一"人口结构的家庭，其社会生活总水平也不会低于放开二胎状况的，反而会减少现阶段大量的"啃老族"现象。

（8）在人均国内生产总值只有 3000 美元的中国，已形成大量老龄人口，这是社会主义制度的优越性，是好事而非坏事。联合国确认的"人文发展指数"三大指标之一是人均寿命。人的平均寿命不断延长，这是人类发展的必然趋势和正效应。随着我国人均寿命的逐渐提高，应像日本等国

---

① 王芳、李小平：《人口老龄化带给我们什么》，载《中国信息报》2007 年 7 月 2 日第 5 版。
② 易富贤：《大国空巢》，香港大风出版社 2007 年版，第 296 页。
③ 王芳、李小平：《人口老龄化带给我们什么》，载《中国信息报》2007 年 7 月 2 日第 5 版。

一样，相应提高退休年龄和老龄人起点年龄的标准。

五　回应性别失衡说

性别失衡说既是国内一些论者主张放开二胎的主要论据，也是西方少数人利用中国人口出生性别比失衡来批评中国计生政策的主要说辞。在对待中国人口出生性别比问题上，悲观派认为是"一个无解的难题"[①]，乐观派则认为"微不足道"[②]；有论者认为未来4000万至5000万男性公民将要面对终生的"无妻徒刑"，而其反对者却指出这是严重地夸大其词；一些人认为这将在未来产生诸多难以解决的社会问题，另一些人则批评这种推断是想当然……可谓莫衷一是，"迷雾重重"。

然而，在综合考察了各种观点以后，我们认为，第一，截至目前，在对偏差程度的认识、偏差原因的解读和偏差后果的前瞻等方面，马瀛通所带领的研究团队历经十年心血撰著的《出生性别比新理论与应用》[③]，澄清了错谬，拨开了迷雾。该专著针对出生性别比问题上的是非而作的有根有据的实证研究，主要提出出生性别比属于条件随机事件而非独立随机事件（即性别比随胎次上升而升高具有普遍性，从而一、二孩比例的增加不但不会使性别比增高，反而会使之下降）这一崭新观点。因而把中国80年代以来出生性别比日益增高归结为是性别偏好日益强化的结果，或归结为是出生人口中的第一、二孩比例升高与多孩比例下降所导致等观点，都是只看表面现象误用相关分析方法而产生的误解。性别偏好与出生性别比没有直接的互为因果关系。只有当生男偏好付诸于人为影响受孕胎儿性别，如实施胎儿性别选择性人工流产，才能导致出生性别比异常变动；中国第一、二孩比例提高与多孩比例的下降，不仅不会导致出生性别比升高，反而致使其下降。此外该书还指出，出生性别比相应于未来婚配时的性别比

---

① 康建英等：《中国出生性别比偏高及未来女性赤字预测》，载《南方人口》2006年第2期。

② 杜守东：《对出生性别比偏高现象应作冷静分析》，载《人口学刊》1997年第1期；李小平：《进一步降低生育率的必要性和可能性》，载《中国人口年鉴》(2003)，中国统计出版社2003年版。

③ 参见马瀛通等《出生性别比新理论与应用》，首都经济贸易大学出版社1998年版。

（简称婚配性别比），绝不是简单的随时间推移的队列匹配关系；出生性别比根本不同于未来的相应婚配性别比。因此，不可将其等量齐观，或将其简单化。

第二，以性别失衡说而主张全面或基本放开二胎的论者，"有必要论证，其放开二胎的方案会更有助于消除出生性别比偏高问题"[①]。仅简单重复类似放开二胎有利于缓解目前严重的出生婴儿性别比偏高等说辞[②]，是没有说服力的。由《出生性别比新理论与应用》研究可知，放开二胎的方案不仅不能消除出生性别比偏高问题，反而会促使这种偏高程度增加。同样，性别失衡说也没有充分的论据足以证明是我国近 30 年来的生育控制对总人口性别比产生了具有因果关系的影响。那么，也就没有什么理由把出生性别比的失衡"安置"在现行计划生育政策的头上。

第三，在如何看待和治理现在偏高的出生性别比包括总体性别比问题上，持"微不足道"观点的学者也给了我们一些启发。常识告诉我们，男性从事的许多高风险的社会职业角色（如当兵、下井、建筑等），生理特点和后天的许多习惯（如吸烟、酗酒等）所导致的相对较高的死亡率，客观上需要与之相适应的相对较高的出生性别比。即便实行普遍二胎会有助于出生性别比有所降低，但对于因庞大人口基数和巨量增长而导致了如此众多社会经济问题的大国，为此而付出使人口多出数以亿计的代价，并非理性选择，却有些舍本求末。[③]

第四，男女出生性别比的偏差，不能归咎于现行计划生育政策。按照出生概率，无论是只生一胎，还是头胎女孩可再生二胎，男女出生性别比应大体相同。事实上，造成出生性别比的偏差的主要原因，在于养老保障制度的缺陷、观念上的重男轻女、技术上的胎儿性别鉴定、社会上的一些不合理状态（如女性就业歧视）等，并非因计划生育政策而来，也不能因

① 参见李小平《进一步降低生育率的必要性和可能性》，载《中国人口年鉴》（2003），中国统计出版社 2003 年版。

② 参见何亚福《性别比失衡有多严重》，载《东方早报》2007 年 7 月 11 日 A15 版；《生二胎政策不应有地域差别》，载《东京早报》2007 年 7 月 13 日 A15 版。

③ 参见李小平《进一步降低生育率的必要性和可能性》，载《中国人口年鉴》（2003），中国统计出版社 2003 年版。

取消计划生育政策而去。性别失衡的现状必须扭转，只能靠综合治理。尤其要在建立一种有差别的变罚为奖的社会保障措施（"无胎高保、女胎中保、男胎基保即低保、超胎不保"）、严惩胎儿性别查堕行为、消除女性就业歧视、延长男性寿命这四个方面加以努力，才能为纠正出生性别比、人口性别失衡和婚配性别比的失衡扫清障碍。

六　回应高质生二说

有的论著指出了一种怪圈："特殊人群允许生（指生二胎。下同），贫困人群躲着生，暴富人群交钱生，高质人群不能生。"认为这种"生育逆淘汰"或"人口素质逆淘汰"现象已有蔓延之势，如长此下去，将导致国民素质的整体下降。应允许高质群体生育二胎，如允许院士、教授、高科技人员（乃至企业家、白领阶层、研究生以上学历或有较高收入者）生育二胎。也有人认为，计划生育实行 30 多年来，"有钱的罚着生，没钱的偷着生"，真正被限制的仅是公职人员。现在农村夫妇和城市无业人员大都生育了二胎，而 1.5 亿公职人员多是一胎。按 1.5 亿中处于生育年龄阶段公职人员来看，最多只是控制了近 7000 万的出生数。而这少生的 7000 万却是素质较好的一群人，从经济条件、学习环境、培养能力等方面看，他们是占优势的。论者认为，提出这一观点或建议"会引起争议，但是还是觉得有必要提出这个建议"，"不管结果怎么样，至少是一种提醒，一种思路"①。

我们认为，"提醒"本身具有积极作用，其着眼于提高人口素质的出发点，将引发人们对"人口素质逆淘汰"现象的思考。但这也只能是一种"思路"，不仅因没有可操作性而难以实施，在实际上也是弊大于利的，是得不偿失的。

（1）没有数据证明高学历、高职务父母的子女智力和素质就高。首

---

① 参见廖怀凌等《针对计生政策"可能调整"传言，国家计生委主任张维庆首次公开回应：中国现行生育政策不会调整》，载《羊城晚报》2008 年 3 月 6 日 A6 版。

先，从遗传学角度看，父母智商与子女智商具有不确定性。政界高干、学界高知和商界高管的孩子或其他孩子的智商均不具有同质性，其身体素质、智商水平和行为能力的差别实际有很大。因为一个人的各种智商和能力主要不是天生出来的，而是通过教化和锻炼等各种社会化的途径自我砥砺出来的。高学历、高职务的父母与其后代的"人口素质"没有简单的因果关系。

其次，一个民主社会应该坚决反对"血统论"倾向。高质二胎说普遍被社会舆论斥责为"龙生龙、凤生凤"的陈腐血统论，就像古代等级制和现代"种族论"一样，孩子一出生就会被打上一种等级烙印。社会成员的分工和分层是客观存在的，但所谓社会"精英"与大众的生育关系应当平等，否则，就可能漠视和否定人生的勤奋和后天的努力，亵渎人类数千年来追求的平等。要通过少生来优生，而不是通过"精英"多生来优生。与"少生快富"的口号一样，"少生优生"、"少生先富"的原则和精神应当普及。

(2) 重生不重教或生了不能教的观点是没有说服力的。有论者指出，低素质人口只注重生育而不注重教育，或不能更好地教育，应该严格控制其生育二胎，相应放开高质人口生育二胎，这样才是着眼于全民素质的提高。对此，首先我们应该承认，重生不重教或生了不能教，确有部分事实支撑，但这只是问题的一面。问题的关键在于，只有建立不断提高的农民社会养老保险，才可能逐渐消除农村和少数民族地区许多中低收入家庭的养儿防老等陈腐观念和生二三胎的行为。稳定低生育水平和缩减年均人口新增规模的重要方法，是法律赋予农民承担计划生育义务的社会各项保障，这类社保开支等是国家财政参与人口控制和减少的经济手段。如果在现行的计划生育政策内，再允许高质生二胎，并对农民等加强控制，不仅会导致出生率的升高，还可能引起社会阶层之间的矛盾，成为一部分群体歧视另一部分群体的口实，给社会带来不和谐因素。

其次，提高国民素质，不能仅倚靠那些所谓处于人口数量金字塔顶的高质人群。国家人口素质的全面提高也非如此可一蹴而就。况且，在目前的中国，整个民族素质的提高，同人口总量的"先控后减"密切相关。也就是说，中国人口的最大问题是规模问题，这绝对是首要的问题。规模庞大的人口总量是我国现代化进程中始终不该规避也难以规避的障碍，任何重要的、与人口或劳动力有关的政策出台，都只能把规模问题放在首位来考虑。高质群体多生孩子无疑会进一步增加人口，这不仅有悖于人口总量的减少，对于提高高质群体的比例也是杯水车薪。尤其是在未来 10 年生育水平处于回升状态和生育小高峰期间（张维庆语），更应倍加重视。

再次，从国家范围来说，少生可以使每个人得到更多的教育等公共资源。而对于绝大多数家庭来说，几乎谁都知道培养一个子女的困难比两个三个要小，且下一代获得的教育也会更好。允许高质生二，表面上看也许达到了某种"平衡"，但实际上整个国家的教育等公共资源，相对每一个个体来说却并没有相应增加。就中国各种资源人均拥有量看，保持一对夫妇只生一个并不断提高其家庭的就业和福利水平，已是够紧张的。那么，在资源有限和不足的情况下，保证农民等所谓"低素质"家庭的一个子女能够有良好的受教育和就业机会，便是提高整个民族素质的要义之一。①

七　回应头胎较憨说

中国民间有一个说法："老大憨，老二精，老三最聪敏。"这一"俗语"也被一些主张放开二胎的论者拿来作为论据。其实，这个论据实在不怎么有力。

（1）"憨"为何义？老大为什么"憨"？首先要指出，这一说法可能算不上一个俗语，倒似顺口溜。所谓俗语，一般反映出某些人群的生活经验。那么，"老大憨"的说法真的反映了人们的普遍生活经验？事实上，这种好似经验总结的"老大憨"，不过是一种假象而已。

其一，第一个孩子出生了，初为父母者少有生养和教育的经验，一般只能在摸索中养育。孩子在这样的情况下长大，好像有些"憨"了。到第

---

① 曹景椿：《对我国人口发展战略的再思考》，载翟振武、李建新主编《中国人口：太多还是太老》，社会科学文献出版社 2005 年版，第 282 页。

二个第三个孩子时，父母有些养育的经验了，孩子会比第一个孩子教育得好一些。这样解释为什么"老大憨"，可能又给了主张放开二胎的论者以口实：既然如此，那就应该生第二个第三个孩子呀？

其二，请注意，在这里说的是"好像有些'憨'"。更主要的原因也许在于以下俗语，如"要得好，大让小"；再如"天下爷娘疼小儿"。头胎孩子即老大，在父母和社会上"大让小"的灌输下，自然养成了老实、忍让、吃亏是福、爱护弟弟关心妹妹的品性；老大，在父母生下"老三儿"时，已经长"大"了，能够自己照顾自己了，或说不需要父母特别关照了，因而"天下爷娘疼小儿"。不要以为这样解释牵强，因为还有一个理由：作为老大，总要担负起照看弟妹的任务，有所谓"半个爹妈"的传统做法，有时扮演着兄弟姐妹中的"带头人"和"监护人"角色。

其三，人类社会总是不会停止它前进的脚步，后出生的老二老三们，总是能够得到比老大多得多的社会刺激、文化信息、生活启迪。换句话说，老二老三们的世界往往比老大们的世界精彩。于是，老大显得憨了点儿。

（2）"老大憨"的说法，在制定"只生一个"的政策时，已得到了慎重地讨论和考量。1980年3月开始，国家有关部门专门召开了五次会议，据曾参加过这些座谈会的人口学专家田雪原先生回忆说，讨论"只生一个"这一政策是否可行时，就有人提出民间这一说法，头胎出生的孩子一般都比较憨傻，如果施行一胎政策，会不会导致国人的智力水准下降？当时专家查找了资料，发现美国飞行员中有40%都是"老大"，这意味着第一个孩子照样有足够的智力和能力进行复杂的工作。于是，这一说法便被否定了。

（3）个案不能成为头胎较憨说的论据。不可否认，在现实生活中，有的作为头胎的老大是有些智力障碍或先天不足。但这怎么也不能归咎于生育胎次，更不能因此而以偏概全。中国目前一些特殊情况下允许生育二胎的现象，由于科技、医疗、优生优育的原因，二胎避免了头胎孩子的一些先天不足，这岂能生拉硬扯过来作为头胎较憨说的普遍论据？

八　回应兵源风险说

有论者认为，基于独生子女的成长风险，国家一旦遭受战争，如果独生子女比例过高，对兵源和士气的影响是显而易见的。兵源逐渐短缺，可挑兵员越来越少。一旦发生战事或需要独生子女及其家庭奉献时，国防风险也就随之存在。[①] 笔者认为，这是一个可以相对合理解决的问题。

首先，从绝对量上说，中国在 21 世纪不会存在兵源不足问题。即使 2100 年之后中国人口绝对数量只有新中国成立前的水平，也不会存在什么兵源总量"风险"问题。难道 3 亿、4 亿人口以下的众多国家和独生子女较多的发达国家就不存在所谓"风险"？况且，现代战争的胜负主要不取决于军队的人数。

其次，不论在现实正常生活中，还是在征兵和战场上，我们都不能把"独生子女"的生命权凌驾于"多子女"之上。因为人的平等关键在于宪法所规定的权利和义务上的平等。当今世界各国的宪法，比较普遍地规定了公民服兵役的基本义务，这是民族国家抵御外侮、戡定内乱的客观要求（日本属于例外）。[②]《希腊共和国宪法》第 13 条第 4 款还规定："任何人均不得以其宗教信仰为理由，拒绝履行对国家的义务或不遵守法律。"这里面"对国家的义务"，当然包括服兵役的义务。我国兵役法第 3 条一般性地规定了公民平等服兵役的义务：中华人民共和国公民，不分民族、种族、职业、家庭出身、宗教信仰和教育程度，都有义务依照本法的规定服兵役。

可见，中国不存在缺少兵源的问题，中国也不必担心"国防已开始由'小皇帝'们来守卫了"的问题。[③] 独生子女兵与非独生子女兵不存在性

① 参见《独生子女家庭的五大风险》，载《报刊文摘》2006 年 9 月 15 日。
② 参见李龙《宪法基础理论》，武汉大学出版社 1999 年版，第 373—379 页；杨建顺：《日本行政法通论》，中国法制出版社 1998 年版，第 38—39 页。
③ 杜乃华：《谁来保卫 21 世纪的中国——"独生子女兵"问题探析》，载《青年研究》1993 年第 12 期。

格、能力、人格贵贱等区别。所谓国防风险等说法，不应成为反对"一胎化"的理由。不过，国家应对包括兵役逝世或伤残在内的非正常人生夭折或失去劳动能力的不同情况，立法给予高低不一的家庭补贴或保障。

九　回应大国空巢说

在主张放开生育政策的论者中，有一个骇人听闻的大国空巢说。论者认为，中国的计划生育政策已经导致了大国空巢、劳力短缺、学校破产；笃信"早婚早育多子多福"、"不孝有三无后为大"和"人口大国优势论"、"生育文化决定论（各民族的博弈归根到底是生育文化的博弈）"、"人口多多益善论"，"中国的人口过多只是一个流传很广的谎言"；主张"全球环境污染没有人们想象的那么严重"，中国的一切问题"都是中国走入歧途的计划生育惹的祸"等等。① 限于篇幅，以下只分析其若干谬误。

（1）大国空巢说一向不以中国国情作为观察和述说的出发点。温家宝2003年在美国哈佛大学演讲时指出："人多，不发达，这是中国的两大国情。中国有13亿人口，不管多么小的问题，只要乘以13亿，那就成为很大很大的问题；不管多么可观的财力、物力，只要除以13亿，那就成为很低很低的人均水平。这是中国领导人任何时候都必须牢牢记住的。"②

其一，论者对中国人口总量的压力是漠视的。截至2007年末，中国总人口为13.21亿人③（2008年底达13.28亿人），尽管自然增长率已处于低位，但是在未来的近40年内还将有3亿的增幅。仅据学界中位方案预测，2045年将达峰值规模15.34亿人。④ 人口压力有增无减。大国空巢说漠视中国"最大的实际"——初级阶段人口多、底子薄的基本国情，对中国人口仍在继续增长、生育率仍存在反弹（甚至一"放"即发）的可能

① 易富贤：《大国空巢》，香港大风出版社2007年版，第104页。
② 温家宝：《把目光投向中国——在哈佛大学的演讲》，载《人民日报》（海外版）2003年12月12日第1版。
③ 《中华人民共和国年鉴》（2008），中华人民共和国年鉴社2008年版，第964页。
④ 李建民：《持续的挑战——21世纪中国人口形势、问题与对策》，科学出版社2000年版，第182页。

性视而不见（希望生两个及以上孩子的妇女比例达 70.7%）[1]，而对中国控制人口的负面影响却夸大其词，以至于认为当初马寅初和中央倡导计划生育本来就是错误的。中共中央、国务院《关于加强人口与计划生育工作稳定低生育水平的决定》认为，虽然已经进入低生育水平阶段，但"人口过多仍是我国首要的问题"，人口数量问题在今后相当长的一个时期内仍将是中国社会经济发展的首要制约因素。[2]

中国的人多，这是一个不争的事实。当今，许多关乎中国国家大事的问题，归根结底往往都是因人口的规模过大。资源、环境、就业、住房、教育、交通、治安、分配、外贸等问题，有哪一个与人口过多无关？简言之，人口总量制约着我国一切政策的制定和调整，这是中国最大的实际。

其二，论者对中国就业方面的巨大压力是麻木的。据多数学者的研究和预测，在目前生育率不变的前提下，中国未来几十年内将会面临一个来势凶猛的就业高峰，承担前所未有的失业压力。如按袁守启的预测，今后 20 年内，劳动力将始终处于供大于求的严重失衡状态。2000 年劳动力供给为 7.14 亿，2010 年上升为 7.82 亿，2020 年为 7.75 亿，而 2010 年劳动力的最大需求为 7.4 亿，2020 年仍为 7.4 亿。2010 年和 2020 年的失业率分别为 5.18% 和 4.42%，失业人口分别为 4000 万和 3400 万。[3] 按另一种算法，以女 16—54 岁和男 16—59 岁为劳动年龄人口进行预测，2010—2030 年将持续在 9 亿左右，比重约为 64%，21 世纪前 50 年劳动年龄人口增幅将持续快于总人口增幅，每年新增劳动年龄人口 1100 多万。与此同时，21 世纪头 30 年随着非农化速度的加快，农村剩余劳动力人口约保持在 2 亿。这些研究的具体预测结果虽有差异，但结论却是共同的，即中国未来的劳动力市场供大于求，劳动力将长期处于相对过剩状况。在稳定目前低生育水平的条件下，未来劳动力供给都已是过剩的。如果还要放开二

① 陈立等：《2007 年全国人口和计划生育形势分析报告》，载《2008 中国人口和计划生育年鉴》，第 4 页。
② 中共中央、国务院：《关于加强人口与计划生育工作稳定低生育水平的决定》，载《人民日报》2000 年 5 月 8 日第 1 版。
③ 袁守启：《中国未来 20 年的劳动力就业与流动》，载《中国人力资源开发》1999 年第 11 期。

胎生育，其结果只能是加剧这种过剩状态，增加显性和隐性失业人口的数量。目前就业问题，还因大量下岗待业、提前退休、买断工龄变相失业和潜在失业人口而更趋复杂，给经济社会发展带来沉重负担。解决城乡劳动就业问题，早已并将一直是政府工作的难题。

（2）大国空巢说以耸人听闻的推论反对一胎化政策是错误的。按大国空巢说，因为计划生育，"中国作为一个传统意义上的人口大国，有在短时间沦为空巢大国的危险，有失去人口大国优势的危险，有民族自杀、亡国灭种的危险……"其论说方式如下："现在不少人口学家声称要将中国人口降低到7亿、5亿或者3亿。2005年中国人口中1970年以后出生的7亿，1978年以后出生的5亿，1988年以后出生的3亿。现在一个孩子都不生，今后平均寿命为76岁的话，中国人口也要到2046年、2054年、2064年才能分别降低到7亿、5亿、3亿，但那个时候最年轻的妇女也已经有41岁、49岁、59岁了，基本都丧失生育能力了，然后在2085年左右中华民族基本灭绝。""而1.3的生育率意味着持续的老化，这数千万人口到时将以中老年人为主，年轻劳力少得可怜，由于人口的持续老化，社会将难以发展。可见，不要说我国有13亿人口，就算是有130亿人口，如果不保持合理的生育率，也很容易下降到几千万甚至灭亡。天不老地不荒，人生却是如此的短暂，倘若彻底停止生育，即使现在中国有130亿人口，但一个世纪之后也该都进了黄土，到2100年中国也该亡国灭种了。"[1] 请看，先说持续老化，再是下降到几千万，最后亡国灭种，而论者强加的虚妄条件却在不断改变：先是生育率1.3，再是不保持合理的生育率，最后是彻底停止生育、一个孩子都不生。这样，中国的"计划生育"便摇身一变，成了"亡国灭种"。这里的危言耸听和双重标准（一边认为"中国的人口过多只是一个流传很广的谎言"，一边却又主张"中国成为第一人口大国是古代精英精心策划的结果"[2]），是非常明显的。

中国现有可利用的经济资源和人口容量比美国少得多，而只有3亿人口

---

① 易富贤：《大国空巢》，香港大风出版社2007年版，第3页。
② 同上书，第433页。

的美国对比 13 亿之众的中国，在人均国力和综合国力等方面都要大得多，也未见美国说人口总量不足。在目前的资源、环境、技术和管理条件下，人口少一些要比人口多一些能使中国的发展困难少些，发展质量高些，人民得到的实惠更多些。因此，与美国人口总量和经济总量相比，即使中国推行一胎化计划生育措施，至少在未来一个世纪左右，也根本不必担心人口过少。美国人口只有 2 亿多的时候，并没有妨碍它成为超级经济强国。中国要较快成为一个强大的国家，也没必要具备 8 亿或 15 亿人的前提条件。如果要确立中国人口发展的长远战略目标，我们倾向于采取立法、经济、教育和宣传等综合方法，通过一胎化为主的长期政策，让中国总人口先得到抑制继续大规模增长的有效控制，再逐步较快地减少，比让中国总人口静止在 15 亿或 8 亿上更有利于现在和未来的又好又快发展。相比澳大利亚 700 多万平方公里的国土而人口仅 2 千万尚且不偏好移民，我们这个每 3 年接近净增一个澳大利亚人口的国度，还有必要担心未来劳动力的短缺吗？

（3）大国空巢说认为，为了拉动内需就要鼓励生育。国家人口和计生委主任李斌介绍，2007 年全国人均 GDP 达到 2400 美元，而据测算，如不实行计划生育，只有 1800 多美元。[①] 撇开投资和外贸不谈，即使从消费拉动经济增长来分析，我们应当提高现存人口的消费水平和生活质量，而不是再新增几亿人来拉动内需。不能认为一旦人口减少，内需就会萎缩。论者从事医学工作，似乎不明白一个经济学常识：15 亿人每人消费 1 万元与 5 亿人每人消费 3 万元，内需总量是一样的。

十　回应独子性格说

独子性格说，是主张放开二胎的论者又一个非常重要的论据。然而，一旦全面审视学界有关中国独生子女的研究历程和结论便可看出，独子性格说远不能成为一个事实上的论据。

[①] 国家人口计生委宣教司、中国妇女报经济部：《坚定不移走中国特色统筹解决人口问题的道路——改革开放与人口发展论坛专家发言摘登》，载《中国妇女报》2008 年 10 月 24 日 B2 版。

第一，认为独生子女有性格缺陷的研究成果在减少，认为独生子女具有积极性格特征或与非独生子女没有性格倾向方面差异的研究成果在增多。

如果以 1986 年《光明日报》为时半年之久的全国性独生子女教育大讨论为界，我们可以把 30 年来有关中国独生子女的研究阶段一分为二。在前后两个阶段的研究中，关于独生子女是否具有性格缺陷等消极方面的争论，尽管伴随着整个研究历程，但前后两个阶段却表现出非常明显的差异性和各自的倾向性。

前一阶段的研究大多认为独生子女在性格特征上有不同程度的问题倾向，甚或有的断定独生子女就是"问题儿童"。作为《光明日报》讨论的最后总结，专家指出了那时独生子女教育的问题：一是营养过剩，造成发育不良；二是智力投资过剩，品德教育不足。需要指出的是，在前一阶段研究中，代表我国学术水平的《心理学报》、《中国心理卫生杂志》、《教育学》等杂志所发表的成果，采用心理统计数据作出了质和量上的判断，比研究初期多以观察、个案推断等手段有较强的科学性，其结论也十分明确：普遍认为独生子女性格缺陷等特征在总体上并不存在。

而后一阶段的研究成果，则大多明确肯定了独生子女在某些方面较非独生子女具有积极的性格特征。尤其是近年来在独生子女长大成人、独生子女数量逐渐增多和在此背景下研究成果不断丰富的基础上，学界在对研究成果进行综合比较后表明，独生子女与非独生子女之间的差异是一种随独生子女的年龄变化而变化的现象，并且这种变化的总趋势是二者之间的差异在逐渐缩小。[①]

如果我们再把 30 年的研究历程进行持续的不分阶段的综合剖析，可以看到以下研究趋向：即随着研究力量的壮大、研究手段和方法的科学性增强、研究的学科性质凸显等，认为独生子女有性格缺陷的结论逐渐减少，认为独生子女具有积极性格特征或与非独生子女没有性格倾向方面差异的成果逐渐增多。

---

① 参见风笑天《中国独生子女：规模、差异与评价》，载《理论月刊》2006 年第 4 期。

第二，少数个案不能拿来作为独生子女整体定性的依据。社会上乃至学界一些夸张之辞如"小皇帝"、"问题儿童"等究竟是怎么流传的？他们在什么意义上才具有其合理性？对问题甄审后的回答是："好事不出门，坏事传千里。"在人们的谈资甚至"研究"中，一般充斥的是一些非常态的、少见的事物或现象，人们对之多有兴致；而习常的、应该的和多见的事物或现象却是没有多少位置的，既为司空见惯，故而熟视无睹。当人们在谈论个别或少数独生子女的任性、自私等倾向时，他们实际上忽视了更多发生在他们身边的、行为表现都十分正常的独生子女。[①] 而所谈个例，由于其个别和特殊，不免人云亦云，于是给人们留下了有关独生子女整体的印象，促使个例变成了"整体"，个别走上了"一般"。

如 1983 年 9 月，《美国新闻周刊》发表《一大群"小皇帝"》，文章认为中国的父母今天都跪倒在自己的独生子女面前；1986 年，北京《中国作家》便刊登了报告文学《中国"小皇帝"》，作者哀叹：今天的父母看来只是抚育孩子成长，事实上却在创造历史。这些年来我们看到，有人提出独生子女容易得"四二一综合征"，于是这种症状便"三人成虎"，连"四二一家庭"好似也成了中国走向衰败的说辞；有人写了个《拿什么拯救你，我的爱人》，于是便出现了各种版本的"拿什么拯救你，独生子女们"。1980 年上海市幼儿教育研究室等单位进行了"四岁至六岁独生子女的行为特点与品德教育"的调查。调查以 70 名独生子女和 30 名非独生子女为对象，得出了独生子女"挑食、挑衣、不尊敬长辈、不爱惜用品和玩具、爱发脾气、无理取闹、比较自私、不懂关心别人、胆小、生活上自理能力差"等结论。尽管调查还指出了非独生子女身上也有类似的问题，但由于是中国最早的独生子女问题研究之一，以致其结论至今还经常被引用[②]，甚至夸大和"传抄"。

第三，部分独生子女的部分不良倾向，完全可以在其社会化的过程中，通过教化、体制机制调整和社会交往实践等措施予以纠正。就像非独

---

① 参见风笑天《中国独生子女：规模、差异与评价》，载《理论月刊》2006 年第 4 期。
② 参见苏项兴《独生子女：从新国情向新学科的发展》，载《当代青年研究》1994 年第 1 期。

生子女的部分不良倾向也是这样纠正的一样。一个社会大多数人的性格和言行往往与该社会的各种制度、教育等密切相关。我们刚刚看到，80 后、90 后甚至不到 10 岁的 00 后一些"新新人类"，是怎样在"5·12"汶川大地震后成为社会的道德楷模，现实生活中他们又是怎样以实际行动颠覆着自己"被毁掉"的形象的。所谓的独生子女问题，本质上却是社会制度环境以及家庭、学校和社会教化方式的问题，是"社会化因素的影响和作用"问题。[①] 学界有关"差异是一种随独生子女的年龄变化而变化并逐渐缩小"等研究成果，为我们提供了充分的佐证。不同社会化因素（如不同的年龄阶段，家庭、学校和社会等因素）的作用和影响是随着独生子女的年龄变化而发生变化的。年龄越小，父母、家庭对独生子女社会化的影响和作用越大。比如年龄越小的儿童越不喜欢他人与自己分享一些玩具、食品。因为是独生，于是习惯了"独占"。随着年龄的增长，他们更多地受到学校和社会大家庭的感染或制约，开始与父母疏离并向同龄群体靠拢。而且孩子各自所面对的父母和家庭的差别相对要大一些，而他们所面对的学校、同龄群体、大众传媒等则是相同或相似的。这种相同性或相似性，成为使差异逐渐趋同的重要机制。[②] 所以，儿童也并非只能在通过与兄弟姐妹相处中才能社会化；"独子难教"、"兄弟姐妹为朋友之本"[③] 等观念并非具有绝对意义。

第四，某些研究成果缺乏科学分析方法。学界所揭示的研究中存在的某些问题，至今依然是人们难以客观公正地看待独生子女这一群体的主要障碍。如理论性研究的主观化、个别化倾向，普遍存在着的无经验数据支持的空洞的、泛泛的、心得体会式的主观议论；经验性研究中缺乏科学性，方法上存在研究设计的简单化、资料分析的表面化倾向，有不少的研究结果是在对象选择、样本抽取、概念操作化、变量测量、统计分析等方面存在着诸多问题的情况下得到的，且单纯描述现象较多，着重于现象间

---

① 李妍等：《独生子女社会化过程及其结果探析》，载《才智》2009 年第 11 期。

② 参见风笑天《中国独生子女：规模、差异与评价》，载《理论月刊》2006 年第 4 期。

③ 唐勇林：《"放开二胎刻不容缓"——专访中国人民大学校长纪宝成》，载《南方周末》2009 年 4 月 9 日 C15 版。

的内在关系的探讨较少；研究对象以学龄前幼儿、学龄儿童为主，对青年期普通独生子女的研究不够；在对大学生独生子女的研究中，将实际上属于城乡变量或家庭背景变量所造成的差异，误以为是独生与非独生所造成的差异；对于与一代独生子女的成长和未来密切相关的社会性、宏观性、潜在性和未来性问题的探讨相对薄弱；在看待独生子女的成长与发展状况时，忘却与他们共同成长的中国社会大变化。① 可见，撇开资本主义发达或不发达国家独生子女与非独生子女性格倾向的多种组合状态不谈，目前许多被认为是中国独生子女的特征、现象和问题，实际上是 20 世纪 70 年代末改革开放以来与我国社会巨大变革一起成长的新一代城市青少年的整体特征和共同问题。我们在生活中所看到的种种差异和不同，可能是两代人（50—70 年代出生的人与在计划生育和改革开放大潮中出生的人）之间的差别，而非两类人（独生子女与非独生子女）的差别。② 因此，"现行的生育政策造成了空前的教育难题"和"为什么把下一代的成长搞得那么难"③等批评，并没有认清社会所影响或赋予两代人之间的性格倾向和差别。

---

① 参见风笑天《中国独生子女研究：回顾与前瞻》，载《江海学刊》2002 年第 5 期。

② 风笑天：《中国独生子女：规模、差异与评价》，载《理论月刊》2006 年第 4 期。

③ 唐勇林：《"放开二胎刻不容缓"——专访中国人民大学校长纪宝成》，载《南方周末》2009 年 4 月 9 日 C15 版。

激辩新人口策论

甲方文章

我国实行"一胎化"生育政策的成本—效益分析

◇王爱华　程恩富[*]

理论界有关"一胎化"生育政策的争论早在这一政策还没有实行之前就已经开始了，随着计划生育政策的启动和深入而不断激烈起来。早期争论的焦点是我国的人口控制力度要不要提升到"一对夫妇只能生一个孩子"的程度，接着是如何在实际工作中去贯彻落实这一国策，再后来是对国策推行情况的评价及其正负面影响的估计。21 世纪初，我国的总和生育率已降到 1.8 左右，人口的发展经历了历史性的巨大变化，但来自人口惯性增长的压力依然巨大，未来的中国人口该如何发展? 我们又该如何应对? 这是一件关系到中华民族子孙后代的重大事项。从某种意义上说，中国人口的发展和政策设计又面临一个新的十字路口。但是同时，我们也注意到，在一些事关全局的重大人口问题上，学术界以至计划生育管理部门，仍未达成真正意义上的共识。分歧不仅仅来自于对现实中国人口问题的性质、特征及其原因的不同判断，也来自对未来中国生育政策的不同选择。

一　关于调整生育政策的争论

自从 1990 年曾毅教授在《人口与经济》上发表了《逐步提高平均生

---

　　* 王爱华，南京财经大学经济学院讲师、经济学博士；程恩富，中国社会科学院学部委员、马克思主义研究院院长。

育年龄对我国人口发展的影响》，提出"晚育一胎、间隔二胎，禁止三胎"的政策建议以来，理论界对于调整和完善我国计划生育政策进行了较多讨论。同时，随着生育政策对我国人口再生产和社会经济生活的影响越来越突出，参与这一话题讨论的学者逐渐增加，对我国生育政策未来选择的探讨也就成了我国人口研究领域的一个热点。概括起来，关于对我国生育政策进行调整的争论有以下几个有代表性的观点（见表1）：

表1　　　　　　　　几种有代表性的未来生育政策建议与依据

序号	政策建议	主要理由	观点出处
1	严格的一胎政策，即"城乡一胎、特殊二胎、严禁三胎、奖励无胎"	可以使总人口"先控后减"，较快提升人口素质，较快赶上美欧日的人均国民生产总值、人均国力和人均生活水平。解决老龄化问题，不能恢复二胎生育政策，应实行有差别的农村社会保障	程恩富：《谈实现科学发展观的几个现实问题》，载《北京日报》2007年4月30日第17版理论周刊
2	尽量扩大一孩家庭比例	二胎孩子的社会成本很高，一胎化可以实现国与家两利的结果	李小平：《论中国人口的百年战略与对策——生育控制与农村社会经济问题的综合治理》，载《战略与管理》2004年第3期
3	提倡一对夫妇只生一个孩子	既能控制宏观人口迅速增长，又能减轻家庭的抚养负担	尹文耀：《中国独生子女家庭与二孩家庭生育模式百年模拟与选择》，载《人口学刊》2001年第3期
4	总和生育率保持在1.8左右或采取人口负增长战略	缓解人口对资源、环境的压力和就业压力，增强社会对人口老化的承受能力	刘金塘、林富德：《从稳定低生育率到稳定人口：新世纪人口态势模拟》，载《人口研究》2000年第4期；刘金塘、林富德：《21世纪中国人口发展前景》，载《人口学刊》2001年第3期
5	实现人口的"零增长"	人口总数超过16亿，国家将不堪重负	李宏规：《面向新世纪的重大决策》，载《人口与计划生育》2000年第3期

续表

序号	政策建议	主要理由	观点出处
6	稳定低生育率，并关注出生性别比偏高、人口老龄化等问题	低水平生育率超前于社会经济发展，潜伏着反弹的可能性，生育率急剧下降具有副作用	杨书章、汤梦君：《稳定低生育水平面临的机遇与挑战》，载《人口研究》2000年第4期
7	稳定低生育水平是一个多元的概念，即高的要降下来，适中的要巩固，而过低的要调整	总和生育率长期处在一个较低的水平上同样会带来许多问题	于学军：《"十五"时期中国人口发展前瞻性研究》，载《中国人口科学》2001年第1期
8	"晚育一胎，间隔二胎，禁止三胎"，即提倡晚婚，禁止违法早婚。女方生育第一胎年龄不早于24岁，生育第二胎年龄不早于29岁。对于自愿生育一孩的夫妇应予奖励。无论哪一种情况，都不允许生育三个与三个以上子女	逐步提高平均生育年龄将显著缓解人口增长速度，提前实现人口负增长，大大减小峰值人口数	曾毅：《逐步提高平均生育年龄对我国人口发展的影响》，载《人口与经济》1990年第2期
9	退回20世纪70年代的人口政策，即"两胎加间隔"	"两胎加间隔"更加科学和贴近实际，而一胎政策越过了一条合理的文化边界	穆光宗：《"一胎化政策"的反思》，载《人口研究》2000年第4期
10	向二孩政策过渡	回升城市人口生育率，避免"四二一"家庭结构的迅速出现	李建新：《论生育政策与中国人口老龄化》，载《人口研究》2000年第2期

通过分析上表的各家观点，不难看出，关于对我国生育政策进行调整的争论实际上可归纳为三种观点：

第一种观点认为应该尽量扩大一孩家庭比例。如：程恩富教授提出实行严格的一胎政策，即"城乡一胎、特殊二胎、严禁三胎、奖励无胎"，并以此使总人口较快"先控后减"，较快提升人口素质，较快赶上美欧日的人均国民生产总值、人均国力和人均生活水平。对于近年来有些经济学、人口学和社会学的学者主张立即全面恢复二胎生育政策，以此来解决所谓老龄化问题，他认为这种政策是不可取的，因为它会使中国人口基数继续不适当地增大，不利于很多问题的解决，如环境问题、资源问题、城镇化问题、就业问题、人均国力和人均生活水平问题等诸多方面。在现有的生产资料和经济条件下，社会总劳动力相对过剩，是中国一系列问题的两个总根源之一（一个是体制机制问题，另一个是人口问题）。李小平认为，中国人口数量依旧严重过剩，如果没有人口数量的绝对降低，中国无法从生活水平和生存环境方面追赶上发达国家，主张进一步显著地降低生育率、加速实现人口零增长，并提出了两个百年人口目标，即在100年后将中国人口降到8亿—10亿并力争更低，200年后降到3亿—5亿，从而根本解决中国人口过多与人均资源长期紧张的问题。为此，就应进一步扩大一孩家庭的比例，将总和生育率降到1.5以下的水平并长期保持下去。尹文耀则通过独生子女家庭和"二孩加间隔"家庭未来百年发展变化模拟和系列负担系数比较评价后发现，如果生育模式选择得当，可以将独生子女家庭的家庭负担降至与"二孩加间隔"的生育政策大致相当的程度，而"二孩加间隔"的生育政策却不能将宏观的人口压力减轻到独生子女生育政策所能减轻的程度，因此，独生子女政策并不一定像许多人所担心的那样，最终势必造成过重的家庭养老负担，"一胎化"生育政策和人口加速老化、家庭负担加大没有必然联系，"二孩加间隔"生育政策也可能出现宏观人口未能控制、微观家庭负担也未能减轻的后果。但是目前来看，持"一胎"生育观点的学者还为数不多，政策声势相对比较弱小。

第二种观点是坚持全面放开二胎。如：曾毅提出的"二孩晚育软着陆方案"[①]；李建新提出的"从2000年开始实行现行的一孩或一孩半生育政策向二孩平稳过渡"[②]；穆光宗提出的"回到上个世纪70年代的二孩加间隔生育政策"[③]。曾毅应用2000年人口普查等数据，对现行生育政策不变与二孩晚育软着陆等不同政策方案进行了模拟预测与对比分析，据他推测，二孩晚育软着陆方案人口总数在2038年将达到14.8亿峰值后平缓下

① 曾毅：《试论二孩晚育政策软着陆的必要性与可行性》，载《中国社会科学》2006年第2期。
② 李建新：《论生育政策与中国人口老龄化》，载《人口研究》2000年第2期。
③ 穆光宗：《"一胎化政策"的反思》，载《人口研究》2000年第4期。

降，其在今后 80 年老人与独居老人比例、老年抚养比、劳动力资源、退休金缺口率、避免出生性别比长期偏高等方面均优于现行生育政策不变方案。李建新认为，过渡为二孩的生育政策是消除城乡二元人口控制政策，兼顾人口数量与年龄结构的"双赢"政策。他还提醒人们，生育水平的下降是不可逆的，就像日本政府一样，尽管通过鼓励生育，以期待生育率下降放慢，但却无法逆转这一趋势，因此，在生育观念还没有彻底转变之前，适当地放松行政措施，使调节生育水平的计划生育有效发挥作用是非常重要的。

第三种观点是适当放宽二胎的生育政策。如：刘金塘与林富德提出的总和生育率保持在 1.8 左右的人口负增长战略。二位学者对 21 世纪我国人口发展设计了三个方案，即总和生育率平均为 1.8 左右、到 2010 年下降到 1.62 后保持不变，或提升到 2.1 后保持不变，并分别从人口对资源环境的压力、劳动就业的压力、对人口老化程度的承受压力和群众的生育意愿等方面比较评价这三个方案的动态结果。他们的结论是，"从人口对资源环境的压力和解决劳动就业的压力角度，本世纪中国妇女普遍生两个孩子的人口政策是不可取的，虽然它能使人口老化的程度得到一定的缓解，但是人口对资源环境的压力和劳动就业的压力在本世纪将没有缓解的可能"；另一方面，为了考虑到群众的生育意愿和防止人口的年龄结构不过度老化，长期保持目前的政策生育率水平（即大约"一孩半"政策）也是不适宜的；综合来看，维持当前现实的总和生育率水平即 1.8 才是一个较佳的生育政策选择。[①] 由国家计生委政法司组织协调，三个研究所与研究中心承担任务的国家计生委"中国未来人口发展与生育政策研究"课题组推荐的方案是："在现行政策的基础上，从现在起，全国城市农村普遍允许双方独生子女夫妇可以生二孩。"[②] 即生育水平长期保持在更替水平以下（1.86 左右）的"微调"方案。

---

① 刘金塘、林富德：《从稳定低生育率到稳定人口：新世纪人口态势模拟》，载《人口研究》 2000 年第 4 期；刘金塘、林富德：《21 世纪中国人口发展前景》，载《人口学刊》2001 年第 3 期。

② 国家计划生育委员会"中国未来人口发展与生育政策研究"课题组：《中国未来人口发展与计划生育政策研究》，载《人口研究》2000 年第 3 期。

二 不同生育水平下的人口预测与分析

从控制人口增长的意义上说，合理地降低生育率，可以通过微观上减少家庭的人口规模，宏观上控制社会的人口数量，来促进人口与经济、社会的协调发展和可持续发展，因此，积极而合理的计划生育工作不仅能够获得控制人口数量的人口效益，而且还会获得与此相应的经济、社会、环境和资源效益。但是，计划生育的这些效益并不是相互平列的。计划生育工作的人口效益是指通过计划生育而可能防止的出生人数或所减少的出生人数，这是因计划生育而产生的直接效益。社会、经济、环境和资源效益是随着这一直接效益而派生出来的间接效益。没有直接效益，便没有间接效益，对不同生育水平下未来的人口发展趋势进行合理的预测，是评估整个计划生育效益的关键和基础。下面将根据不同的生育水平假设，分析生育政策的不同选择对人口总量的影响。

（一）三大研究机构对中国未来50年的人口预测

中国人口信息研究中心、中国人民大学人口研究所和南开大学人口与发展研究所分别独立地对未来50年的全国人口进行了预测。三个研究单位预测的起点都选在1999年初，这比以往的人口预测以1990年为始点有了很大的进步。中国人口信息研究中心使用的人口预测模型为"分城乡孩次递进人口发展模型"。该模型控制变量为总和孩次递进生育率（TPPR，简称总和递进生育率），它表示平均每个妇女预期终生生育子女数，不同于时期总和生育率（TFR）。其他两家的预测主要采用莱斯利模型（亦称总和生育率法），以妇女总和生育率（TFR）作为控制变量。三个研究单位分别设计了以下方案进行人口分析预测：

1. 假定维持1998年城乡各自的生育率不变（方案1）

假定到2017年左右，我国城镇人口比例将达到40%左右；2030年城镇人口比例可能超过50%；到2050年城镇人口比例将为60%左右。城市化对未来人口发展影响很大，若维持1998年城乡各自的生育率不变，随着城市人口比重的上升，全国总的生育水平将呈下降趋势。当城镇人口比例达到50%时（2030），平均每个妇女预期终身生育子女数（TPPR）将达到1.74个孩子，而到2050年会降到1.66个孩子。

2. 在现行政策基础上，在全国允许双方独生子女夫妇生育二孩（方案2）

假如从2005年开始在全国普遍实行独生子女夫妇可以生育二孩的政策，2010年总人口约为13.8亿，2040年前后总人口达到峰值15.5亿后开始进入负增长，2050年总人口将减少到15.2亿左右。

3. 在现行政策基础上，允许一方是独生子女的夫妇可以生育二孩（方案3）

由于该方案实际上是指双方都是独生子女的夫妇和只要一方是独生子女的夫妇均可生育二孩，因此，政策调整将使我国人口数量的高峰推后、峰值提高。2040年前后总人口达到峰值时将接近16亿。

4. 在现行政策基础上，普遍允许农村妇女生育二胎（方案4）

假如能够实现这一政策的平稳过渡，而且城乡妇女放弃二孩生育的比例随社会经济的发展有所提高，按此方案预测，总人口将在2040年前后达到约15.8亿的高峰，略低于允许夫妇一方为独生子女均可生二孩（方案3）的结果。推行该政策的好处是缓解生育政策在农村执行中遇到的阻力，使生育政策接近未来农村人口的生育意愿。但由于前期生育政策造成的大批待生二孩妇女的堆积可能引起生育率的急剧飙升；政策放宽的倾向性影响可能引起局部地区生育失控；政策的不连续性可能给计划生育工作造成直接冲击，因此，实施这种方案风险性很大。

目前，一些学者和研究机构认为方案2为最佳方案，即在现行政策的基础上，从现在起，全国城市农村普遍允许双方独生子女夫妇可以生二孩。他们认为，从降低生育率的角度来看，还有更紧的方案，但是，采取相对较宽松的方案2，既能够达到稳定低生育率的目的，又能在一定程度上缩小生育政策与生育意愿的差距，并达到调节人口结构的目的。从政策调整对计划生育工作的影响来看，这也是影响最小的一种方案。下面笔者将方案2与中国人民大学人口所、南开大学人口所和联合国的主要预测结果进行比较（见表2）。

表2　　　　　中国人口信息研究中心、中国人民大学人口研究所、
南开大学人口与发展研究所和联合国预测的中国总人口

单位：亿人

年份	中国人民大学 人口所（中方案）	南开大学人口所 （中方案）	中国人口信息研究 中心（方案2）	联合国 （中方案）
2000	12.71	12.73	12.69	12.78
2005	13.19	13.27	13.22	13.26
2010	13.60	13.71	13.77	13.73
2015	14.00	14.12	14.30	14.18
2020	14.35	14.49	14.72	14.18
2025	14.63	14.83	15.04	14.80
2030	14.79	15.09	15.25	14.96
2035	14.87	15.27	15.38	—
2040	14.85	15.34	15.44	15.05
2045	14.75	15.34	15.38	—
2050	14.56	15.30	15.22	14.78

数据来源：国家计划生育委员会"中国未来人口发展与生育政策研究"课题组：《中国未来人口发展与生育政策研究》，载《人口研究》2000年第3期。

通过对上表中各个研究机构的人口预测结果进行分析，可以看出，我国总人口在未来30多年内仍在增长，但增长速度渐趋缓慢。2010年，总人口约在13.60亿—13.77亿之间。根据三个研究单位多方案的估计，人口数量高峰将出现在2035—2045年间，峰值人口约为14.87亿—15.44亿。同时，经各个研究机构预测，在未来40年内，我国劳动年龄人口将保持持续增长的势头。2010年达到9.7亿；2015—2035年可能持续在10亿左右。丰富的劳动力资源将为经济发展提供良好的机遇，也将为社会就业带来沉重的压力。

（二）刘金塘和林富德对"放开二胎"的未来百年人口预测

近年来，一些学者提出实行"放开二胎"的生育政策，认为这种方案

虽然使人口总量提高，人口零增长的时间推后，但可以缓解人口老龄化问题，优化人口结构。刘金塘和林富德利用国家统计局 1995 年 1% 人口抽样调查数据，通过对生育率的不同假设设计了三种方案，对 21 世纪中国人口发展趋势进行了模拟，下面笔者将对"放开二胎"的生育政策与其他两种方案进行比较分析（见表 3）。

表 3　　　　　　　　　　中国人口总数在未来百年的变动趋势

单位：亿人

年份	方案 1	方案 2	方案 3
2000	12.70	12.70	12.70
2010	13.44	13.53	13.69
2020	13.93	14.20	14.66
2030	13.96	14.42	15.18
2040	13.52	14.23	15.47
2050	12.72	13.69	15.44
2060	11.68	12.94	15.28
2070	10.68	12.25	15.27
2080	9.67	11.54	15.22
2090	8.79	10.92	15.29
2100	8.00	10.33	15.33
人口峰值	14.02	14.42	15.5
出现年份	2026	2030	2045

注：

方案 1：政策生育率水平 1.62。2000—2010 年总和生育率由 1.8 下降到 1.62 后保持不变。

方案 2：20 世纪 90 年代后期中国妇女的总和生育率平均为 1.8 左右。假设总和生育率保持这一水平长期不变。

方案 3：更替水平为 2.1。假设 2000—2010 年总和生育率由 1.8 提高到更替水平 2.1 后保持不变。

　　表 3 是根据育龄妇女不同的生育水平对我国人口在 21 世纪的数量变化趋势进行预测的结果。从表 3 中可以看出，如果实行"放开二胎"的生育政策，即 2010 年后总和生育率保持在 2.1 的水平上（方案 3），那么，我国的人口包袱将越背越大，人口总量将长期维持在 15 亿以上；即使按

照总和生育率为 1.8 或降至 1.62 的政策设想，我们仍然要在 21 世纪的大部分时间里背着总数为 10 亿以上的人口大包袱。规模庞大的育龄妇女的存在决定了我国不仅不能调高总和生育率，而且还要降低育龄妇女的平均生育水平，只有这样，我们才能尽快地从人口的重负中摆脱出来。

（三）乔晓春和任强对实行"一胎化"与"放开二胎"的未来百年人口预测

乔晓春和任强在假定我国 2000 年的总和生育（TFR）有三种可能，即 TFR = 2.0 、TFR = 1.8、TFR = 1.6 的前提条件下，分别将其作为三个方案来处理。每一个方案又分成两种情况：一种情况为在人口政策保持不变情况下的生育率自然下降，直到下降到 1.2 为止，以后保持不变，如：方案 1—1 、方案 2—1 和方案 3—1；另一种情况是到 2020 年以前使总和生育率自然下降，从 2020 年开始上调到 2.0，接近更替水平，并保持不变，如：方案 1—2、方案 2—2 和方案 3—2（见表 4）。

表 4　　　　　　　　生育率预测方案（TFR）

年份	方案 1—1	方案 1—2	方案 2—1	方案 2—2	方案 3—1	方案 3—2
2000	2.0	2.0	1.8	1.8	1.6	1.6
2010	1.9	1.9	1.7	1.7	1.5	1.8
2020	1.8	2.0	1.6	2.0	1.4	2.0
2030	1.7	2.0	1.5	2.0	1.3	2.0
2040	1.6	2.0	1.4	2.0	1.2	2.0
2050	1.5	2.0	1.3	2.0	1.2	2.0
2060	1.4	2.0	1.2	2.0	1.2	2.0
2070	1.3	2.0	1.2	2.0	1.2	2.0
2080	1.2	2.0	1.2	2.0	1.2	2.0
2090	1.2	2.0	1.2	2.0	1.2	2.0
2100	1.2	2.0	1.2	2.0	1.2	2.0

资料来源：乔晓春、任强：《中国未来生育政策的选择》，载《市场与人口分析》2006 年第 3 期。

死亡率均按照联合国未来人口预测为中国所假定的平均预期寿命（见

表5）。

表5	死亡率预测方案		
性别	2000 年	2050 年	2100 年
男	68.9 岁	74.9 岁	82.1 岁
女	73.3 岁	80.7 岁	86.9 岁

资料来源：United Nations (2004)，World Population to 2300，United Nations，New York.

　　方案1是假定总和生育率在2000年为2.0，如果政策长期不变，但人们的生育观念却在不断下降的情况下，TFR持续下降。此时，人口自然增长率也会持续下降，在2033年人口增长率达到0，人口达到峰值，即14.46亿。人口总数到2100年为8.7亿。为了在达到零增长以后，人口增长率能够从负增长向零增长反弹，并最终围绕零增长波动，他还设计方案1—2。方案1—2的预测结果是：人口在2043年达到零增长，峰值人口为14.93亿（见图1），最低负增长幅度为－1.6‰，然后增长率反弹，在2085年又回到零增长，总人口为14.25亿。尽管人口会回到正增长，但增长率会非常低，并在不长时间再次返回到零增长。到2100年总人口为14.40亿。

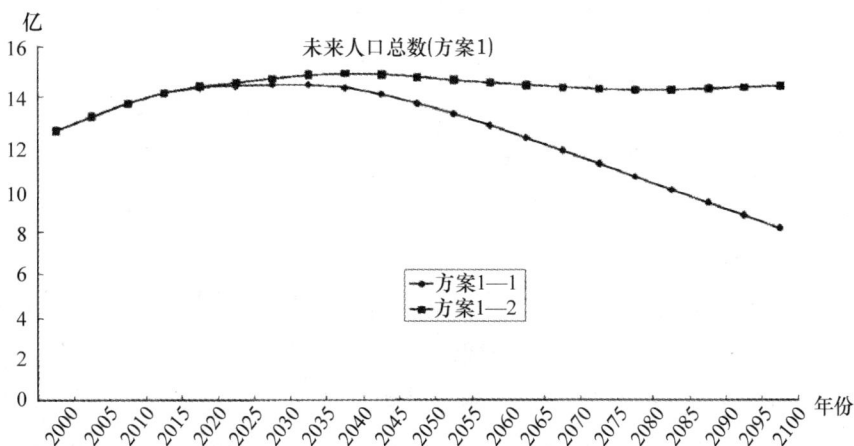

图1　方案1—1和方案1—2未来人口总数变化的比较

方案 2 是假定总和生育率在 2000 年为 1.8。如果生育率持续下降直到 1.2，人口增长率也会持续下降。此时，人口达到零增长的时间是 2024 年，峰值人口为 13.93 亿。而总人口会持续下降到 2100 年的 6.7 亿（见图 2）。如果在 2020 年将生育率向上调整到 2.0，那么人口达到零增长的时间为 2038 年，峰值人口为 14.34 亿，到 2100 年人口总量会提高到 13.32 亿。

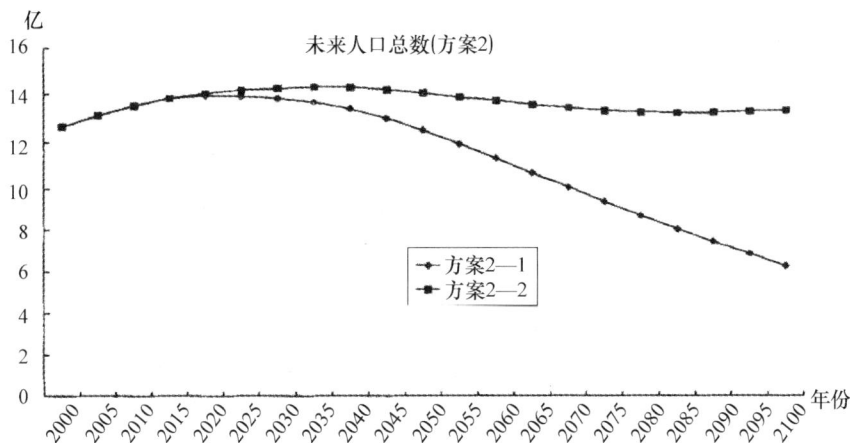

图 2　方案 2—1 和方案 2—2 未来人口总数变化的比较

方案 3 是假定总和生育率在 2000 年为 1.6，如果生育率持续下降到 1.2，人口增长率的下降将会比前面的两种自然下降方案还要快，人口达到零增长的时间为 2021 年，峰值人口为 13.58 亿，到 2100 年总人口为 5.5 亿。如果在 2020 年上调总和生育率，人口达到零增长的时间就会退后，即在 2039 年达到零增长，峰值人口为 14.2 亿，到 2100 年总人口为 13.2 亿（见图 3）。

这里给出的三个方案，只是假定起始生育水平不同。很明显，如果生育率持续下降，起始生育水平越低，未来人口达到零增长的时间就会越早，人口在达到峰值时的规模也越小。根据乔晓春和任强的预测，从表 6 可以看出，政策调整与不调整，中国的人口总量达到峰值时规模差异很大，达到峰值人口时的最小规模为 13.58 亿，最大规模为 14.93 亿，相差

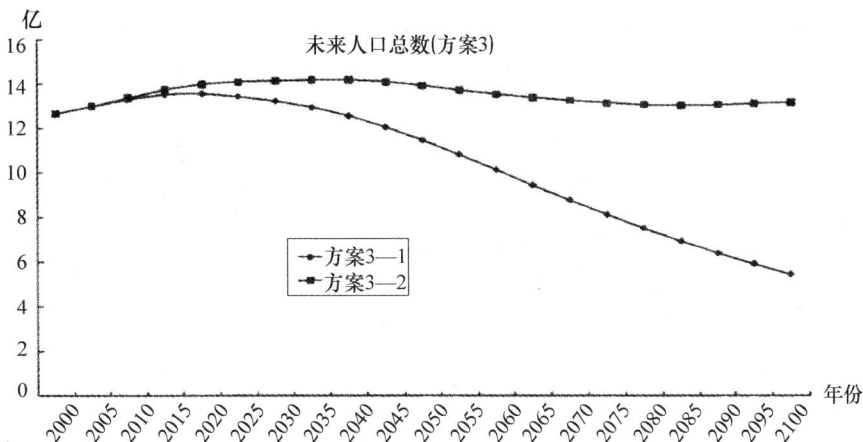

图3　方案3—1 和方案3—2 未来人口总数变化的比较

1.35 亿人；人口实现零增长的时间也差异很大，最早达到零增长的时间是2021 年，最晚达到零增长的时间是 2043 年，相差 22 年。调整生育政策，放开"二胎"，使生育率保持在 2.0 左右，到 2100 年中国人口将在 13.2 亿—14.4 亿范围内波动，这一规模仅比人口达到峰值时的规模减少了5000 万至 1 亿人，并且人口规模会长期稳定在 13 亿—14 亿这样一个高水平上，这将对我国的社会经济可持续发展带来不利的影响。

表6　　　　　　　　　　　三种预测方案结果的归纳

	方案 1（TFR＝2.0）		方案 2（TFR＝1.8）		方案 3（TFR＝1.6）	
	政策不变	政策调整	政策不变	政策调整	政策不变	政策调整
人口达到峰值时规模（亿）	14.46	14.93	13.93	14.34	13.58	14.20
峰值或到零增长时间（年）	2033	2043	2024	2038	2021	2039
最高负增长水平（‰）	−11.6	−1.6	−14.4	−2.5	−16.2	−2.9
最高负增长出现时间（年）	2100	2055	2100	2055	2100	2055
2100 年 60 岁以上人口比例（％）	44.9	30.7	48.9	30.6	50.5	30.6
2100 年 65 岁以上人口比例（％）	37.2	24.8	41.1	24.8	42.9	24.7
2100 年人口规模（亿）	8.7	14.4	6.7	13.3	5.5	13.2

下面笔者再将各个预测单位和学者有代表性的观点总结如下（见表7）。

表7　　　　　　　　　几种有代表性的生育政策建议和人口预测

预测单位或个人	中国人口信息研究中心的预测（方案A）	刘金塘和林富德（方案B）	刘金塘和林富德（方案C）	乔晓春和任强（方案D）	乔晓春和任强（方案E）
生育政策建议	现行政策的基础上，从现在起，全国城市农村普遍允许双方独生子女夫妇可以生二孩	2010年后总和生育率为2.1（即2010年后放开二胎）	总和生育率一直保持现在的1.8水平	假定我国2000年的总和生育率为1.8，到2020年以前使总和生育率自然下降，从2020年开始上调到2.0，接近更替水平，并保持不变	假定我国2000年的总和生育率为1.8，使生育率下降到1.2后保持不变
人口达到峰值时规模（亿）	15.44	15.50	14.42	14.34	13.93
人口达到峰值时间（年）	2040	2045	2030	2038	2024

分析上表可知，方案A是通过全国城市农村普遍允许双方独生子女夫妇可以生二孩的方式来实现"二胎"化；方案B和方案D都是放开"二胎"，区别在于放开"二胎"的时间，方案B放开"二胎"的时间为2010年，而方案D放开"二胎"的时间为2020年；方案C是假设保持目前的生育水平一直不变；方案E是在目前的生育水平下，通过生育政策控制、社会经济发展和生育文化进步的综合作用使生育率逐渐卜降到1.2的水平，即基本实现"一胎化"。从表7可以看出，方案A—E，中国的人口总量达到峰值时规模差异很大，达到峰值人口时的最小规模为13.93亿，最大规模为15.50亿，相差1.57亿人；人口实现零增长的时间也差异很大，推行"一胎化"，达到人口零增长的时间是2024年，放开"二胎"最晚达到人口零增长的时间是2045年，相差21年。由此可见，任何形式的放开

"二胎"都是不可取的。

三 "一胎化"的成本—效益分析

实行"一胎化"生育政策可以通过微观上控制每个家庭的规模，宏观上控制社会的人口数量，来促进家庭和社会经济的协调发展。科学合理的人口控制政策不仅能够获得控制人口数量的人口效益，还会获得相应的经济效益和健康效益。政府只有重视人口控制政策的成本—效益分析，将政策的制定和实施建立在这种科学分析的基础上，才能以尽可能低的、能为各方面所接受的成本来获得尽可能高的并从总体上有利于国家和每个家庭的效益。成本—效益分析的这一重要作用，对于正确地制定和有效地实施人口控制政策无疑具有极为重要的意义。

（一）"一胎化"的成本分析

1. "一胎化"的货币成本

"一胎化"的货币成本包括以下两种成本：一是个人实行节育所需支付的避孕药具和节育手术费用的货币成本。在这种成本中还包括个人为获得这些节育服务所要花费的时间成本。二是国家或有关组织为推行计划生育政策或资助计划生育活动所需支付的各种人力、物力、财力等成本（可总计折算为货币成本）。笔者主要分析的是政府为实行"一胎化"生育政策所需要支付的货币成本。

2. "一胎化"的健康成本

"一胎化"的健康成本是指各种节育措施在使用过程中可能产生的副作用给节育者带来的影响。根据各种调查和研究，从最广泛的意义上看，几乎没有任何一种节育措施不具有某种副作用。但是，各种科学的节育措施经过多年研究、试验和不断地改进，目前它们的安全有效性是有保证的，副作用一般都不大。

3. "一胎化"的社会心理成本

"一胎化"的社会心理成本是指在推行计划生育的条件下，由于个人和社会集团对节育所持的否定态度而形成的社会、文化和心理上的障碍。它可能以某种方式阻止人们实行节育或放弃节育。这种社会心理成本不同于上述的货币成本和健康成本，它是一种非物质性的成本，准确地测度和有效地支付很困难。

"一胎化"的成本问题是一个极其重要的问题，这种成本是否合理，能不能为社会和群众所接受，直接关系到计划生育的成败。实行"一胎化"生育政策的成本不可过高，要求大多数人能够接受，社会能够承担。否则，计划生育实际上也难以推行，若强制推行，还会引发严重的后果。在防止计划生育高成本的同时，又不能消极被动地等待低成本的来临，以至放松了合理的节育要求，使那些本来经过认真努力可以做到的事情也不去力争实现。例如，目前，在中国城乡普遍提倡育龄妇女只生一个孩子的生育政策，其难度不小，如果不从各个方面采取切实有效的措施，作出持续不懈的努力，那么它所要求国家和个人支付的各种人口控制的成本必然会变得昂贵，从而使政策的实施严重受阻。反之，如果措施得力、工作积极，这些成本就可能降至比较合理的、经过努力可以被各方面所接受的水平上，从而使人口控制政策得到有效的实施。

随着现代生育文化的推广普及，实行"一胎化"生育政策的社会心理成本将会不断降低。同时，由于节育措施的副作用很小，节育者为此支付的健康成本并不高，而由此所得到的效益却很大，因此，下面笔者主要分析政府为实行"一胎化"生育政策所需要支付的货币成本。

在上文不同生育水平下的人口预测中，刘金塘和林富德利用国家统计局1995年1%人口抽样调查数据，对当前实行"放开二胎"的生育政策21世纪中国人口发展趋势进行了模拟（见表3方案3）。乔晓春和任强对实行"一胎化"生育政策进行了百年人口预测（见表4方案2—1）。两个生育政策方案均假设2000年总和生育率为1.8，更替水平为2.1，这种假设比较符合中国的国情，因此，笔者利用这两个方案的人口预测数据经过分析得出实行"一胎化"生育政策相比"放开二胎"生育政策的人口效益数据，即：实行"一胎化"的生育政策2024年可以达到人口增长的峰值，峰值人口为13.93亿，2010—2024年，推行"一胎化"比"放开二胎"生育政策人口总量将减少 1 亿左右，2024 年以后实行"一胎化"的生育政策的人口进入负增长阶段，而"放开二胎"生育政策的人口总量将继续增长，到 2045 年才可以达到人口增长的峰值，峰值人口为 15.50 亿，这样两种方案的人口总量差距将逐渐增大到 3 亿左右，此后，在相当长的时间内"放开二胎"方案的人口总量保持在 15 亿以上，到 2100 年人口总量为 15.33 亿，而实行"一胎"生育政策的人口总量继续减少，到 2100 年为 6.7 亿人，两种方案的人口总量差距由 3 亿逐渐增长到 8.63 亿。同时，根据国家计生委"计划生育效益与投入研究课题组"的研究，我国多年来对计划生育事业投入了大量的人力、物力和财力，仅以货币形式计量的投入来看，自 1971—1998 年，按当年价格计算，国家财政和非国家财政累计对计划生育的投入达 926 亿元，而同期因计划生育因素而少生 3.38 亿人，这样就可以推算出我国平均每少生一个孩子政府仅需投入 274 元。[①]在此基础上利用实行"一胎化"生育政策相比"放开二胎"生育政策的人口效益与平均每少生一个孩子政府的货币投入的乘积就可以推算出未来几十年政府为推行"一胎化"生育政策所需要支付的货币成本，即：2010—2024 年约为 274 亿元，到 2045 年将增加到约 822 亿元。

（二）"一胎化"的经济效益分析

"一胎化"的经济效益（以下简称经济效益）主要是指因实行"一胎化"生育政策而少生的人口数所带来的效益，它主要可以通过因实行"一胎化"生育政策而少生的人口数对家庭和社会少年儿童抚养费的节省予以反映和计量。

国家计生委"计划生育效益与投入研究课题组"专门通过组织问卷调查进行精细的统计分析，计算出了我国 1998 年平均每个 0—16 岁少年儿童的家庭和社会抚养费用数据，具体程序如下：

一是我国 1998 年城市家庭平均每个 0—16 岁少年儿童抚养费最低需支

---

① 国家计生委"计划生育效益与投入研究课题组"：《我国计划生育效益研究》，载《人口与计划生育》2000 年第 5 期。

付9.5万元（家庭抚养费1），若家庭再为少年儿童投保健康保险，抚养费将升至11.1万元（家庭抚养费2），若家庭再为0—3岁的孩子雇用保姆，抚养费将升至12.2万元（家庭抚养费3）。

二是我国1998年农村家庭平均每个0—16岁少年儿童抚养费与上述城市家庭相对应的三类数据分别为3.6万元（家庭抚养费1）、3.8万元（家庭抚养费2）和4万元（家庭抚养费3）。其中"家庭抚养费3"的4万元除包括保姆费外，还包括家庭为生育二胎及以上的孩子所支付的社会抚养费（这在城市家庭中基本没有）。

三是我国1998年城乡合计的0—16岁少年儿童抚养费与以上相对应的三类数据分别为5.1万元（家庭抚养费1）、5.7万元（家庭抚养费2）和5.9万元（家庭抚养费3）。

四是1998年我国为每个0—16岁少年儿童平均支付的社会抚养费在城市为1.6万元，在农村为0.5万元，前者为后者的3倍多。如将城乡加权合计，同年我国平均每个少年儿童的社会抚养费为7781元。

在1998年中国少年儿童的家庭和社会抚养费数据基础上，即可计算出二者之和的平均每个少年儿童的总抚养费。按照1998年的消费模式和物价水平，我国抚养一个孩子从母亲怀孕开始到16周岁止，全国平均所需支付的总抚养费最低为5.8万元，最高为6.7万元。其中城市最低11万元，最高13万元；农村最低4.1万元，最高4.4万元。

通过以上分析可知，当前"放开二胎"与推行"一胎化"生育政策相比，两种方案的人口总量差距将逐渐增大到3亿左右，到2100年，两种方案的人口总量差距由3亿逐渐增长到8.63亿，那么按照1998年的消费模式和物价水平，我国抚养一个孩子从母亲怀孕开始到16周岁止，全国平均所需支付的总抚养费最低为5.8万元，最高为6.7万元，取其高值，并利用实行"一胎化"生育政策相比"放开二胎"生育政策的人口效益与我国抚养一个孩子从母亲怀孕开始到16周岁平均所需支付的总抚养费的乘积就可以推算出未来几十年政府推行"一胎化"生育政策的经济效益，即：2010—2024年，实行"一胎化"的生育政策将为国家节省的总抚养费约为6.7万亿元（因此"放开二胎"政策少生1亿人），到2045年实行"一胎化"的生育政策为国家节省的总抚养费将增加到约20.1万亿元（因此"放开二胎"政策少生3亿人）。而同期政府为推行"一胎化"生育政策所需要支付的货币成本，2010—2024年仅为274亿元，到2045年约为822亿元，成本低于效益，政府推行"一胎化"生育政策的经济效益十分显著。随着社会经济的发展，国家经济实力的提高，教育投资的不断升高，我国为抚养每个0—16岁少年儿童平均所需支付的总抚养费必然大幅度上升，这样，由于"放开二胎"而多生的几亿人口将给家庭和社会带来沉重的经济负担，因此，我国不仅不能放松现行生育政策，而且还要继续把城乡的生育水平降到一对夫妇一个孩子这一底线，即严格的"一胎化"生育政策。

参考文献

1. 杨魁孚、陈胜利、魏津生：《中国计划生育效益与投入》，人民出版社2000年版。

2. 程恩富：《谈实现科学发展观的几个现实问题》，载《北京日报》2007年4月30日第17版理论周刊。

3. 尹文耀：《中国独生子女家庭与二孩家庭生育模式百年模拟与选择》，载《人口学刊》2001年第3期。

4. 刘金塘、林富德：《从稳定低生育率到稳定人口：新世纪人口态势模拟》，载《人口研究》2000年第4期；刘金塘、林富德：《21世纪中国人口发展前景》，载《人口学刊》2001年第3期。

5. 李宏规：《面向新世纪的重大决策》，载《人口与计划生育》2000年第3期。

6. 杨书章、汤梦君：《稳定低生育水平面临的机遇与挑战》，载《人口研究》2000年第4期。

7. 于学军：《"十五"时期中国人口发展前瞻性研究》，载《中国人口科学》2001年第1期。

8. 曾毅：《逐步提高平均生育年龄对我国人口发展的影响》，载《人口与经济》1990年第2期。

9. 穆光宗：《"一胎化政策"的反思》，载《人口研究》2000年第4期。

10. 李建新：《论生育政策与中国人口老龄化》，载《人口研究》2000 年第 2 期。

11. 国家计划生育委员会"中国未来人口发展与生育政策研究"课题组：《中国未来人口发展与生育政策研究》，载《人口研究》2000 年第 3 期。

12. 乔晓春、任强：《中国未来生育政策的选择》，载《市场与人口分析》2006 年第 3 期。

13. 李小平：《论中国人口的百年战略与对策——生育控制与农村社会经济问题的综合治理》，载《战略与管理》2004 年第 3 期。

坚持和完善"一对夫妇只生一个孩子"的政策

◇何干强[*]

我国自实施计划生育的基本国策以来，全国少生 4 亿多人，缓解了人口对资源、环境的压力，促进了人均国民收入的增长，成效显著。2006 年，中共中央国务院进一步作出《关于全面加强人口和计划生育工作统筹解决人口问题的决定》，指出："当前，我国人口和计划生育工作形势总体是好的。同时，必须清醒地看到，我国人口发展呈现出前所未有的复杂局面，低生育水平面临反弹的现实风险。""必须坚持计划生育基本国策和稳定现行生育政策不动摇。"[1] 笔者认为，这个《决定》关于"稳定现行生育政策不动摇"的关键，是对"一对夫妇只生一个孩子"的主要政策不能动摇。但是，近年来要求调整这个主要人口政策的舆论却越造越大，最近"鼓励二胎"[2]的主张已出现在权威性的理论报刊。可见，当前是否仍然要坚持"一对夫妇只生一个孩子"，已成争论焦点。本文赞同程恩富教授的"新人口策论"，拟就此谈些意见，参加研讨。

---

* 何干强，南京财经大学当代马克思主义中国化研究中心、经济学院教授。

① 中共中央国务院《关于全面加强人口和计划生育工作统筹解决人口问题的决定》，载新华网 2008 年 6 月 26 日。

② 穆光宗：《我国人口政策应如何走?》，载《中国社会科学报》2009 年 7 月 2 日第 6 版。

一 "一对夫妇只生一个孩子"不应动摇

笔者认为,我国当前和今后较长的一段时间内,仍然必须坚持和完善"一对夫妇只生一个孩子"的人口主要政策。

其一,这是由中国在特殊的人口国情条件下全面建设小康社会、实现社会主义现代化的目标决定的。反映一国经济实力和富裕程度的最基本的指标,是人均国民收入(GNI),而不是人均国内生产总值(GDP),因为前者是一国国民本身获得利益的概念;而后者只是一个地域范围生产成果的概念,必须扣除外国人拿去的利益,才是本国国民的利益。据世界银行数据库资料,我国国内生产总值(GDP)到2007年达到32801亿美元,总量跃居世界第四位,从1979年至2007年平均增长9.8%,比同期世界经济平均发展水平快6.8个百分点;这反映出,改革开放以来,我国的生产能力发展很快,被赞誉为"奇迹"、"中国模式"和"北京共识"。但是,从国民平均获得物质利益的角度来看,人均国民总收入(GNI)却只有2360美元,在世界银行对209个国家和地区的排序中,居世界的位次为第132位。值得注意的是,从1978年至1997年,我国的人均国民总收入(GNI)增长了11倍,但是在世界的排序中,只从1978年的第145位提升至2007年的第132位,人均国民总收入的水平只相当于世界平均水平的29.7%。[①] 这原因不是别的,主要是中国人口总量太大,经济总量尽管有很大提高,但是人均国民收入相对于世界人均水平,却只能是老牛拖车,难以赶上,更难以超过。如果下决心扭转这种局面,有效的办法无非是一方面继续坚持发挥社会主义制度的优越性,科教兴国,更好地遵循经济发展规律,努力提高生产力;另一方面,就是下决心持续地控制人口,争取实现总人口在一定时期内的不增长乃至负增长。这就要求"一对夫妇只生一个孩子"的主要生育政策绝不能动摇。

---

① 数据来自国家统计局《国际地位和国际影响发生了根本性的历史转变》,中华人民共和国统计局网:统计分析《热点专题分析》纪念改革开放30年,2008年11月17日。

其二，这是由我国人口增长的实际态势决定的。我国经过多年的计划生育工作，总和生育率已经低于2.1，[①] 目前是1.7至1.8，也就是每对夫妇平均生育1.7至1.8个孩子，[②] 已经低于国际上公认的人口更替水平。如果单纯地以此为据，人口总和生育率稳定在更替水平，这意味着人口的自然增长率为零，就可以实现人口的零增长。但是，现实却比理论逻辑更为复杂。我国人口增长的现实状况是，近些年来人口出生率仍在12‰多一些，人口自然增长率在5‰多一些，平均每年净增人口在700万左右；[③] 而且据权威部门估算，"今后十几年，人口惯性增长势头依然强劲，总人口每年仍将净增800—1000万人"[④]。这就是说，尽管从统计数据看，总和生育率已经低于理论上的2.1，但是，目前中国实际的人口自然增长率却并没有实现零增长，而是仍然达到了5‰多一些。其实，这除了"人口惯性"因素起作用之外，还有许多现实存在的盲目增加人口的因素在起作用，如流动人口超生、富人交款超生、再婚多生等，这些因素在"一对夫妇只生一个孩子"的政策下尚且难以制止，如果这个政策一旦动摇，这些盲目增加人口的因素，必定更加强烈。特别在农村，盲目超生的因素更多。如果现在"鼓励二胎"，实际上将会引致二胎普遍化，低生育反弹为高生育将变为现实。这势必延缓我国人均国民收入达到中等发达国家水平，并带来一系列严重问题。从中国的实际情况看，只要人口自然增长率在实际上还没有实现零增长，"一对夫妇只生一个孩子"的政策就只能从严抓紧，而绝不能因总和生育率已经降低而松动。

① 生育更替水平指的是人口的出生和死亡达到均衡，人口停止增长、保持稳定状态的生育率。目前发达国家普遍认为，总和生育率为2.1即达到了生育更替水平。之所以为2.1而不是2.0（一对夫妇生两个孩子，一个孩子对应父母中的一个），是由于在出生时，男孩数要略多于女孩数，且一部分女孩将在育龄期前死亡。
② 《2010年中国人口13.6亿是根据总和生育率测算出的》，中央政府门户网站（www.gov.cn），2007年1月23日。
③ 根据中华人民共和国国家人口和计划生育委员会网站：首页>文献资料>人口概况有关资料计算。
④ 中共中央国务院《关于全面加强人口和计划生育工作统筹解决人口问题的决定》，载新华网2008年6月26日。

其三，这是贯彻落实科学发展观、实现可持续发展的核心要求。上面提到控制人口是提高人均国民收入的要求，这只是涉及生产力层面的问题，还不够全面。我国老一辈经济学家张薰华教授对此提出了非常重要的思想，这就是，社会生产力是建立在人口、资源和生态环境构成的"源泉"基础上的，维护好"源泉"，才真正能够提高生产率，实现社会经济的可持续发展，而人口是可持续发展的核心。① 这是唯物史观在现代历史条件下的新发展。从这个新观点来看，笔者认为，对于生活在社会中的人，除了从生产关系的角度充分认识人具有社会性之外，还应当从人处在生产力和"源泉"中的角度，充分认识人既是"人手"，又是"人口"；既是"清污手"，又是"排污口"。而尤其应当认识到，人总是首先作为消耗财富的"人口"，之后才能同时成为创造财富的"人手"；人总是首先作为"排污口"，之后才能同时成为"清污手"；从全社会看，"人口"个数，总是大于"人手"个数；人作为"排污口"的个数总是大于人作为"清污手"的个数；而且，人要成为"人手"，要成为"清污手"，都必须消耗相应的物资生产资料，要经过相应的知识培训，否则人就不能成为高质量的"人手"和自觉的"清污手"。所以，按照可持续发展的要求，人口的再生产，不但要有利于人均国民收入的提高，还要有利于"排污口"的减少，有利于人均绿色国民收入的提高（扣除污染损失的纯人均国民收入）。否则，"人手"创造的物质财富的增长，不但将为"人口"的过量增长所淹没；而且也会被"排污口"对生态的破坏而大量的消减。从中国目前生态环境被严重破坏的状况来看，这与中国的人口总量过大，从而"排污口"过大显然是成正相关的。维护生态环境要求中国逐步地减少人口总量。从这个角度来看，"一对夫妇只生一个孩子"的主要生育政策，恐怕是当前最起码的要求。

① 参见张薰华《经济规律探索》，载《张薰华选集》，复旦大学出版社2000年版，第11—15、121—214页。

二　对主张改变现行计划生育政策若干争论的辨析

目前主张应当改变"一对夫妇只生一个孩子"政策的舆论，提出了许多理由，有理论方面的，也有根据实践中产生的实际问题提出的。这需要我们坚持唯物史观的指导思想，认真辨析。以下这些有影响的观点，都值得商榷。

1. 从公权、私权关系的角度提出"鼓励二胎"的主张。这种主张认为，科学的人口政策"首先是对民意和民权的尊重。生育权首先是私权，然后是公权"，"在大众的意愿生育水平已经低于更替生育水平的历史新阶段……帮助人民树立适度的生育意愿，这是真正意义上的'以自由谋求幸福'"[①]。这种以抽象的公权、私权关系来分析社会主义初级阶段人口政策的观点值得商榷。在唯物史观看来，公权、私权关系是人类社会中与生产资料所有权关系相关联的社会关系，用在夫妇生育权利与国家权力的关系上未必恰当。从社会发展史来看，在私有制意义上的私权尚未产生之时，原始社会的"对偶制家庭"[②]就产生了，而未来人类社会走向共产主义社会，私有制消除之后，家庭照样会存在。所以，不能说家庭生育就一定属于所谓私权，社会或国家就一定等于公权。一个人来到世间，绝不是生活在私权范围，家庭生育也不纯粹是家庭范围的事。人要生活，就要消耗自然资源；人要排污，就要影响生态环境；人要成才，势必消耗社会劳动成果，培养一个有用之才，不只是家庭要投资，国家也有投资；家庭关系必然与一个社会的生产资料所有制关系相联系，从而一国人口发展规律必然与该国由历史条件决定的生产方式相联系；所有这些都不等于公权与私权的关系。我们必须从一国社会可持续发展对人口数量质量的要求，从社会经济制度对实现这种要求提供的现实条件，从遵循本国国情决定的人口发展规律的要求，来制定一定时期的人口政策。当前我国实施"一对夫妇只

---

① 穆光宗：《我国人口政策应如何走?》，载《中国社会科学报》2009 年 7 月 2 日第 6 版。
② 《马克思恩格斯选集》第 4 卷，人民出版社 1995 年版，第 24 页。

生一个孩子"的主要政策，正是从多方面的因素综合考虑得出的可行性政策。

2. 主张借鉴国际社会的人口政策调整我国现行政策。有人认为，低生育率已成为国际社会新的主要担心之一。许多国家政府都正在积极制定或修改社会政策，阻止生育率进一步下滑，因此，主张我国也要调整"一对夫妇只生一个孩子"的政策。这种参照外国人口政策制定本国人口政策在方法论上是有片面性的。我们当然应当认真研究外国的人口政策，但是，必须在方法论上把握两条基本原则：第一，经济制度不同的国家，人口规律必然有区别。我国的计划生育国策建立在社会主义经济基础之上，是有计划地控制经济社会总体运行和发展的组成部分，具有长期性和稳定性。第二，人口政策必须从人口国情现状出发。中国人口总量过大，这是与别国有重大区别的特殊国情。如果说低生育率令别国担心，那么在中国这意味着人民利益的增加。我国坚持"一对夫妇只生一个孩子"已经从整体上给人民群众带来了实际利益，当前继续坚持实施这个政策，还会带来更大的整体利益。

3. 认为我国人口发展的风险在积累因而需要调整政策。有人认为，独生子女家庭是高风险的家庭，独生子女有个三长两短，将给一个家庭带来无法弥补的损失。这种可能性当然存在，但是从总体来看，实际出现风险的家庭毕竟不具有普遍性。我们不能把主要政策建立在少数家庭可能发生的风险上，只能建立在为多数人带来利益（包括个人利益、整体利益和"代际平等"的长远利益）的基础上。"一对夫妇只生一个孩子"对于少数家庭可能发生的风险，可以通过与之配套的政策来作适当弥补。当然，独子一旦身亡，对于一个家庭来说，损失是无法弥补的；但是这不应当成为在全社会拒绝实施"一对夫妇只生一个孩子"政策的理由。在国家政策的制定和实施上，只能是社会整体利益与个别家庭利益之间，两利相权衡取其重，两弊相权取其轻，个别服从全局。否则，社会出现的弊病就会长期地损害每一个家庭。

4. 从人口总量发展的数学逻辑角度提出调整人口政策。有人惊呼，"假如中国的总和生育率持续稳定在 2000 年政策允许的总和生育率水平

1.46（部分夫妇可以生两个孩子甚至更多），到 2300 年人口将只剩下 7500 万；如果总和生育率维持在超低水平 1.30，到 2300 年人口则只剩下 2800 万！"① 这种计算在数学逻辑上的正确性是可以相信的。但是，用人口总量长期发展的数理逻辑推理，来批评当前人口政策的有效性，这是脱离实际的。必须弄清，人口政策是有时效性的，"一对夫妇只生一个孩子"绝不是要 300 年不变。当前的人口政策是根据目前许多因素制定的，是符合当前综合国情实际的。当今后我国人口自然增长率已经下降到零，人口总量不再增长甚至有所下降，同时人均绿色国民收入在世界排名的位次有了明显提高，人口政策就会根据新的情况作出调整。

5. 认为现行人口政策产生出许多实际问题因而要求调整。我国现在已有 1.4 亿的独生子女，亦即造成了 1.4 亿只有一个子女的夫妇或家庭。这是多年贯彻"一对夫妇只生一个孩子"政策的必然结果，由此也产生出一系列新的问题，诸如：新生人口减少，现有单个劳动力对家庭的负担加重，家庭养老出现困难；不少独生子女娇生惯养，影响新一代人的道德素质；有的地方强制堕胎，出现了孕妇受伤乃至死亡的事件；人口年龄结构老化，新进入劳动市场人口（20—24 岁）数量开始下降；老人增多，对养老与医疗健康保障体系提出挑战，等等。正是解决这些问题时出现的困难，促使一些同志提出了调整政策的要求。这些弊端确实与实施"一对夫妇只生一个孩子"的政策有关。但是，实施一项重大政策，往往难以照顾周全，只能权衡利弊取其利。实际上，在 20 世纪 80 年代初，党中央在酝酿计划生育基本国策时，并不是没有考虑到它会带来问题。现在我们知道，在中央领导同志中，最早提出"一对夫妇只生一个孩子"的是陈云。早在 1979 年 5 月 18 日，他在同有关方面负责人谈对经济工作意见时就明确提出"人口要控制"；十几天后，他在一次谈话中说："先念同志对我说，实行'最好一个，最多两个'。我说要再强硬些，明确规定'只准一个'。准备人家骂断子绝孙。不这样，将来不得了。"1980 年 6 月 14 日，陈云在给当时的国务院副总理兼国家计划生育委员会主任陈慕华关于人口

---

① 李虎军：《中国生育率已低于更替水平　人口政策有待调整》，《南方周末》2005 年 12 月 16 日。

和计划生育的汇报提纲作回信时，坚定地写道："我认为，提倡只生一个孩子是眼前第一位的工作。至于由此而产生一些问题则是第二位的问题。"① 笔者认为，陈云同志解决中国人口问题的指导思想坚持了辩证法，抓住了矛盾的主要方面；在人口仍然存在增长态势的今天，我们仍然应当这样做。现行人口政策产生的实际问题，比起有计划的控制人口总量增长，属于第二位的问题。当然，对第二位的问题也要认真对待，努力解决。问题与解决问题的办法同时产生，矛盾中孕育着解决矛盾的方法，只要注重调查研究，依靠人民群众，总能寻求到解决问题的好方法。实际上，中国特色社会主义的人口经济学，也只有在实施"一对夫妇只生一个孩子"的主要政策，并最大限度地克服由此带来的实际矛盾的过程中，才能真正形成。

三　完善计划生育政策的配套措施

当前必须继续坚持"一对夫妇只生一个孩子"，这并不意味着政策不需要完善。如前所述，人口问题是与社会的生存"源泉"、与生产力、与生产关系的相互作用紧密联系在一起的，因此，完善"一对夫妇只生一个孩子"的大政策，应当围绕把人口自然增长率逐步下降到零，同时促进人均绿色国民收入取得明显增长这个主要目标，在总结成功经验的基础上，与多个领域贯彻科学发展观的实践相配合，完善一系列配套政策措施。这里从政治经济学的角度，提出几点配套措施的方法论原则。

1. 把实施计划生育政策与推进农村集体经济实现第二次飞跃结合起来。目前超生现象主要发生在农村。尽管多年来我国实施农村计划生育家庭奖励制度、少生快富工程和特别扶助制度，加强对农村计划生育服务体系的建设，但是，"一对夫妇只生一个孩子"的政策在农村总是难以实施到位；可以说明这种情况的是，大学里"80后"的学生，来自农村的往往

---

① 中共中央文献研究室编，金冲及、陈群主编：《陈云传》，中央文献出版社 2005 年版，第 1595—1596 页。

有一两个兄弟或姊妹，而来自城市的一般都是独生子女。所以，农村的确是稳定低生育水平、统筹解决人口问题的重中之重。问题是：为什么在农村实施计划生育难？这固然有"不孝有三，无后为大"、"重男轻女"等传统观念的影响，但是根本原因是由目前农村的生产方式决定的。20世纪80年代以来，我国农村土地集体所有制实行以家庭承包经营为基础、统分结合的双层经营体制，这对纠正"大呼隆"生产、搞平均主义有积极作用，促进了农业生产。但是，家庭生产在我国毕竟属于小生产方式，具有暂时性，所以，20世纪90年代初，邓小平同志提出："农业的改革和发展有两个飞跃，第一个飞跃是废除人民公社，实行家庭联产承包为主的责任制，第二个飞跃就是发展集体经济……农村经济最终还是要实现集体化和集约化。"① 但是在实践上，农村集体经济"第二次飞跃"的思想却未受到重视。一些地方对农村土地统分结合的双层经营体制，重"分"而轻"统"；即使看到了土地规模经营的必要性，对土地经营权的流转也只是强调"土地向大户集中"，这就强化了以家庭为单位的生产，同时也制约了农业的市场化、社会化发展。在农村服务业及其社会分工尚不发达的现状下，农民为了发展生产，增加收入，防老养老，不能不考虑增加家庭人口，发展家庭事业，于是哪怕被罚款，也要突破"一对夫妇只生一个孩子"的政策。这就是农村难以实施计划生育政策的经济原因。在中国国情下，要改变这种状况，努力实现集体经济"第二次飞跃"是必由之路。只有走市场经济条件下的集体化道路，发展协作生产和社会分工，才能真正提高劳动生产率，才有可能促进农村社会服务事业的发展，把儿童培养、老人服务逐步转向集体支持，转向社会保障，从而使农民把提高生产力、家庭富裕与多生子女分离开来，而与少生子女联系起来。应当看到，尽管近些年许多地区在工业领域受新自由主义思潮的影响，推行企业私有化；但是在农业领域，却正在出现发展势头越来越大的合作经济热潮，这反映出农村集体经济的"第二次飞跃"具有必然性，也反映出大多数农民具有走集体化和社会主义道路的积极性，我们应当大力支持，并把计划生育工

---

① 中共中央文献研究室编：《邓小平年谱》，中央文献出版社2004年版，第1349页。

作与振兴农村和市场经济结合的新型集体经济结合起来。

2. 把解决人口问题与宏观经济调控结合起来。对于实施"一对夫妇只生一个孩子"的政策产生的诸多问题，只用人口学方法是难以解决的，必须把这些实际问题纳入宏观经济调控，统筹解决。这方面不应当照搬西方宏观经济学，这是因为，失业人口是私有制的资本存在和发展的基本条件，以维护资本主义根本制度为目的的西方宏观经济学，最多着眼于减轻失业率，而绝不可能从根本上解决失业人口问题，更不能解决中国的特殊人口问题。我们只有以马克思主义为指导，努力创造出把解决中国人口问题作为重要组成部分的、中国特色的社会主义市场经济宏观调控理论，才能实现人口问题的统筹解决。当初马寅初先生提出"新人口理论"①就是与研究国民经济综合平衡结合在一起的。从解决中国人口问题来看，应当把实施"一对夫妇只生一个孩子"产生的问题，纳入到包括市场供求、银行借贷、财政收支、国际收支构成的宏观经济综合平衡的大盘中来谋划解决，而不能把这方面的问题只当做个别的、附带的问题来解决。这就是说，我们不但要从物质资料商品或者一般的生活消费服务的角度调节供给与需求，从增加企业就业人数的角度来扩大就业；还需要从实现可持续发展的人口发展战略来调节供给与需求和扩大劳动者的就业。例如，中国已经进入人口老龄化，老龄人口的社会化服务问题迫在眉睫，我们可否减缓对物质性的基础设施的投资，而把发展老年服务业作为发展公共基础设施来抓，可否抽出资金支持开办更多的具有公益性质的有国家资助的老年公寓，可否开办与之相配套的老年护理职业技术学校，把有组织地培养护理人员与扩大老年服务方面的就业结合起来；例如，可否加大对农村的教育投资，大力发展为农村服务的免费师范教育，把它作为提高农村人口质量的公共基础设施来抓。类似这方面的事业，其实是国民经济综合平衡的组成部分，理应纳入宏观调控的范畴；如果忽略，势必阻碍落实"以人为本"的科学发展观，对可持续发展造成不利。以扩大内需的投资需求为例，仅从短期的市场供求平衡来考虑，大力追加物质资料的固定资本投

---

① 参见马寅初《我的经济理论哲学思想和政治立场》，中国财政经济出版社 1980 年版。

资，短期内是可以起暂时拉动市场需求作用的，但是，凯恩斯理论到 20 世纪 70 年代初的破产已经表明，这种投资方式对经济增长的刺激往往同时掩盖并加深产业结构的不合理，为国民经济的综合平衡埋下深层的隐患。而根据现有的条件，有计划有目的地把投资用于必须发展的有关人口的公共事业上，尽管暂时不能增加经济总量，但是却有利于促进国民经济的良性循环和社会的稳定。所以，在使用同量投资的条件下，应当把解决人口问题的投资纳入宏观经济调控的重要组成部分。

3. 养老保险逐步转向以社会保险为主。与"一对夫妇只生一个孩子"关联最大的问题是养老问题。这里需要研讨的是，养老保险究竟应当采取何种方式。有一种观点，认为在市场经济条件下，应当主要发展个人商业保险。但是这样一来，工资低的家庭势必遇到极大的困难，在私有化程度已经很高的经济中，这对大多数人是难以实现的。笔者认为，我国的社会主义市场经济终究是以公有制为基础的经济，只要坚持中国特色社会主义经济的方向，公有制经济终将振兴起来，从劳动者退休后平等享有健康生活的权益和目前存在多种所有制经济现状考虑，可以实行商业养老保险和社会养老保险结合，而以社会养老保险为主，并随着国民经济的发展，逐步加大后者比重。这样，才能有利于落实"一对夫妇只生一个孩子"的政策，控制好人口总量。因此，有必要把解决这个问题纳入国家的税收和财政预算之中。

4. 促进流动人口的统筹管理。市场经济势必促进人口流动。我国的实际情况是农村劳动力大量地流向城市。这种人口流动大潮反映了发展中国家经济现代化过程中的必然性，但是，如果缺少计划导向和统筹管理，也必定产生畸形的现象，给社会经济的可持续发展设置暗礁。与人口问题有关的主要是：目前一些地方农村人口向城市流动已不是科学意义上的剩余劳动力向城市的有序转移，而是青壮年农民的普遍转移，这就带来两方面的不良后果：一是一些地区的农村只剩下孩子、老人构成的所谓"6199"部队①，这就与建设社会主义新农村需要有文化、有才能的青壮年劳动者

---

① "6199 部队"是比喻儿童和老人的，因为"61"是儿童节，"99"是中国的重阳节，敬老节。

发生了尖锐的矛盾；二是在流动人口的统筹管理制度尚不完善的情况下，大量的青壮年流动人口必然助长无计划的生育现象。所以，流动人口的计划生育管理，不是一个单纯的人口管理问题，而是涉及完善农村社会主义基本经济制度、增加农民收入、为新农村建设留住青壮年骨干、促进过剩劳动力转移有序化等一系列需要统筹解决的问题。当然，流动人口本身而言，不能等其他问题解决之后再来解决，而是要尽快加速统筹管理制度建设，如建立和完善流动人口的就业、居住登记制度，流动育龄人口计划生育登记、监督和妇科服务制度，劳动者的劳动安全、失业、医疗和养老保险的流动异地转账制度等，难点是跨省的统筹管理。应当相信，在计算机普及的条件下，技术上已经没有大的障碍，困难可能是地区经济利益的处理问题，而只要发挥社会主义制度"全国一盘棋"的优势，地区利益之间的矛盾，也是可以解决好的。

马克思主义人口观及其现实意义

◇郑志国*

马克思主义人口观是马克思主义对人口的科学认识和主张，内容分为狭义和广义。狭义内容主要是马克思主义经典作家对人口定位定性、人口生产与物质资料生产的关系、人口资源环境和经济社会发展的关系、人口规律等问题的认识成果；广义内容除了包括狭义内容之外，还有马克思主义人口观的中国化成果。易富贤博士认为马寅初、程恩富等主张"先控后减"的新人口论违反马克思人口学说的质疑，是不了解马克思主义人口观。本文首先从狭义分析马克思主义人口观的基本内容；其次论述马克思主义人口观的中国化；最后从广义说明马克思主义人口观的现实意义，谈谈对中国人口形势、控制目标和政策的一些看法。

一　马克思主义人口观的基本内容

在马克思主义视野中，人始终处于中心地位。促进人的彻底解放和全面发展，是马克思恩格斯从事科学研究和革命运动的出发点和归宿。他们始终以增进整个人类或全体人口的福利为己任；当考察范围内的人口存在阶级时，则旗帜鲜明地站在工人阶级和劳动人民的立场上，反映他们的利益和诉求。虽然马克思恩格斯不是人口学家，人口问题不是他们研究的主

---

* 郑志国，广东省委党校教授。

要问题，但是他们运用辩证唯物主义和历史唯物主义方法，从人口资源环境、社会经济发展的相互联系和发展变化中分析人口问题，形成了科学的人口观。

（一）人口定位

马克思恩格斯认为，人是自然和社会的产物。在马克思看来，人是自然的一部分："人靠自然界生活。这就是说，自然界是人为了不致死亡而必须与之处于持续不断地交互作用过程的、人的身体。所谓人的肉体生活和精神生活同自然界相联系，不外是说自然界同自身相联系，因为人是自然的一部分。"① 恩格斯考察了人作为地球上一个生物物种的演变和进化过程，说明了劳动在从猿到人的转变中的作用，认为人与自然之间具有一体性："我们连同我们的肉、血和头脑都是属于自然界和存在于自然之中的……"②这是对人与自然关系的正确定位。马克思恩格斯在高度重视人与自然关系的同时，更加关注人与社会（包括人与人）的关系，认为人"是一切社会关系的总和"③。社会经济政治制度直接影响人的生存和发展。家庭、民族、阶级、社会都是由一定的人口组成的，人口是社会的基本构成要素。这是对人与社会关系的正确定位。

（二）人口的能动性和受动性

根据马克思的分析，人对自然具有能动性和受动性："人作为自然存在物，而且作为有生命的自然存在物，一方面具有自然力、生命力，是能动的自然存在物……另一方面，人作为自然的、肉体的、感性的、对象性的存在物，同动植物一样，是受动的、受制约的和受限制的存在物……"④人的能动性表现为人认识自然、利用自然和改造自然，不断改善生存和发展条件；人的受动性表现为人的生存和发展受自然的制约和限制，诸如气

① 《马克思恩格斯全集》第 3 卷，人民出版社 2002 年版，第 272 页。
② 《马克思恩格斯选集》第 4 卷，人民出版社 1995 年版，第 384 页。
③ 《马克思恩格斯选集》第 1 卷，人民出版社 1995 年版，第 56 页。
④ 《马克思恩格斯全集》第 3 卷，人民出版社 2002 年版，第 324 页。

候、土壤、水源、森林和矿产资源都会直接影响人的繁衍、生存和发展。

恩格斯认为,人的能动性在于通过劳动"来使自然界为自己的目的服务,来支配自然界"。他指出这种能动性会产生近期和远期结果,最终可能对人形成正反两方面的影响,其中反面影响可能招致自然界对人的报复。这是人对自然的受动性的一种表现。恩格斯告诫人们不要过分陶醉于对自然界的胜利,不要把自己摆在自然的对立面。①

人口的能动性和受动性还存在条件差异:人只是在一定的年龄阶段上有同生产资料结合起来才能发挥能动性,创造财富,因而作为生产者是有条件的;人从出生到死亡的整个过程都需要消费资料,因而作为消费者是无条件的。

(三) 人口生产必须同物质资料生产相协调

马克思恩格斯把社会生产分为人口生产和物质资料生产,认为这两种生产相互依赖、相互制约。"为了生活,首先就需要吃喝住穿以及其他一些东西。因此第一个历史活动就是生产满足这些需要的资料……""已经得到满足的第一个需要本身、满足需要的活动和已经获得的为满足需要而用的工具又引起新的需要……""每日都在重新生产自己生命的人们开始生产另外一些人,即繁殖。这就是夫妻之间的关系,父母和子女之间的关系,也就是家庭。这种家庭起初是唯一的社会关系,后来,当需要的增长产生了新的社会关系而人口的增多又产生了新的需要的时候,这种家庭便成为从属的关系了……""这样,生命的生产,无论是通过劳动而达到的自己生命的生产,或是通过生育而达到的他人生命的生产,就立即表现为双重关系:一方面是自然关系,另一方面是社会关系……"② 在马克思恩格斯生活的资本主义社会,人口生产与物质资料生产是不协调的,存在着物质资料生产的相对过剩和人口生产的相对过剩:作为物质财富的商品相对过剩造成严重浪费,而许多人的基本生活需要却得不到满足;作为劳动

---

① 《马克思恩格斯选集》第4卷,人民出版社1995年版,第383—385页。
② 《马克思恩格斯选集》第1卷,人民出版社1995年版,第79—80页。

力的人口相对过剩表现为产业工人的失业，造成一系列社会问题。这两种过剩在现代资本主义社会有所缓解，但是并没有从根本上消失，一旦遇到经济危机，就会充分显露。

根据马克思恩格斯的分析，资本主义社会的相对人口过剩是特定历史条件下出现的问题，主要根源在于资本主义私有制。他们对资本主义社会人口规律的研究揭示了具有普遍性的人口规律：在任何社会，人口生产都必须同物质资料生产相协调；人口数量和质量都要尽可能适应物质资料生产发展的需要。其中人口数量存在下限和上限：人口过少，不能提供足够的劳动力，也不能充分吸收物质资料生产的产品，因而不能保证物质资料生产健康发展；人口过多，不能充分就业，人均消费品数量也不足，因而不能充分满足人口需要。当然，物质资料生产也必须努力适应人口生存和发展的需要，这同样是一种客观规律。

（四）一定空间内的社会条件和自然条件决定适度人口

马克思在《1857—1858 年经济学手稿》中写到："不同的社会生产方式，有不同的人口增长规律和过剩人口增长规律；过剩人口同赤贫是一回事。""古代人遣送出去的移民就是过剩人口；也就是说，这些人在当时的物质的所有制基础上，即在当时的生产条件下，不能在同一空间继续生活下去。"他由此得出结论："总括了一切生产力发展的人口的增加，尤其要遇到外部的限制，因而表现为受限制的东西。""在一定生产基础上产生的过剩人口，也和适度的人口一样，都是被决定了的。""人口究竟能在多大程度上超出它的限制，这是由限制本身决定的，或者确切些说，是由设定这个限制的那同一个基础决定的。"① 这里所讲的外部限制，主要是指社会条件，特别是指生产资料所有制形式。马克思认为，在一定的历史时期，任何有限的空间范围的生产条件都是有限的，因而能够生活的人口也是有限的，超过这个限度就形成过剩人口，要么沦为赤贫，要么外迁或被遣送。他明确提出了"适度的人口"概念，比现代西方人口学家提出适度人

---

① 《马克思恩格斯全集》第 30 卷，人民出版社 1995 年版，第 607—609 页。

口概念早一百多年。

从更长远来看，自然条件是制约有限空间人口数量的基本因素。恩格斯在《自然辩证法》中以美索不达米亚、希腊、小亚细亚等地居民毁林开荒造成环境破坏为例，说明一定空间范围内自然条件的改变会直接影响原有人口的生存，甚至引起他们的外逃。虽然一定空间范围所能承载的人口数量可以随生产条件的变化而变化，但是最终会受到自然条件的限制。

（五）"同总产品相比，一个国家的生产人口愈少，国家就愈富"

这是马克思的一个观点，原话为："同总产品相比，一个国家的生产人口愈少，国家就愈富；对于单个资本家来说也完全是这样，为了生产同量的剩余价值，他必须使用的工人愈少愈好。在产品量相同的情况下，同非生产人口相比，一个国家的生产人口愈少，国家就愈富。因为生产人口相对的少，不过是劳动生产率相对的高的另一种表现。"① 这一论断所表达的思想非常明确，而且也是符合实际的。当一个国家一定时期比如一年的总产量不变，生产人口减少，就意味着劳动生产率提高；同时，剩余价值和积累也会增加，减少出来的生产人口可以投入别的行业或企业，从而扩大社会再生产，引起财富的增加，所以国家会愈富。不仅如此，一个国家在产品量相同的情况下，总人口愈少，人均占有的产品就愈多，因而总体上就愈富。当然，不同人群的实际富裕程度还取决于分配制度。

（六）根据人口资源状况和经济社会发展水平来决定人口调节

在马克思恩格斯生活的时代，虽然人口资源环境和经济社会发展的矛盾在局部已经有所显露，但是总的来看问题并不突出。当时地球上许多地方尚未开发，欧美国家生产力发展还存在巨大潜力，世界范围的生产人口总的来说是不足，而不是过剩。因此，他们认为世界人口可以继续增长。更令他们关注的问题是当时资本主义生产关系和上层建筑对生产力发展的阻碍已经充分显露，资产阶级对无产阶级和广大劳动人民的剥削和压迫日

---

① 马克思：《剩余价值理论》第一册，人民出版社 1975 年版，第 229 页。

益严重。他们把推动社会变革作为自己的历史使命，不仅从事社会变革理论研究，而且亲自参加革命运动。他们在批判马尔萨斯的人口论时也谈到人口调节问题，认为各国在不同的历史条件下和社会发展阶段上将面临不同的人口问题，应当根据人口资源状况和经济社会发展水平来决定是否进行以及如何进行人口调节。至于资本主义社会的相对过剩人口，在他们看来是导致社会变革的一个根据。

恩格斯在 1865 年给弗·阿·朗格的回信中写到："人类可能增加得比现代资产阶级社会所能承受的更快。在我们看来，这又是一个根据，它宣布这个资产阶级社会是必须消除的发展中的障碍。"在这封回信中，他还提到如何使人口的增加和生活资料的增加相适应的问题，认为通过社会变革能够解放和发展生产力；科学在工农业中的推广应用将进一步发挥生产潜力；欧洲东南部和美国西部将以空前巨大的规模进行开发。"如果这些地区都已经开垦出来，可是还有匮乏现象，那才是该说应该警惕的时候。"[①] 不难理解，恩格斯认为当现有生产潜力充分发挥，自然资源充分开发时，仍然存在生活资料匮乏现象，就应当控制人口。

1881 年，恩格斯在给卡·考茨基的信中写到："人类数量增多到必须为其增长规定一个限度的这种抽象可能性当然是存在的。但是，如果说共产主义社会在将来某个时候不得不像已经对物的生产进行调节那样，同时也对人的生产进行调节，那么正是这个社会，而且只有这个社会才能无困难地做到这点。""无论如何，共产主义社会中的人们自己会决定，是否应当为此采取某种措施，在什么时候，用什么办法，以及究竟是什么样的措施。我不认为自己有向他们提出这方面的建议和劝导的使命。"[②]

应当指出，虽然马克思恩格斯对马尔萨斯人口论给予尖锐批判，但是并没有全盘否定，在某些方面还作了充分肯定。恩格斯认为："马尔萨斯的理论却是一个不停地推动我们前进的、绝对必要的转折点。由于他的理论，总的来说是由于政治经济学，我们才注意到土地和人类的生产力……

---

① 《马克思恩格斯选集》第 4 卷，人民出版社 1995 年版，第 572 页。
② 同上书，第 641—642 页。

我们从马尔萨斯的理论中为社会改革取得了最有力的经济证据，因为即使马尔萨斯是完全正确的，也必须立刻进行这种改革，原因是只有这种改革，只有通过这种改革来教育群众，才能够从道德上限制生殖的本能，而马尔萨斯本人也认为这种限制是对付人口过剩的最容易和最有效的办法。"① 由此可见，马尔萨斯的人口论对马克思主义人口观的形成至少起了争鸣对象的作用。当代人对马尔萨斯的人口论应当作出更加公正的评价。

在马克思恩格斯去世之后，列宁继承了马克思主义人口观，从俄国的实际出发研究了农村人口向城市人口转化、人口质量和社会发展等问题，并作出了自己的贡献。② 对此，本文限于篇幅，不再具体分析。

二　马克思主义人口观的中国化

20 世纪以来，特别是 1949 年新中国成立以来，马克思主义在中国迅速传播、普及，并同中国的实际相结合，产生了马克思主义中国化的一系列重大成果，包括毛泽东思想、邓小平理论、"三个代表"重要思想和科学发展观。在这个过程中，马克思主义人口观也实现了中国化，并指导中国的人口和计划生育工作，取得了显著成效。从有关文献来看，毛泽东、周恩来、邓小平、江泽民、胡锦涛都对人口问题有不少论述，其中包含着马克思主义人口观与中国实际相结合所产生的新思想、新观点和新主张，是马克思主义人口观中国化的具体成果。马寅初和其他人口学家的研究成果及政策建议，广大从事人口和计划生育工作的同志，以不同的方式对马克思主义人口观的中国化作出了贡献。

（一）毛泽东、周恩来等人对人口控制和计划生育的认识及主张

早在革命战争年代，毛泽东等人对中国国情的认识和革命方略的探究就考虑到人口问题。例如，在红军时期，毛泽东就很重视根据地人口分布

① 《马克思恩格斯全集》第 1 卷，人民出版社 1956 年版，第 620—621 页。
② 参见张纯元主编《马克思主义人口思想史》，北京大学出版社 1986 年版，第 407—533 页。

和变化。抗日战争爆发后，毛泽东在著名的《论持久战》中把中日两国人口和国土面积对比视为影响战争进程的一个重要因素。新中国成立不久，于 1953 年进行了第一次人口普查，发现当时实际人口比原来估计的要多，一些地方的人民就业难、生活苦。这些问题引起了毛泽东、周恩来、邓小平等人的重视，他们开始考虑节育问题。

1956 年，周恩来在党的八届二中全会上作关于 1959 年国民经济计划的报告时讲到："人民的问题对我们来说是人口众多，这有它的好处；但是人口众多也有一个困难，人多消费需要的量就大。……要提倡节育。这个问题的发明权本来是邓小平同志的，后来邵力子先生在人民代表大会上讲了。我们的党和青年团要用一定的力量宣传这个问题。这实际上是广大人民所需要的，首先是城市人民所需要的。现在看得很清楚，我们在短时期内还不可能使大家都就业，工资的增长也不可能使职工养活很多的家庭人口。我觉得甚至提倡晚婚也是有好处的。"[1] 这段话提到节育问题最早是邓小平提出来的。

新中国成立之初，出于保护妇女健康的考虑，国家一度明文限制节育。当时卫生部制定并经政务院文化教育委员会同意实施的《限制节育及人工流产暂行办法》规定，实行节育需要经过审批。其中一条规定是，已婚妇女年逾 35 岁，有子女 6 个以上，其中至少一个年逾 10 岁，再生产将严重影响其健康以致危害其生命，才可批准打胎。1953 年 8 月，邓小平对这个办法提出质疑。1954 年他在有关信件上批示："我认为避孕是完全必要的和有益的"，要求有关部门就此进行讨论，提出改进办法。[2] 这就是周恩来的上述讲话所指的邓小平的发明权。后来毛泽东、刘少奇等人均表示赞同节育。据此，卫生部修改了原来的规定。在当时的历史条件下，从限制节育到允许和提倡节育，应该说是很大的进步。

早在 20 世纪 40 年代，马寅初就研究过适度人口问题。1954—1955年，他几次深入基层调查研究，于 1955 年初准备了关于人口问题的发言

---

① 周恩来：《经济建设的几个方针性问题》，载《周恩来选集》，人民出版社 1984 年版，第230—231 页。

② 参见汤兆云《当代中国人口政策研究》，知识产权出版社 2005 年版，第 59—67 页。

稿，内容是控制人口与科学研究，打算在当年全国人民代表大会上提出；为慎重起见，提出之前先在他所在的浙江小组进行讨论。小组除少数人外，多数人要么不同意马寅初的意见，要么不发表意见，还有人说他的发言稿是马尔萨斯的一套。虽然马寅初内心并不接受这些批评，但是认为批评意见均出于善意，因此自动收回了那篇发言稿。直到 1957 年 2 月，他听到毛泽东在最高国务会议上的讲话中提到人口问题，认为时机成熟，才在当年人大会议上提交那篇发言稿，并于 1957 年 7 月 5 日以《新人口论》为题在《人民日报》公开发表。[①] 马寅初的文章基于深入调查研究，比较系统地阐述了中国控制人口数量和提高人口质量的必要性、可行性，并提出了实行计划生育的建议，对当时的党和国家领导人以及社会各界产生了不同程度的影响。虽然马寅初在《新人口论》中只引用了列宁、毛泽东等人的观点，没有引用马克思恩格斯的论断，但是文章的立场、基本观点和方法符合马克思主义原理，可以视为马克思主义文献。

1957 年 10 月，毛泽东在八届三中全会上讲："计划生育，也来个十年规划。少数民族地区不要去推广，人少的地方也不要去推广。就是在人口多的地方，也要进行试点，逐步推广，逐步达到普遍计划生育。计划生育，要公开作教育，无非也是来个大鸣大放、大辩论。人类在生育上头完全是无政府状态，自己不能控制自己。将来要做到完全有计划的生育，没有一个社会力量，不是大家同意，不是大家一起来做，那是不行的。"[②] 如前所述，马克思恩格斯没有提出人类生育的无政府状态问题；当时苏联流行的观点认为人口不断增长是社会主义的人口规律；中国人自古以来就有多子多福、传宗接代的观念，当时人多是国力的首要因素。在这种背景下，毛泽东提出人类在生育上头不能完全处于无政府状态，主张有步骤地实行计划生育，通过宣传教育和广泛辩论来统一认识，统一行动。这在马克思主义人口思想发展史上是一种认识飞跃。

1962 年 12 月，中共中央国务院发布《关于认真提倡计划生育的批

---

① 马寅初：《新人口论》，广东经济出版社 1998 年版。

② 毛泽东：《关于农业问题》，载《毛泽东文集》第七卷，人民出版社 1999 年版，第 308 页。

示》，从此开始在世界上人口最多的国家倡导计划生育。1964年国务院成立计划生育委员会，地方也成立了相应机构。1965年，周恩来在一次讲话中提出，要在工资、住房、供应等方面对实行计划生育的人给予优待，用各种办法帮助人们避孕，并提到20世纪以内的人口控制目标："怎样使我国人口能有计划地生育，这是一个伟大的事业。现在全国有七亿人，如果不实行计划生育，人口增长得太快，生产就跟不上，这是一个大问题。要使全社会都能够按照计划生育的要求，在二十世纪以内把人口年纯增率控制在百分之一，这就很了不起。总之，计划生育是一件长期的事情。"①

20世纪60年代中国实行计划生育带有倡导性、试验性和探索性，主要限于城市和那些人口稠密的农村。因受"文化大革命"干扰和冲击，加之当时干部群众认识不到位，避孕技术手段落后，这期间的计划生育未能取得明显效果。1969年全国总人口超过8亿，人口与经济的矛盾更加突出。1970—1980年，中央加大了人口工作力度，全面推行计划生育，并于1973年明确了"晚、稀、少"的方针，特别是在城镇和工矿企业推行独生子女政策，效果比较明显。

从新中国成立到改革开放前，以毛泽东为核心的第一代中央领导集体在人口问题上有过失误，但是大大推进了马克思主义人口观的中国化，主要是认识到中国实行人口控制的必要性和可能性，把马克思主义经典作家关于国民经济有计划发展的思想推广应用到人口管理上，明确了以计划生育为控制人口的基本方法，并制定了一些规划和政策，成立了相应的机构，在全国推行计划生育，取得了初步成效，积累了不少经验。

（二）邓小平对人口与中国特色社会主义关系的认识及主张

作为第一代中央领导集体的重要成员，邓小平在20世纪50年代初就成为倡导节育的先驱。后来他作为中国改革开放的总设计师，又对人口与中国特色社会主义关系做了深入思考，从建设中国特色社会主义的高度提

---

① 周恩来：《农村卫生工作和计划生育问题》，载《周恩来选集》，人民出版社1984年版，第445页。

出加强计划生育的主张，并卓有成效地加以实施。

1979 年 3 月，邓小平在一次讲话中提出要走出一条中国式的现代化道路，至少有两个重要特点必须看到："一个是底子薄。""第二条是人口多，耕地少。现在全国人口有九亿多，其中百分之八十是农民。人多有好的一面，也有不利的一面。在生产还不够发展的条件下，吃饭、教育和就业就都成为严重的问题。我们要大力加强计划生育工作，但是即使若干年后人口不再增加，人口多的问题在一段时间内也仍然存在。""中国式的现代化，必须从中国的特点出发。比方说，现代化的生产只需要较少的人就够了，而我们人口这样多，怎样两方面兼顾？不统筹兼顾，我们就会长期面对着一个就业不充分的社会问题。"[①] 这里所讲的人口多耕地少，实际上是对人口资源的比较分析。邓小平清楚地认识到，中国人口资源条件决定了必须走具有本国特色的现代化道路，有效控制人口。

有外宾多次问邓小平，中国为什么一定要坚持社会主义，邓小平回答这个问题的理由和方法之一，就是分析中国人口与现代化建设的关系。例如，1984 年 6 月，邓小平在会见日本客人时谈到中国为什么要坚持社会主义："我们提出四个现代化的最低目标，是到本世纪末达到小康水平。……所谓小康，从国民生产总值来说，就是年人均达到八百美元。这同你们相比还是低水平的，但对我们来说是雄心壮志。中国现在有十亿人口，到那时候十二亿人口，国民生产总值可以达到一万亿美元。如果按资本主义的分配方法，绝大多数人还摆脱不了贫穷落后状态，按社会主义的分配原则，就可以使全国人民普遍过上小康生活。这就是我们为什么要坚持社会主义的道理。不坚持社会主义，中国的小康社会形成不了。"[②] 邓小平对中国人口资源条件的深刻认识和把握，成为他提出建设有中国特色社会主义的重要依据之一。

以邓小平为核心的第二代中央领导集体把计划生育提升到基本国策的战略高度。1982 年，党的十二大报告明确提出："实行计划生育，是我国

① 《邓小平文选》第 2 卷，人民出版社 1994 年版，第 164 页。

② 《邓小平文选》第 3 卷，人民出版社 1993 年版，第 64 页。

的一项基本国策。到本世纪末，必须力争把我国人口控制在十二亿以内。"① 报告阐述了确立这一人口控制目标的必要性和可行性。此后我国计划生育工作力度空前加大，效果明显。但是十二大提出的人口控制目标并没有完全实现，在 1995 年中国人口总数就突破了 12 亿，2000 年达到 12.66 亿。② 这说明中国人口控制是非常艰巨的任务。尽管如此，邓小平统筹考虑人口与社会主义现代化建设，推进了马克思主义人口观的中国化，由此形成的关于人口问题的科学认识和正确主张，是以"邓小平理论"命名的马克思主义中国化成果的重要内容。

（三）江泽民对社会主义市场经济和可持续发展中人口问题的认识及主张

在江泽民担任党和国家最高领导人期间，有两件大事对中国人口和计划生育工作产生了深远影响：一是中国确定了建立社会主义经济体制的改革目标；二是国际上追求可持续发展成为潮流。这期间江泽民发表了大量关于人口和计划生育工作的报告或讲话，反映了他对社会主义市场经济和可持续发展中人口问题的认识及主张。

随着社会主义市场经济的发展，人口和计划生育工作出现了一些新情况，有人主张放宽生育政策，由市场调节人口。针对这种认识和主张，江泽民在 1993 年中央计划生育工作座谈会上讲："我国实行计划生育，是依据马克思主义关于人口生产要与物质资料生产相适应的理论，从我国的基本国情出发所作出的正确决策。……不仅过去是十分必要的，在确立了社会主义市场经济体制以后，也仍然是十分必要的。计划生育这一基本国策要长期坚持下去，不能有丝毫的动摇。"在 1994 年中央计划生育工作座谈会上他又讲："现在有一种观点认为，在社会主义市场经济条件下，人口控制也应当由市场调节。这种观点是不正确的，是一种误解。我们要赶上发达国家，实现现代化，严格控制人口过快增长是必须长期坚持的基本国策。……发达国家人口出生率低，这是在很长的时间中，由经济、文化、

---

① 胡耀邦：《全面开创社会主义现代化建设的新局面》，载《中共中央文件选编》，中共中央党校出版社 1994 年版，第 189 页。

② 中华人民共和国国家统计局编：《中国统计年鉴》（2001），中国统计出版社 2001 年版，第 91 页。

社会等方面的多种因素起作用所形成的。如果想通过发展市场经济自然而然地降低出生率，那将是一个漫长的过程，不利于加快现代化建设的进程，也不符合中国的国情。在建立社会主义市场经济体制的条件下，控制人口增长属于政府调控职能。企图依靠市场调节来控制人口增长，是无法实现我国的人口计划的。"1999年，他在中央人口资源环境工作座谈会上的讲话中指出："人口、资源、环境三者的关系，人口是关键。要进一步健全和完善同发展社会主义市场经济要求相适应的人口宏观调控体系、计划生育管理体制和有利于计划生育的社会保障机制，采取宣传、法律、经济、行政等手段，使计划生育工作基本实现以宣传教育、避孕和经常性工作为主，确保全国人口控制在预定目标以内。"① 这些论断对做好社会主义市场经济条件下的人口和计划生育工作，具有长远的指导意义。

江泽民领导制定和实施了统筹兼顾人口资源环境和现代化建设的可持续发展战略。1996年，他在一次会议上讲："所谓可持续发展，就是既要考虑当前发展的需要，又要考虑未来发展的需要，不要以牺牲后代人的利益为代价来满足当代人的利益。可持续发展，是人类社会发展的必然要求，现在已经成为世界许多国家关注的一个重大问题。中国是世界上人口最多的发展中国家，这个问题更具有紧迫性。"后来他又讲："必须始终坚持把控制人口、节约资源、保护环境放在重要的战略位置。惟其如此，我们才能实现可持续发展。"② 这些讲话反映了国内外有关专家的看法，显然得到了江泽民本人的理解和认同。他作为第三代中央领导集体的核心，有力推进了马克思主义中国化，形成了"三个代表"重要思想，马克思主义人口观的中国化即在其中。

（四）胡锦涛对科学发展和构建社会主义和谐社会中人口问题的认识及主张

胡锦涛担任党和国家最高领导人以来，先后提出了科学发展观，作出

---

① 《江泽民论有中国特色社会主义》，中央文献出版社2002年版，第285、286、289—290页。
② 同上书，第279页。

构建社会主义和谐社会的重大决定。科学发展观作为马克思主义中国化的最新成果，包含科学人口观，强调以人为本，统筹人口资源环境和经济社会全面协调可持续发展；构建社会主义和谐社会的目标任务之一就是实现人与社会、人与自然和谐相处，理所当然地要求做好人口和计划生育工作。

2004年，胡锦涛在中央人口资源环境工作座谈会上的讲话中提出："人口和计划生育工作要集中力量抓好三件大事。一是要加强人口发展战略研究，制定人口中长期发展规划。""二是要创新计划生育工作的思路和机制，建立健全对农村部分计划生育家庭奖励扶助制度。""三是要高度重视出生人口性别比升高的问题，开展必要的专项治理活动。"① 2005年，胡锦涛又讲要重点抓好五项工作："一是要稳定现行生育政策，克服盲目乐观和麻痹松懈情绪，加强基层基础工作，坚决防止生育水平反弹。二是要继续做好人口发展战略研究，把握我国人口发展规律，为做好人口和计划生育工作提供扎实可靠的基础数据。三是要加强计划生育管理服务网路建设，提高计划生育技术服务水平，加快建立流动人口计划生育工作机制，切实保障人民群众的权益。四是搞好农村计划生育工作……五是要继续综合治理出生人口性别比升高的问题。"② 不论是2004年讲的三件大事，还是2005年讲的五项工作，都体现了科学发展观和构建社会主义和谐社会的要求，具有很强的针对性和指导性。特别是强调人口发展战略和把握人口发展规律，创新计划生育工作思路机制，这是马克思主义人口观中国化的新进展。

2007年1月，中共中央国务院发布《关于全面加强人口和计划生育工作统筹解决人口问题的决定》。该决定从科学发展和构建社会主义和谐社会的高度，阐述了全面加强我国人口和计划生育工作的重要性和紧迫性，提出要坚定不移地走中国特色统筹解决人口问题的道路，千方百计稳定低

---

① 胡锦涛：《在中央人口资源环境工作座谈会上的讲话》，载《深入学习实践科学发展观活动领导干部学习文件选编》，中央文献出版社2008年版，第30—31页。

② 胡锦涛：《调整经济结构和转变经济增长方式是缓解人口资源环境压力的根本途径》，载《深入学习实践科学发展观活动领导干部学习文件选编》，第78—79页。

生育水平，大力提高出生人口素质，等等。这是迄今为止党和国家正式发布的关于人口和计划生育工作最新的综合性文件，反映了以胡锦涛为总书记的党中央对人口和计划生育工作的新思路、新方略、新举措，也体现了马克思主义人口观中国化的最新成果。

（五）简要概括：马克思主义人口观中国化的若干规律性认识

如果说马克思主义中国化进程从 20 世纪 20 年代一直持续到现在和未来，那么马克思主义人口观的中国化则主要是从 20 世纪 50 年代以来逐步推进的，当然也会继续发展。迄今为止，马克思主义人口观的中国化主要形成了以下规律性认识：（1）人类生育不能总是处于无政府状态，有必要也有可能实行自觉控制；（2）计划生育是控制人口的基本途径和方式；（3）发展中国家进行现代化建设必须正确处理人口与经济社会发展关系；（4）人口资源特点是建设中国特色社会主义的重要依据之一；（5）发展社会主义市场经济需要加强对人口的宏观调控；（6）追求可持续发展必须控制人口数量，提高人口质量；（7）科学发展要求全面加强人口和计划生育工作，统筹解决人口问题；（8）实现人与社会、人与自然和谐相处，是构建社会主义和谐社会的内在要求。这些概括是否准确和全面，还可以进一步研究。马克思主义人口观的中国化既是理论创新，也是实践创新，指导中国从 20 世纪下半叶以来探索和推行计划生育，累计少生了 4 亿多人，为民族复兴和现代化建设赢得了时间和希望，并对全球人口控制作出了重要贡献。

三　马克思主义人口观的现实意义

近年来，国内出现了人口政策争鸣。是千方百计稳定低生育水平，还是想方设法放宽生育，成为争鸣的焦点。在这种背景下，学习和研究马克思主义人口观，有助于正确认识人口形势，科学制定人口发展战略和政策，全面加强人口和计划生育工作。

（一）中国人口总数正在逼近国土资源所能承载的极限

马克思主义人口观认为，一定空间范围能够生活的人口数量是有限的。多种研究认为，中国国土资源能够承载的最大人口数量即极限规模在16亿左右。[①] 这个数量的人口勉强可以养活，难以全面小康，更谈不上共同富裕。2008 年底中国人口为13.28 亿，今后一个时期每年还将新增人口700 万左右，总规模正在低生育水平上继续扩张，向极限规模推进。按现行政策继续严格控制人口，到21 世纪中期人口总量会达到15 亿左右，在接近或达到极限规模时实现零增长。虽然实行计划生育取得了很大成绩，但是不能估计过高。调查表明，群众的生育观念总体上并没有根本改变，多生意愿依然强烈；一些地方超生而隐瞒不报问题相当严重；少数高收入者严重超生造成不良影响；基层计划生育工作有放松迹象；原来有些办法不再适用，新办法受条件限制一时还难以充分发挥作用。不仅中国人口控制的历史任务还远远没有完成，而且把人口总量控制在极限规模以内，是当前和今后一个时期十分紧迫而艰巨的工作。

（二）中华民族的生态安全隐患应当引起高度警觉

如前所述，马克思恩格斯注重从自然和社会两方面认识人口。虽然人作为一切社会关系的总和不同于其他生物，但毕竟是地球上的一个生物物种，必须遵循客观规律。有限空间范围内的任何一种生物过度繁殖都将同环境发生矛盾，最终导致这个物种的衰落乃至灭绝。这是客观规律。诸如全球变暖、臭氧层破坏、酸雨、淡水资源不足、生物多样性减少等全球性环境问题，无不同全球人口过多相关。国内许多江河湖泊和近海受到严重污染，有的著名河流和湖泊萎缩干枯，草原退化，湿地减少，荒漠扩大，多种野生动物濒临灭绝，一些矿产资源正在耗竭……这些问题不同程度与人多相关。各种自然灾害频繁发生，包括一些流行疾病、地震、水灾、旱

[①] 中国科学院国情分析研究小组：《生存与发展》，科学出版社 1989 年版，第 25、30 页；王爱华、程恩富：《我国实行"一胎化"生育政策的成本—效益分析》，载《重庆社会科学》2008 年第 7 期。

灾、泥石流，等等，造成大量人员伤亡和财产损失，固然由自然原因引起，但损失之大也同人口密集有很大关系。2003 年爆发的非典型性肺炎和最近还在流行的甲型 H1N1 流感都一度造成很大威胁。一些地层断裂带、行洪区、地质灾害多发区分布了密集的人口，不宜住人的地方住了人，不宜修路的地方修了路……存在许多生态安全隐患。

以地震为例。地壳运动是必然的、客观的，由此引发的地震不可能由人力加以控制。中国大陆位于地壳不同板块的结合部，存在多种走向的断裂带，地层稳定性较差，全国总体上属于地震多发带。据中国地震局公布的数据，2003—2008 年中国陆地和近海每年发生五级以上地震次数分别为 46 次、41 次、32 次、38 次、25 次、97 次，6 年总共 279 次，其中 209 次发生在中国陆地，占总数的 75%；70 次发生在中国近海，占总数的 25%。① 近 30 年来大地震多发生在中西部，但是东南沿海人口稠密地区发生大地震的可能性在上升。1976 年唐山地震就发生在人口稠密的城市，造成 24 万人死亡。据不完全统计，2008 年汶川地震伤亡人数高达 46.18 万，其中死亡和失踪 8.7 万人。② 这是不可抗拒的自然灾害，但人员伤亡如此之多，不能不说与人口密集有一定关系。汶川及周边地区位于断裂带，地貌复杂，本来不太适宜人口定居，至少不应居住那么多人。如果人口没有这样密集，再大的地震也不会造成如此严重的人员伤亡和财产损失。全国适宜人口定居的地方多已饱和，难以疏散，也不可能大量向国外移民。东南沿海地区，特别是长江三角洲、珠江三角洲、京津地区、环渤海地区，均属有震地带，城市一个连着一个，有的新城市直接建在断裂带上。人口如此密集，一旦发生大地震，后果不堪设想。这种生态安全隐患应当引起高度警觉。地震不可控，人口可控。除了采取各种必要的防震措施之外，从长远看必须通过人口适当收缩来降低密度，规避和减少遭受毁灭性地震灾害的风险。

---

① 中国地震局门户网站（http://www.cea.gov.cn）：2005—2008 年中国五级以上地震目录。
② 财经网，2009 年 3 月 8 日。

（三）控制人口是解决我国社会主要矛盾的前提

众所周知，我国现阶段社会主要矛盾是人民日益增长的物质文化需要同落后的社会生产之间的矛盾。作为矛盾的一极，人民的物质文化需要日益增长是由人均需要量增加和人口增长两个因素推动的。其中人均需要量的合理增加是人民生活水平提高的必然表现，也是发展社会生产的内在动因。人们的需要在多大程度上得到满足，不仅取决于社会生产水平，而且受制于人口增长速度。发展无疑是解决社会主要矛盾的基本途径，但是发展需要资源，离开资源环境就不可能有任何发展。目前我国人口总量过大，在人均需要和人口数量增加的双重推动下，社会总需要急剧扩张，拉动生产不断发展，导致许多资源趋于耗竭。

以土地为例。人民生活达到小康水平之后的进一步提升对土地的压力空前增大。在温饱阶段，人们主要追求吃穿用的满足。达到小康生活水平之后，吃穿用不能减少，还要进一步提高质量；对住房和家用轿车等方面的需要迅速增长，这些需要的满足不仅占用大量土地来修建住房、道路和停车场，而且消费本身需要更大空间。尽管国内早就有专家指出中国不宜像西方国家那样普及家用轿车，但是轿车进入家庭的浪潮不可阻挡。过去为了增加粮食生产而不得不毁林开荒，围湖造田，造成类似于恩格斯所描述过的环境问题，遭到了自然的报复；现在为保护和修复生态环境而退耕还林，退湖还田，加之建设用地不断增加，又引起耕地大量减少，危及粮食安全。全国耕地数量已经减少到逼近 18 亿亩红线，许多地方还反映建设用地不足。人多地少的矛盾日趋尖锐复杂。土地不可能增加，如果想缓解人多地少的矛盾，唯一的选择是通过计划生育来严格控制人口并在未来一个时期力争有所减少。

总之，不断膨胀的巨大人口规模所引起的总需要扩张已难以单靠发展生产来满足。只有把人口规模控制住，使主要矛盾不因人口过快增长而加剧，同时不断发展生产，增加供给，才可能解决社会主要矛盾。正是从这个意义上讲，控制人口是解决我国社会主要矛盾的前提。

（四）走出"减员增效"与"增员保稳"的怪圈

长期以来，我国经济社会发展中存在一种怪圈：一方面，国内外激烈的市场竞争要求企业千方百计提高劳动生产率，裁减富余人员；另一方面，为了维护社会稳定，缓解就业压力，又不得不尽可能增加就业岗位。改革开放以来，农村数千万劳动力进入城镇，还有数以亿计的剩余劳动力。许多进城的农民工并没有稳定的职业，处于失业半失业状态。近年一些地方经济受国际金融危机影响，不少企业关闭，大批农民工被解雇，沦为赤贫。有的人四处奔波求职而无着落，囊空如洗，走投无路。高学历者就业状况也不乐观。2008 年全国大中专毕业生共计 1082.6 万人，其中 14% 的人毕业半年后尚未找到工作。[①] 2009 年这个比例更高，许多大中专学生毕业就意味着失业或待业。这些问题有多方面的原因，但是最根本的原因还是人口过多。因此，要走出"减员增效"与"增员保稳"怪圈，根本出路就是控制人口。

（五）中国人的愿景是最终在世界高水平上实现共同富裕

25 年前，邓小平讲中国的小康社会同日本相比还是低水平的，但对我们来说是雄心壮志。这话反映了邓小平的务实作风和幽默感，他的愿景是让中国人民过上共同富裕的生活，不低于发达国家的水平。有人说，日本人口密度也很大，但是早就实现了现代化。似乎中国人多不足为虑。实际上，日本同样存在人多的压力，其人口年均增长率长期低于中国：1970—1980 年，日本为11‰，中国为17‰；1980—1990 年，日本为5‰，中国为14‰；1991—2003 年，日本为2‰，中国为9‰。[②] 中国有数百万平方公里的荒漠化石漠化土地不适合居住，绝大部分人口集中在中东部，沿海一些省份的人口密度大大超过日本。中国有 13 亿多人口，而且还在增长，不可能像日本那样过分依靠外部资源来进行现代化建设。何况，正如马克思

---

① 2008 年中华人民共和国国民经济和社会发展统计公报，国家统计局网。
② 根据 1995—2005 年《国际统计年鉴》有关资料计算，中国统计出版社 1995—2005 年版。

所言,在总产量一定时,生产人口愈少,国家就愈富。如果中国人不甘心自己的雄心壮志始终停留在发达国家的低水平,希望最终在世界高水平上实现共同富裕,那就必须在控制人口方面作出更大努力。

(六) 人口自我调节是实现共产主义的必要条件

前面引用过恩格斯关于在共产主义社会将无困难地实行人口自我调节的论述,这种调节在恩格斯当年看来还只是一种抽象的可能性。但是世界历史发展表明,人口调节在发达资本主义阶段(发达国家)和中国社会主义初级阶段均已成为必要,而不能等到实现共产主义之后才去无困难地进行。

马克思预言:"在共产主义社会高级阶段,在迫使个人奴隶般地服从分工的情形已经消失,从而脑力劳动和体力劳动的对立也随之消失之后;在劳动已经不仅仅是谋生的手段,而且本身成了生活的第一需要之后;在随着个人的全面发展,他们的生产力也增长起来,而集体财富的一切源泉都充分涌流之后,——只有在那个时候……社会才能在自己的旗帜上写上:各尽所能,按需分配!"[1]恩格斯也有同样预言:"根据共产主义原理组织起来的社会,将使自己的成员能够全面发挥他们的得到全面发展的才能……由社会全体成员组成的共同联合体来共同地和有计划地利用生产力;把生产发展到能够满足所有人的需要的规模;结束牺牲一些人的利益来满足另一些人的需要的状况;彻底消灭阶级和阶级对立;通过消除旧的分工,通过产业教育、变换工种、所有人共同享受大家创造出来的福利,通过城乡的融合,使社会全体成员的才能得到全面发展……"[2] 马克思恩格斯当年想象不到今天的财富是如何涌流,也想象不到今天的人口是多大规模。在他们作出上述预言后一个多世纪的时间里,人类在有计划发展物质资料生产方面有了很大进步,在人口调节方面也有部分国家取得显著成效。

---

① 《马克思恩格斯选集》第3卷,人民出版社1995年版,第305—306页。
② 《马克思恩格斯选集》第1卷,人民出版社1995年版,第243页。

有些群众甚至党员怀疑共产主义，认为人口增长和人均需要水平提高双重推动需要总量扩张，无论科学技术怎样进步，社会生产怎样发展，都难以实现按需分配，何况还有空间拥挤和环境污染问题。这种理由当然是不能成立的，但是他们提出的人口增长与按需分配的关系值得研究。如前所述，我国现阶段要从根本上解决人民日益增长的物质文化需要和落后的社会生产之间的矛盾，必须严格控制人口；将来要实现共产主义的按需分配，人们不仅会自觉节制生育，而且消费观念也将发生变化，崇尚合理和适度消费。

中国共产党的最高理想和最终目标是实现共产主义。尽管我们现在还不能按照共产主义要求去调节人口，但是应当确立有利于实现党的最高理想和最终目标的人口长远控制目标，为最终实现共产主义创造必要条件。如果中国共产党在长期执政中不能妥善解决人口问题，不能从根本上消除资源环境和就业等方面的巨大压力，人民富裕程度在新中国成立一二百年内因为人口过多而始终大大低于西方发达国家，那么社会主义制度的优越性将难以充分显示，也不能向人们展现共产主义的光明前景。如果中国能用100—200年的时间使人口收缩到适度规模，就能为建设发达的社会主义和最终实现共产主义创造有利条件。

（七）力争在21世纪中期实现人口零增长，在22世纪收缩到适度规模

早在150年前，马克思就提出了适度人口概念。不论是一个国家或地区，还是全世界，人口控制的最终目标是实现适度人口。对一个国家来说，适度人口是资源环境能够承载、社会经济发展能够供养的最适合的人口数量，需要综合考虑各方面因素来确定。1957年，有人提出中国适度人口为8亿。[①] 后来有一种研究认为，中国要在21世纪中期达到发达国家20世纪后期的人均收入水平，总人口需要收缩到7亿左右。[②] 中国适度人口究竟是多少？目前尚无公认的准确数字，但可以肯定现在人口已经大大超

[①] 孙本文：《八亿人口是我国最适宜的人口数量》，载《文汇报》1957年5月11日。
[②] 毛志锋：《适度人口与控制》，陕西人民出版社1995年版，第331—353页。

过了适度规模。人们常常把中国人均资源和财富分别同世界平均水平和美国等发达国家水平进行比较，不妨同世界和美国比较人口密度。如果使中国人口密度降低到世界人口平均密度，那么中国人口应当在 5 亿左右；降低到美国人口密度则在 3 亿左右。这在现在看来是不可企及的。

人口控制目标同经济社会发展目标紧密联系。我国经济社会发展的最终目标定位是极其宏伟远大的。诸如 2020 年全面建成小康社会，21 世纪中期基本实现现代化，都只是阶段性目标；最终目标是通过科学发展和社会主义现代化建设，实现民族复兴，走向共产主义。从胡锦涛在党的十七大报告中所阐述的科学发展观来看，以人为本和全面协调可持续发展的目标要求非常高；他从经济、政治、文化、社会、生态五个方面提出的实现全面建设小康社会奋斗目标的新要求也需要付出艰苦努力才能实现。这些目标和要求必须有相应的人口控制目标与之配套。

党中央国务院提出，到"十一五"期末，全国人口总量（不含香港、澳门特别行政区和台湾省）要控制在 13.6 亿人以内；到 2020 年，人口总量要控制在 14.5 亿人左右，总和生育率稳定在更替水平以下。[①] 这只是中短期阶段性目标。从更长远来看，综合考虑国土资源条件、经济社会发展潜力和现代化建设的目标定位，中国人口控制的最终目标应当在 10 亿以内的某个适度规模。为此，要力争在 21 世纪中期实现零增长，到 21 世纪末直至下世纪收缩到适度人口。

有一种预测结果是，稳定现行政策不变，坚持到 2070 年，总人口就会收缩到 10 亿左右。[②] 这种预测似乎过于乐观，但是从 20 世纪 70 年代算起，经过上百年的努力，使总人口收缩是完全可能的。

（八）为实现科学发展和民族复兴而坚持不懈地推行"一胎化"政策

如果理解马克思主义人口观，认同中国追求科学发展和民族复兴的宏伟目标，那么在人口收缩到适度规模以前坚持不懈地推行"一胎化"政

① 中共中央国务院《关于全面加强人口和计划生育工作统筹解决人口问题的决定》，载新华网 2008 年 6 月 26 日。

② 曾毅：《试论二孩晚育政策软着陆的必要性与可行性》，载《中国社会科学》2006 年第 2 期。

策，就成为顺理成章的事情。

所谓"一胎化"政策，展开来说就是"城乡一胎、特殊二胎、严禁三胎、奖励无胎"。在城镇和工矿企业坚持一胎政策；在农村全面推行一胎政策；城乡居民在特殊情况下按照有关法律和政策规定允许生二胎，不能以任何理由生三胎；奖励无胎不是鼓励人们不生育，而是对那些因自愿选择或有其他缘由没有生育的夫妇给予奖励，以体现社会对那些为控制人口作出贡献和牺牲的夫妇的关爱。

在人口收缩到适度规模以前坚持不懈地实行"一胎化"，是在中国人口逼近极限规模的背景下为从根本上消除民族生态安全隐患不得不作出的选择，是为了实现科学发展和民族复兴的宏伟目标而不得不实行的政策。除非放弃全面建设小康社会和现代化目标，放弃共产主义理想，准备遭受自然界惨不可忍的报复，否则不能以任何理由放宽生育政策。假如脱离国情，脱离科学发展和民族复兴的宏伟目标，去挑"一胎化"政策的毛病，那不难列出一个菜单。诸如代价很大，侵犯生育权，加速老龄化，引起性别比失调等等，都是这个菜单中可以点击的项目。

现在和今后一个时期中国控制人口处于"矫枉过正"阶段，要有风险和代价意识。在适度人口基础上，一对夫妇生育两个孩子比较合理，可谓"正"；但是由于众所周知的原因，当中国人口处于适度规模时普遍多生，在半个多世纪内净增7亿—8亿人口，远远超过了适度规模，可谓"枉"；现在和今后一个时期不得不在城乡推行"一胎化"政策，使人口最终向适度规模复归，可谓"矫枉过正"；等到将来人口收缩到适度规模或某个合适的水平后，当然可以实行一对夫妇生两胎的政策。中国控制人口的艰巨任务主要落在当代和未来几代人的肩上，这需要历史使命感和责任感，需要全社会共同努力，特别是需要广大育龄夫妇给予支持和配合，也不得不付出一定的代价。有的夫妇在中老年时期独生子女不幸夭折，造成无法弥补的创伤。虽然在多胎情况下失去子女也很不幸，但是毕竟比失去独生子女后不能再生的打击要轻微一些。这是控制人口的一种风险和代价，只能通过优生优育和采取安全措施尽量降低。同因为人口过于密集而难以避开许多自然灾害所造成的损失相比，"一胎化"的代价是相对最小的。同放开二胎的政策相比，"一胎化"政策的经济效益和社会效益要好得多。[1] 中国人口基数很大，不必像俄罗斯那样担心人口减少。

实行"一胎化"政策，要正确认识和处理人的生育权和其他正当权利的关系。生育权是人的一项重要权利，但是人还有其他许多权利，比如衣食住行用方面的权利，不同人的选择倾向有差异。如果片面强调个人自由生育权，那就应该立即实行无控制的自由生育。然而，人们要就业，要买私家车，要住大房子……这些权利又如何实现呢？当一个国家的人口处于适度规模时，人们选择的自由度比较大；当人口过多时，由于资源环境的制约，这些权利之间会发生矛盾，选择自由必然受到限制。在目前条件下任凭自由生育，将导致人口失控，无法满足生存和发展需要，这是大家都不愿意看到的结果。将来人口减少后，生育政策会及时调整，人们的生育观念也会变化，那时自由选择生育的权利将得到充分保障。

中国在 21 世纪初跨过了老龄化社会门槛，主要原因是：社会经济发展，群众生活改善，人均寿命延长，老龄人口增加。实行计划生育对老龄化起了有限的助推作用；即使不实行计划生育，老龄人口比例也会上升，只不过进入老龄化社会的时间稍迟一些。中国人口老龄化所以晚于发达国家，主要是因为社会经济长期落后，人口总量长期扩张。过去的年轻型、成年型人口是以贫困、人均寿命短和人口总量大大超过适度规模为代价的，这对中华民族来说并不是什么好事。中国在人均收入较低的条件下进入老龄化社会，实属人民共享发展成果在健康和寿命上的体现，正是邓小平所说的社会主义制度优越性的一种展示。现在出现人口老龄化固然提出了一些新的挑战，但是只要把人口总量控制住，在不断推进现代化的基础上完全可以采取有效措施积极加以应对。随着经济社会不断发展，国家财力日益雄厚，可以对城乡独生子女家庭给予更大更多的优惠，比如由国家提供部分乃至全部养老金等。这样将引导育龄夫妇自觉实行"一胎化"。主张通过放宽生育来稀释老龄人口，无异于饮鸩止渴，最终不仅不能防止

---

[1] 王爱华、程恩富：《我国实行"一胎化"生育政策的成本—效益分析》，载《重庆社会科学》2008 年第 7 期。

老龄化，反而可能造成人口失控以致不可收拾。

"一胎化"政策和性别比变化之间没有必然联系。国人重男轻女的思想由来已久；农村某些重体力活依赖男性，有的地方在就业等方面存在性别歧视；在这种背景下实行计划生育，由于政策不配套、不完善，部分人强化了选择男孩的观念和行为；B超等技术手段的不恰当运用则使重男轻女的选择在一定范围内成为事实。解决这个问题的办法不是放宽生育，而是在社会范围内进一步创造男女平等的条件，更多地关爱女孩，禁止非法进行胎儿性别检查，等等。女性对人类社会进步的贡献不小于男性，她们在孕育和哺养后代方面付出了更多的辛劳。重男轻女是不公平、不文明的表现，全社会应当设法改变这种观念和行为。

总的来说，中国人口政策得到了全国人民的支持和国际社会的理解。事实上，全球人口形势也相当严峻，国际社会正在积极努力控制全球人口。中国控制人口的努力为世界作出了贡献。有必要通过多种途径和方式向国际社会更好地介绍中国的人口形势和基本政策，减少误解。应当明确，中国人口政策属于内政，其他国家无权干涉。西方有些人把人口多视为我们的沉重包袱，不希望我们扔掉这个包袱去同他们竞争。对他们的非议要么坚决抵制，要么不予理睬。绝不能因为国外议论而动摇我们控制人口的决心和行动。

科学地认识中国的人口问题

◇张晓理[*]

历史经验证明，人口问题在中国整个经济社会发展中始终处于极其重要的地位。人口问题关系到人口、资源、环境协调的可持续发展，社会生产力提高，经济结构转型，民族竞争力，生产方式变革，以及家庭社会和谐等重大问题。必须进行逻辑系统梳理，历史地加以分析。

人口问题主要有四个层面：第一个是人与自然关系问题，涉及一个民族生存和发展的基础，以及子孙的发展问题。第二个是人口问题与社会生产力发展关系。因此，不仅仅是能否生存问题，还应该在生产力发展的框架中分析人口问题。第三个是从生产关系和生产方式层面分析人口的驱动力，揭示中国人口问题特色与国外的区别，从制度上解决人口爆发，引发危机的根源。第四个是从社会发展层面，科学历史地审视人口在社会发展中的地位和作用。上述四个层面的人口问题又相互影响，就重要性而言，首先是生存问题，然后是生产力发展问题，接着是生产方式变革问题以及以此为前提的社会发展问题。

一 马寅初新人口论的理论框架

马寅初对人口问题的研究，以及对真理的执著源于对民族命运的担

---

* 张晓理，杭州市委党校经济学教授，复旦大学环境经济研究中心特约研究员。

忧。1953 年全国第一次人口普查证明，中国人口数量达到令人震惊的 6
亿，马寅初敏锐地感到中国的人口机制问题及灾难性后果。但是，当时的
局势是全盘照搬苏联的人口理论，强调"社会主义制度下的人口法则创造
着人口无限增殖和发展的可能性，从而也创造着社会发展的无限的可能
性，因为人口无论怎样增殖，增添出来的人口无论怎样多，在社会主义社
会的不断增长着的生产中是永远可以为自己找到工作岗位的"，由此得出
"人多好办事"的结论。马寅初顶着种种政治压力在各种重要场合强调控
制人口的重要性和紧迫性。他的《新人口论》出自于这样的背景之下，全
文发表于 1957 年 7 月 5 日《人民日报》。

　　《新人口论》深入剖析了中国人口问题的性质和表现形式，系统论证
了中国控制人口过快增长的必要性。马寅初科学分析的逻辑线索十分清
晰，首先关注人口与资源环境的关系，分析人口的生存基础，把环境承载
能力作为人口理论的逻辑起点，置于其他人口理论必须遵从的首位性。接
下来关注的是人口问题与生产力发展的关系。马寅初从几个方面分析人口
过快增长会破坏生产力发展。首先，人口相对生产资料过快增长造成过
剩，不能与生产资料结合的人口就形不成现实生产力，失业又牵制社会发
展。其次，人口过多会阻碍技术进步。再次，生产力发展表现为生产率，
进而剩余率及资金积累能力提高，反过来又能推动生产力更快发展，过多
的人口不仅不能创造财富，而且牵制经济发展，抑制资金积累率，实质是
破坏生产力的结果，并进一步牵制生产力发展。鉴于人与自然和谐和发展
生产力的紧迫要求，新人口理论首次旗帜鲜明地提出了"限制人口数量，
提高人口质量"的政策主张。马寅初的初衷是希望通过温和的方式，遏制
人口快速增长势头，把人口数量稳定在 6 亿，实现人与自然和谐，加快社
会生产力发展，因此提出对少生的父母奖励，多生抽税的调节政策。但
是，当时各地沉浸于大放高产卫星的迷雾和盲目喜悦之中，脱离资源环境
基础，不遵循生产力发展规律，照样可以创造财富的论调盛极一时。马寅
初的《新人口论》正是顶着"在共产党领导下，只要有了人，什么人间奇
迹也可以造出来"的政治压力提出来的，可见他的科学精神，勇气和爱国
之心。

遗憾的是马寅初遭到政治上的围攻，放任人口增长又延续了十多年。20世纪70年代初期，在国民经济滑向崩溃边缘的时刻，中央果断采取了他的控制人口主张，在全国城乡开展了大规模的计划生育活动。由于推迟了计划生育，人口数量继续攀升，致使国土资源不堪重负，生产力驻足前行，国民经济发展被牵制。错失控制人口的重要机会，以至于不得不采取更加严厉的生育政策。实行独生子女政策的30年大约少生4亿人，但是，人口基数扩大，加上惯性增长，结果使目前人口总数超过了13亿，达到马寅初当年提出《新人口论》时的两倍多，此时，人口政策是否放开，只能在人口理论系统框架中进行科学分析。

二　环境容量是人口问题的基点

人类社会建立在自然基础之上，人口压力小于环境容量不仅是人与自然和谐的保障，也是可持续发展的前提。我国国土资源的特殊性，以及由这种特殊性规范的生态承载能力使人口容量十分有限。地质运动推升青藏地区成为世界屋脊，极大地影响了我国自然地理和气候环境。高原上空气稀薄、气候严酷，生物生存条件极为恶劣，多数为生态禁区。青藏高原阻挡印度洋暖湿气流北上，使我国三分之二的国土沦为生态贫区和禁区；高原和山脉又阻碍北方冷空气南下。干冷空气在高原北部集聚，使北方大片地区气候更加严酷，生态系统十分脆弱。地质板块运动还导致西部地区与大海无缘，大陆度强，气候干燥，沙漠化严重。我国国土被挤压、抬升，陆地平均海拔高度达到1595米，是世界陆地平均高度的1.85倍。海拔过高影响了各种环境因子，削弱了生态系统，加大了经济建设难度。此外，青藏高原的隆起造成国土呈西高东低趋势，倾斜梯度大，土壤稳固性差，水土极易流失，生态系统基础脆弱，系统易受损而难以恢复。频繁的地质运动使我国成为多山国家，山地占国土面积的65%，适宜农业和经济发展的主要地区仅剩几条江河的冲积平原。由此可见，我国基础环境本身，以及基础环境对生态系统的影响都严重削弱了人口容量。

我国人口数量的每一次提升都伴随着对生态的破坏，以及环境容量减小反过来削减人口的过程。以生态代价扩张人口数量，最终损害人类自身的历史主要经历了三个阶段。第一个阶段从汉代至宋代中期，人与自然的生死较量主要集中在黄河流域，当时，黄河流域的人口承载能力为6000万，每当人口数量达到或超越该水平，人口压力导致生态退化，演化为生存危机，加剧社会动荡，战乱减人，减少人口的幅度一般在2000万—4000万，人口数量敏感而有规律地在2000万—6000万范围内波动。第二个阶段，唐代中后期到明代，水稻技术支撑大量人口涌向长江流域，南方平原地区的生态系统加入了人与自然的博弈过程，人口数量攀升破坏生态系统，同样演绎损害自然危及人类自身的历史，一旦触及环境容量红线，减人的机制立即启动，人口数量规律地波动在5000万—9000万之间。第三个阶段为清代初期至今，大量剩余人口借助外来的物种全方位地展开了对生态贫区、禁区的破坏。玉米对山林的替换，红薯侵占了丘陵区原有的植被，花生使黄河流域人口进一步崛起，高粱、马铃薯等耐寒作物支撑寒冷地区的人口盲目破坏生态系统，增加人口。清朝人口又呈现50年翻倍的增长态势，虚假繁荣的背后是生态基础不稳，各种灾害频率持续攀升。

　　历史交给新中国的，一方面是长期形成的沉重人口包袱，另一方面是被超载人口持续破坏、承载能力每况愈下的国土生态环境。新中国成立时，我国人口5.4亿，由于落后农业未得到改变，加上人口政策上曾经犯过的错误，使得在新中国成立后的50年中又一次完成了人口翻倍，而且超过了10.8亿，攀上了13亿的台阶，今后还将登上15亿—16亿的人口高峰。联合国有关部门指出，荒漠化地区维持生态平衡的人口容量是每平方公里7人，而我国相应的许多地区，实际人口是该标准的10倍以上。人口的继续翻倍使生态付出了巨大代价。森林、草原、湿地被大量占用破坏，在计划生育的条件下，20世纪90年代全国沙化面积平均每年扩展3436平方公里，比70年代的速度增加了1倍多。在西北、华北、东北地区已经形成绵延万余里的风沙危害线，面积达174.3万平方公里，占国土总面积的18.2%，近三分之一的国土受到风沙威胁。生态破坏加剧了风蚀、水蚀、冻融和盐渍等多种因素的作用，我国已成为受荒漠化危害最为严重的国家之一，荒漠化潜在发生区域达331.7万平方公里，荒漠化面积

262 万平方公里，相当于 14 个广东省的面积。已形成南北宽 600 公里，东西长 4000 公里的荒漠带。另一方面，全球面临水源短缺，联合国预言争夺水源将是未来诱发战争的重要因素。而我国人口过多导致人均水资源只有世界人均水资源量的四分之一，且时空分布极为不均，许多降水以洪水灾害形式一泻而去。此外，大量生态水被强占。人口压力破坏生态，旱涝灾害频率、规模不断增加。长江、黄河源头的危机，1998 年大水的人口因素（毁林、围湖、筑坝围堰），汶川地震紧急转移 1400 万人……都是人口数量超过环境容量的具体写照。水资源问题直接维系可耕地稳定性，我国淮河流域及其以北地区，水量不足全国的 20%，耕地却占 62%，地下水位因过度抽取而不断下降，危及地表生态，导致海水向地下补充，加剧土地盐碱化。18 亿亩耕地已经大量侵占自然生态，只是因为人口过多才无法把大片土地归还自然。《中国生态足迹报告》明确指出：中国消耗的生物承载力超过其自身生态系统所能提供资源的两倍以上 。

计划生育尽管遏制了人口的快速增长，庞大的人口数量依旧在许多重要领域超过环境容量，长期人口压力潜伏的生态危机在不断积累。而人口及经济活动对环境的压力却有增无减，压缩子孙后代的生存空间，耗竭后人的发展资源，才维持现有人口的生计，而且蕴含着生存基础不稳的巨大风险。没有马寅初当年以非凡的勇气与 "人口红利" 思潮作不屈的斗争，我们民族的命运可能早已深陷生态危机的泥潭。

三　人口问题与社会生产力发展

人口政策不仅要遵从环境容量的自然法则，还必须放入生产力框架科学地审视。人口主体为劳动人口，是生产力的主体要素，因此，人口规律是生产力主体要素的再生产规律。劳动人口与生产资料结合才形成现实生产力，生产力再生产是主题要素与客体要素相互联系的再生产。随着科学技术的不断进步，大量的自然力被引入生产过程，替代劳动者自身的体力和简单技艺，生产力提高又表现为有文化的劳动者在生产过程中能推动更多的生产资料运转。如果生产资料的扩张受到环境容量限制，那么，生产力发展就表现为人口数量减少，人口素质提高。离开生产力的人口分析往往导致破坏生产力的结果。我国人口问题与基础生产力落后相互演进，牵制社会生产力发展，削弱了社会保障能力。我国农业基础生产力落后，依赖体力再生产和毁林开荒是人口膨胀、男女比例失衡、生态破坏等经济社会问题的根源。人口相对耕地不断攀升形成大量生态难民，把他们隐性化挤压在有限耕地上，进一步破坏规模效益和生产效率，全国低于联合国粮农组织确定的耕地0.8亩临界值的县（区）达666个，占全国县（区）总数的23.7%，其中低于0.5亩的县（区）达463个，有些县（区）人均耕地只有0.2—0.3亩。如果计算应该退还自然的大量土地，人均土地还将减少。人口数量压垮了农业生产力，加剧生存危机，动摇社会生产力基础。

落后农业对体力的依赖，以及人均耕地狭小，决定了农村人口的分散布局，这种前提下的以工哺农，限制了工业规模，肢解产业联系，离散循环经济，造成污染分散排放，加大社会成本，不乏资源消耗型、环境污染型及低效或无效产业。企业技术含量低，粗放经营，加上劳动力的大量供给，致使劳动力价格仅为发达国家水平的2%—3%，简单劳动的巨大"优势"扫荡了产业对研究开发的预期，拉大"产学研"之间关系，削减产业对大学生的需求水平。中国研究开发型企业之少，万人就业中大学生比例之低，大学生就业难问题的背后不能回避简单劳动大量供给和过剩对产业的影响及大学生容量问题。众多企业处于产业低端，热衷于利用廉价劳力资源供给优势，为国外加工，赚取微薄的加工费，却把需要较高素质就业的产品设计、原料采购、物流运输、订单处理、批发经营、终端零售等拱手让给国外，为此，郎咸平教授感慨中国扔掉了制造产业链（6+1）中较高端的"6"，处于产业链的底端，命系他人，称不上制造业大国，且难以转型。简单劳动排斥复杂劳动必然导致企业缺少核心技术、知识产权，获利空间势必被人挤压殆尽（8亿件衬衫换一架飞机仅仅是这种趋势的写照），产品升级同样面临人口问题引发的劳动力供给和社会需求问题。劳动密集型的效益低下又演绎为内需不足，依赖国外购买，又与国际金融危机相互锁定。简单劳动就业与资源消耗型产业的紧密关系还约束了结构调整。我国 48 种工业化基础矿产资源全部短缺，其中 25 种必须资源严重缺乏，资源大量进口及国际市场价格提高又吞噬了加工利润。此外，人口就业和素质问题还加大我国对传统能源依赖，约束能源结构调整，世界经济正向低碳发展格局调整，如果问题得不到有效解决，我国产业的命运将重回国际产业的底层。

落后农业造成的人口离散，以及以此为基础的工业粗放，进一步影响到第三产业发展。第三产业包括生产性服务和生活性服务，这些服务都是以产业社会化分工发展和人口集聚为前提。因此，农业生产力落后和人口分散，不仅约束第二产业提升，还限制第三产业发展。我国结构调整艰难，特别是第三产业发展困难，根源在于落后的农业生产力及其影响的人口问题。因此，在农业生产力尚未得到转换的时候，人口扩张驱动力强劲，人口政策松动势必加速人口膨胀，牵制产业优化。第三产业是吸纳就业的主要领域，第三产业发展滞后，进一步约束大学生就业容量，还将明显降低农民工就业机会。

世界上不存在抽象的人口红利！只有具体素质的人口，从事具体的产业，以及这种产业的就业容量、竞争力和获利水平。大量简单劳动形成的"人口红利"真正的获利者在国外，而在国内却是排斥复杂劳动，抑制科教兴国。人类已经进入知识和科技加快翻倍发展的时代，一个民族如果不具有掌握和更新知识的强大能力，必将落伍于世界潮流。人口政策应该反映生产力进步的理念，而"人口红利"光环背后蕴含民族悲剧。

四 生产方式及制度层面的人口政策

特定生产方式决定人口再生产方式，人口政策应该有助于转变落后生产方式。中国的人口政策应扭转落后农业的人口机制，促进农业生产力提高，奠定社会生产力发展的基础，因此，人口政策应该抗衡落后生产方式的内在人口机制，而不应顺应其演绎，加剧问题的复杂性。过去的计划生育尽管取得了成绩，但并没有以此为宗旨，相反屈从落后方式，动摇科学发展，削弱社会保障能力。

　　优惠少数民族人口的政策阻碍了民族地区发展，破坏了全民族的生存基础。少数民族聚集区一般地处边远或山区，环境脆弱，人口容量小，生态易受损而难以恢复，在地理关系上又是我国环境保护的制高点。"少数民族之所以是'少数'，在于适应生态环境的承载力。人口过量，势必压毁脆弱的环境。内蒙古西北的古居延海、新疆的古楼兰，虽曾繁盛一时，但由于人口增加，生态恶化，绿洲演化为沙漠，人也成为环境难民。所以，对少数民族人口也要贯彻基本国策，才是真正爱护他们。但计划生育政策却反其道而行"，允许多生造成诸多民族地区的生态危机，当地人口因此陷入困境。长江大水反映了流域人口问题，长江上游地区居住的主要是少数民族，人口压力导致毁林开荒。"长江支流的岷江上游河谷地带，阿昌藏族羌族自治区由于人口过剩，毁林开荒开到坡度 40—60 度的绝壁上。四川省林业厅杨冬生教授说，该省现在每年水土流失量达 9 亿吨，涌向三峡坝区的泥沙每年达 6 亿吨。再加上泥石流，流失就更严重。可见，在山坡上毁林开荒是长江上游水土流失的最主要原因。这样，三峡建得再高也会被填满。为什么在绝壁上还要毁林种地呢，当地政府领导也认为是人口增加的缘故。"汶川大地震以残酷的形式表明了少数民族地区的环境容量及扩张人口的政策危险性。云南省是我国少数民族集中的省份，同样因为人口优惠，使该省多数地区难以从贫困的阴影中挣脱出来。我国草地沙化面积达到 90%，原因居然是少数民族为了多子女的抚养和教育而超载过牧……人口优惠政策不仅威胁少数民族地区的可持续发展，而且削弱了国土资源整体的人口承载能力，长江、黄河源的生态退化，西北风沙肆虐，又演绎为全局性的水源危机，耕地锐减，表土流失，灾害频率攀升……这些都是人口数量超过环境容量的具体写照，人口政策松动正在动摇中华民族生存发展基础，少数民族人口数量扶持的政策应该尽快转变为鼓励人口素质提高！

　　农村现行的人口补偿引发新的人口问题，加大社会解决难度。加剧人地矛盾，历史上，小农经济长期作为封建社会的经济基础，男性具有特殊地位，体力型生产的需要，毁林开荒获取土地，家族势力体现，传宗接代观念等，聚合为重男轻女的封建思想。"头胎生女，允许再生"等人口补偿政策貌似公正，实际上依附落后观念。重男轻女的政策化，以及由此而推行的部分人第二胎（无论生男、生女）客观上形成的各种形式的不平等，都会刺激人口增加，导致男女比例失衡，人口优惠政策继续加大农村人口的隐性失业，由此又固化了人地羁绊，小农经济更小化压垮了农业生产力，削弱建立在农业之上的社会生产力及公共财政能力，结果是降低社会保障实力和转移农民的能力。与此相反，独生子女政策是以男女平等为前提，并能缓解人地矛盾，减少社会负担，加快农业产业化、科技化、现代化进程，从基础上促进社会生产力提高，强化扶持独生子女，特别是独生女家庭的社会能力。形成人口转型促进生产力，生产力提高又带动农业剩余人口转移的良性循环。

科学发展需要矫正历史错误导致的人口问题。但是，人口在高位压力下松绑，使出生率重新提升至更替水平（平均每对夫妇生育 2.1 个孩子），实际上是把人口历史问题及巨大危害和危险永恒化。固化人口对环境的超载，容忍过多人口对农业生产力践踏，最终牵制社会生产力发展，削弱社会转移农业剩余人口的能力，于是，人口保障的理论也就"永恒化"了。可是，生态退化量变积累会引发崩溃的质变，并影响以劳动的自然生产力为基础的农业衰变，当生产力主体要素压垮客体要素的同时，"人口红利"也泯灭了生产力本身，而生态难民依旧是社会责任，这里不仅是农村的老年人口，也包括以人口保障解决老龄化而准备的大量年轻人口。生产力"一要素"论具有多种形式，对其批判可以追溯到久远，马克思一贯强调只有生产力的主体要素（劳动者）与客体要素（生产资料，具体包括劳动资料和劳动对象）结合，即生产力三要素，才能创造财富。生产力水平提高又表现为作为主体要素的劳动者相对客体要素的减少！并对拉萨尔"劳动是创造一切财富和文化的源泉"观点作了详尽的批判。矫正人口问题的历史错误是艰难的过程，除了人口机制之外，还涉及数量庞大、素质不高的人口群体形成的低层次过量需求，大量低成本简单劳动力组成的粗放供给，以及由两者结合形成的落后产业和经济结构的转变问题。伴随社会变革阵痛而丧失的仅仅是不适应国土资源和社会生产力发展的落后结构，轻装上阵的是赶超世界先进的全新人口群体。因此，关键在于人口转型，通过人口素质提高和强化社会生产力。

五　文化层面的人口观念更新

人口观念及文化理念源于特定生产方式，因此，人口道德意愿也必然打上时代演变的历史印记。小农经济人口道德的局限性在于，以家庭人口扩张排斥社会化分工。其危险性是人口金字塔破坏生态金字塔。历史史实一次次表明这种"人口道德"催生的人口往往被自身扩张造成的生态毁损和社会动乱所吞噬，而"人口道德"应该压倒生态文明的"学术"似乎视而不见。人类的发展并不表现为超越自然承受力的人口扩张特权。人的本质及发展的目标在于"每一个人的自由发展是社会发展的前提"，即每个人的素质特长通过社会化纽带聚合为人类共同的财富，由此转化为强大的社会生产力。这一目标的实现曲折漫长，主要障碍在于，落后、贫困产生人口，人口过量破坏生产力，剩余率太低又使人难以摆脱落后生产方式。由此可见，每一个人的自由发展，即人口素质提高为前提的社会发展，必须扭转人口数量过量增长，社会主义应该推进这一历史进程。用社会生产力及社会力量完成人口再生产从数量到素质转换，使我国人口数量回归8亿以下，与保护生态前提下的环境承载力适应，并促进科教兴国全方位展开。

一个民族的昌盛不与其人口正相关，相反人口包袱一般与贫困互动。有人担心长期控制人口，将来人口数量减到3亿怎么办，似乎3亿是中华民族的末日。这种观点依旧是害怕损失人口保障的"资本"。应该指出的是人口数量下降的必要条件往往是人口素质提高，拥有亿万高素质人口，生产力和社会保障能力都能提升到很高的水平，美国3亿人口的国力已经作了说明。还应该指出的是，我国人口即使降到3亿，人与自然的关系也未达到美国目前的水平，美国没有青藏高原，西部也是沿海，届时我国人口素质应该超过美国，使生产和消费的环境压力低于美国。一个人口素质高的民族不仅能调节人与自然关系，也能调节人自身关系和演化。

结 论

马寅初人口理论是一个科学体系,该体系具体包括:环境容量和生态文明规范的人口数量,生产力与人口规律的内在联系,以及人口政策如何推动生产力发展,促进生产方式优化,提升文明程度。此外,马寅初高度关注6亿人口的敏感数字,作为重要的拐点,超越这一界限对于中国来说将孕育一系列风险和危机,这已被许多学科研究和事实验证。如果当年倾听马老科学研究和肺腑之言,中国今天该有多么强大!尽管今天也得到了许多方面的发展,但是,却暴露和潜伏着许多问题和危机,还需要艰苦落实科学发展。科学发展必须学习落实马寅初的理论,从源头解决人口问题,我们的国家才会有光明前景。

参考文献

1. 马克思:《资本论》第一、三卷,人民出版社1972年、1974年版。

2. 马克思:《1844年经济学哲学手稿》,人民出版社2000年版。

3. 赵文林、谢淑君:《中国人口史》,人民出版社1991年版。

4. 马寅初:《新人口论》,载《人民日报》1957年7月5日。

5. 张薰华:《经济规律的探索》,复旦大学出版社2000年版。

6. 马雪芹:《历史时期黄河中游地区森林与草原的变迁》,载《宁夏社会科学》2000年第3期。

7. 陈高佣:《历代天灾人祸统计表》,载《中国历代天灾人祸表》,上海书店1986年版。

8. 黄长义:《人口压力与清中叶经济社会的病变》,载《江汉论坛》2000年第12期。

9. 敖日布:《草原退化、沙化的成因与今后的对策》,载《草原·牧区·游牧文明论集》,内蒙古畜牧杂志社2000年专刊。

10. 吕昌河:《柴达木盆地土地资源可持续利用问题与对策》,载《干旱区资源与环境》1998年第3期。

11. 胡文康：《二十世纪塔克拉玛干沙漠环境及其变迁》，载《干旱区研究》1992 年第 4 期。

12. 徐兆祥：《黑河流域水资源开发对生态的影响》，载《干旱区研究》1992 年第 3 期。

13. 吴晓军：《论西北地区生态环境的历史变迁》，载《甘肃社会科学》1999 年 4 月。

14. 李国章：《防沙治沙要依靠科学技术——访中国林科院院长江泽慧》，载《经济日报》2002 年 7 月 16 日。

15. 张维庆：《目前我国低生育水平仍然存在反弹的风险》，载《央视国际》2007 年 5 月 6 日。

16. 中国环境与发展国际合作委员会和世界自然基金会（WWF）：《中国生态足迹报告》，2008 年。

生育率降下去就升不上来了吗？

——兼论人口减少之利

◇李小平[*]

多年来，主张放宽或放开二胎的声音一直不绝于耳，其主要支撑理由有三：一是担心低生育水平下人口老龄化趋势将导致未来经济发展不可持续和养老负担不堪重负，力图通过放宽或放开二胎来保持可持续发展和缓解未来养老负担的压力（李建新，2005）；二是认为现行生育政策导致出生性别比偏高，力图通过放宽二胎来降低出生性别比（王红晓，2007）；三是担心生育率降到很低水平后很难回升，力图通过放宽或放开二胎来防止陷入未来生育率过低而难以回升的局面（郭志刚，2007）。

这三种观点都缺乏严谨论证，但却都具有一定影响力，从而也就容易造成误导。笔者多年来已通过多种文著和其他方式反复强调了中国人口问题在未来一个相当长时期内的最大和最根本问题始终是总量问题，是人口过多和劳动力大量潜在过剩问题。中国要想早日摆脱人口过多所造成的各种困境，就必须坚持从紧的生育政策，力求早日实现人口零增长（李小平，1990、1993、2003、2004、2006、2007、2008）。

为防止中国人口政策受到种种似是而非的主张之影响，笔者已对前两个理由进行了分析和反驳。主要结论是：（1）一个社会的养老能力取决于劳动生产率而非劳动力与老龄人口的简单算术比例，在人口过多和劳动力

* 李小平，中国社会科学院人口与劳动经济研究所副研究员。

大量潜在过剩的情况下，加速人口老龄化的过程就是加速机械化自动化替代劳动力的过程，就是加速提高人均收入增长的过程，从而也就是一个完全有利于提高老年人生活水平的过程（李小平，2008）。（2）在现行政策下放宽或放开二胎，新增二胎孩子中自身性别比必然是失衡的，从而放宽或放开二胎即便能使总出生性别比降低，但结果却必然是既增加了出生人口数又增加了未来光棍汉数量（李小平，2007）。

本文将针对"生育率降到很低水平后很难回升"这第三个主张放宽生育政策理由进行分析批驳。

一 人类要防止永远增长就必须在一定时期使生育率低于更替水平

低生育水平通常是指低于更替水平的总和生育率水平。对待低于更替水平的总和生育率的见解分为利与弊两类，有些学者将转向低生育水平视为一种好事，另一些学者则将其视为人口危机（李强，1989）。将低生育水平视为危机的原因，一是因为低生育率导致人口老化危机；二是因为有些研究认为生育率一旦降到更替水平以下，几乎不可能再回到更替水平。针对中国的情况，有的学者从人口惯性负增长和中国人口已处于人口内在负增长的研究分析出发，认为如果中国维持很低的生育水平直到人口零增长时再做人口政策的调整，就太晚了。即使到那时能将生育率提高到更替水平，想要使总人口保持静止不变或保持一种缓慢负增长态势也已经不可能（郭志刚，2007）。

毫无疑问，无论是人口永远增长和永远负增长都是全人类所不能接受的事情。人口增长的惯性和人口负增长的惯性都应该成为制定人口和生育政策时必须考虑的因素。但就目前的情况而言，大多数国家仍然是处于人口惯性增长的时期，人类作为一个总体应对人口惯性增长的任务尚未完成。如今总共有60多个国家的生育水平降到更替水平之下，占全部国家或地区的数量不到三分之一，其中降到1.5以下的国家或地区有34个（PRB，2005）。由于惯性增长的作用，一些总和生育率降到更替水平以下的国家的人口仍然在增长，中国就是这样的国家之一。

人类作为一个整体，有史以来生育率一直在高于更替水平之上，从而使世界人口总量迄今为止一直在增长，目前每年仍以 7000 多万的数量在增加。如果没有非正常死亡的存在，地球必然早已是更加人满为患。在人类目前控制非正常死亡的能力下，如果全人类的生育水平始终不能控制在更替水平之下，那世界人口必将不断增长直到食物短缺来进行自然控制。就中国来说，作为占世界人口五分之一多的第一人口大国，在每年仍以 700 万—800 万数量增长的情况下，放宽和放开二胎的主张显然为时尚早，是绝对不能接受的。在全球气候变暖、环境继续恶化、冰川冻土渐渐融化、能源等许多不可再生资源日益紧张和水资源严重短缺的情况下，中国提高自己人民的生活和改善本国环境的必由之路以及对全人类所能作的最大贡献无疑就是尽最大努力控制人口增长并力争早日转入减少人口总量的进程。

二 认为生育率降下去就难以回升 缺乏足够的依据

对于"一旦生育率下降到更替水平，几乎不可能再回升到更替水平"这一判断，我以为是缺乏足够的依据的。目前生育率降到更替水平以下的国家主要是发达国家和地区，且其生育水平降到更替水平之下最多不过是最近几十年的事。相对于人类漫长的历史长河而言，以少数国家几十年的观察来论断生育水平降下去就很难回升，显然是轻率的，是缺乏依据的。从网络上看到的资料显示，有些国家如俄罗斯和澳大利亚，在政府采取了仍然属于比较有限的经济手段的激励下，生育率已经出现一定回升。

在人口问题上，我以为，最有震撼力的理论是人口爆炸论，最危言耸听的理论是低生育水平危机论。两者共存于当今之世界，各自发生着不同的影响，引起人口学者们无休止的争论，可谓一大奇观。显然，对于低生育率是否导致危机，绝对不能一般而论。道理很简单，如果没有低于更替水平的低生育率，那人口就会永无休止地增长，直到受到马尔萨斯所指出的自然抑制。因此，无论对于全人类还是对于一个国家来说，低生育率是否构成了危机，关键要看低生育率是否使得全人类或一个国家因特定时期的低生育水平而导致经济无法继续发展和人均生活无法得到改善。如果一定时期的低生育水平远没有使人类或一国的人口总量低于适度人口规模（使人均收入达到最大化的人口规模），那么，特定时期的低生育水平就不能被认为对全人类或对一个国家来说形成一种危机。恰恰相反，这种特定时期的低生育率恰恰是在造福全人类或一个国家。一个必须指出的现象是，中国主张放宽生育政策的学者从来没有就未来 100 年和 200 年中国与世界的适度人口规模进行分析判断。而人类之所以要调控生育水平，说到底，就是为了在人类发展过程中尽量使人口数量向最适度的人口规模靠近。离开对技术进步之潜能的分析和对不同时期的适度人口的判断而仅就生育水平高低之虑来谈论人口和生育政策取向，显然是不严肃的，是不符合人口研究之基本要求的，是缺乏科学精神的表现。

到目前为止，全人类总体的生育水平仍然高于更替水平。2006 年全世界的总和生育率为 2.7，其中发达国家为 1.6，不发达国家为 2.9，去除中国后的不发达国家为 3.3。各大洲的总和生育率分别为：非洲 5.0，拉丁美洲和加勒比地区 2.5，亚洲 2.4（去除中国后的亚洲总和生育率为 2.8），大洋洲 2.1，北美洲 2.0，欧洲 1.5。按国家和地区来划分的话，世界超过三分之二的国家和地区的生育水平仍在更替水平之上。2006 年世界人口自然增长率为 1.2 左右，绝大多数国家的人口仍然处于增长的状态，许多国家的人口至少还将增长几十年。

世界人口目前已达 67 亿，预计 2025 年将达到 80 亿，2050 年进一步上升到 93 亿（《中国人口统计年鉴》，2006）。如果不能证明 90 多亿人口的世界相对于将人口停止在 65 亿的世界更有利于人类福祉的改善，那么，显然就不能认为全世界总和生育率立即降到更替水平以下并保持一定时期这样一种境况属于一种危机。况且，按照美国、加拿大和澳大利亚这样富裕国家的人口、技术、经济、教育等指标，中国、印度和世界人口在现有数量基础上减少一半，无论如何不能被认为会影响中国人民、印度人民以及全人类福利的改善吧？那么，如果全世界总和生育率立即降到更替水平之下并保持一定时期，又何危机之有呢？又有什么可忧虑的呢？如果明天中国和印度各有50%的人飞到美国去，大家可以想象这个世界上最富强的国家将会进入一种什么样的局面？而留在中国和印度的另外50%将会是一种什么样的心情和感受。

三　百年之内低生育水平对中国没有任何不利和威胁

表1给出了两位学者根据预期寿命和生育率水平假定对中国人口进行的变化趋势模拟之结果（原新、王金营，2005）。

表1　　　　　　　中国人口数量和人口年龄结构长期变化趋势模拟

（2000—2300年）

单位：亿人

生育率假设	项目	2000年	2050年	2100年	2150年	2200年	2250年	2300年
2.35	总人口	12.62	15.54	17.75	22.50	29.08	37.70	48.86
	0—14岁	24.38	19.62	21.25	20.60	20.02	19.53	19.13
	15—64岁	68.70	59.63	59.83	58.50	57.07	55.74	54.57
	65岁+	6.92	20.75	18.92	20.90	22.91	24.73	26.30
	80岁+	0.93	6.06	6.85	8.22	9.97	11.75	13.04
2.08	总人口	12.62	14.17	11.91	11.68	12.13	12.62	13.12
	0—14岁	24.38	16.05	17.37	17.60	16.99	16.45	19.00
	15—64岁	68.70	61.20	58.12	57.66	55.99	54.29	52.81
	65岁+	6.92	22.76	24.54	24.74	27.02	29.27	31.20
	80岁+	0.93	6.65	9.42	10.34	12.31	14.59	16.70
1.465	总人口	12.62	13.19	7.97	4.41	2.44	1.36	0.75
	0—14岁	24.38	13.21	11.06	10.28	9.66	9.11	8.63
	15—64岁	68.70	62.34	56.03	52.51	49.51	45.70	44.18
	65岁+	6.92	24.45	32.90	37.21	40.82	44.19	47.19
	80岁+	0.93	7.15	13.30	17.43	21.25	25.20	28.95
1.3	总人口	12.62	12.79	6.80	3.07	1.38	0.62	0.28
	0—14岁	24.38	11.99	9.14	8.35	7.75	7.22	6.74
	15—64岁	68.70	62.80	54.13	49.86	46.65	43.24	40.35
	65岁+	6.92	25.21	36.73	41.79	45.80	49.54	52.90
	80岁+	0.93	7.37	15.20	20.42	24.88	29.51	33.92

资料来源：原新、王金营：《过低的生育水平就是人口不安全》，载《人口研究》2005年第29卷增刊，第93页。

从表1中可以看到，如果中国的总和生育率从2000年起始终保持在1.465的水平（相当于目前政策生育率），则2100年和2200年中国的总人口将分别为7.97亿和2.44亿。如果总和生育率从2000年起始终保持在1.3的水平，则2100年和2200年的人口将分别为6.80亿和1.38亿。

从表1中还可以看出，根据制表时对预期寿命采用的假设（两位学者采用了联合国对中国男女平均出生预期寿命到2300年分别达到98岁和101岁的假设），中国总和生育率若在百年内保持1.465不变或保持1.3不变，则2100年时15—64岁人口所占比例将分别为56.03%和54.13%，差别很小；到2200年时则分别为49.5%和46.45%，差别也很有限。如果生育水平从2000年起始终保持在2.35或2.08，则2100年15—64岁人口所占全部人口的比重分别为59.83%和58.12%，两者差别也很小。从2000年起总和生育率按保持在1.30或2.08来推算，到2100年时，15—64岁人口之比例也只差3.99个百分点（54.13%，58.12%），前者为后者的93.14%；毫无疑问，这两个差别很大的生育水平保持到2100年时，老龄人口的比重差别必然会比较大（24.54%，36.73%）。但由于在这两种生育水平下，到2100年时劳动年龄人口各自占总人口的比例差别很小，从而劳动力人口的总抚养比并没有太大差别。这对那些一味忧虑老龄化的人们是一个很重要的启示。那些惊叫低生育率将使人口过度老龄化从而导致养老负担不堪重负的担忧者，似乎忘记了抚养包括老少两头。这一结论提醒了那些忧虑人口老龄化的学者和国人：你们在将老龄化说成是狼成群来了时，显然忘记了同时却是豹群大量地出走了。

不过，如果2.08或1.3两个生育率各保持到2200年时，二者所导致的劳动年龄人口占总人口的比例就会形成较大的差别（55.99%，46.45%），两种生育率下老年人占总人口的比例之差别也进一步加大（27.02%，45.80%）。那么，1.3的总和生育率保持200年这样的结果是否能接受？是不是一种灾难性的结局呢？对大多数人来说，这种结局显然是难以接受的。然而，如果我们将人类在过去100年的技术之突飞猛进进行回顾一下，再添加一点想象力，我以为就大可不必为这样一种可能的人口数量（1.38 亿）和年龄结构的结局而忧虑。20 世纪 80 年代在美国学习时，一位 86 岁的老太太开着汽车去销售化妆品的人物介绍节目使我确信这一点。

将 15—60 岁视为劳动年龄人口，这对已经实行了高中义务教育的发达国家来说，已不适合，发达国家目前采用 19—65 岁作为劳动年龄人口似比较适宜。2100 年时，中国早已普及高中教育了，并且随着寿命的延长，肯定会提高退休年龄。从而，15 岁就进入工作的人口必将是凤毛麟角，65 岁便退休者也必将大大减少。因此，推算 2100 年时的劳动年龄人口，我以为应至少确定为 20—69 岁这一区间。根据 20—69 岁这一劳动人口年龄标准，如果 1.465 或 1.3 的总和生育率持续到 2100 年和 2200 年，则适龄劳动人口会比表 1 中的比例要高一些，因为在更替水平之下从 15 岁递进到 20 岁的人数显然少于从 65 岁递进到 69 岁的人口数。从而劳动年龄人口的抚养比会相应降低。

至于平均养一个老年人与平均养一个年轻人哪个负担更重，目前说法不一，这在很大程度上取决于劳动力人口加入劳动大军时的平均年龄和平均退休年龄，同时也取决于国家如何确定老年人的养老保险水平和医疗保障程度。根据发达国家的经验，我认为中国应将过高的养老金降下来，将过低的养老金提上去（李小平，1991）。根据发达国家养老金水平看，我认为目前的养老金水平分布应该确定在 1000—3000 元之内比较合理（极少数特殊人物除外）。在老龄化的进程中，中国养老保障改革的总的方针应该是不断扩大覆盖面和消减过高的退休金水平。

在分析人口老龄化问题时，必须将技术进步因素加以充分考虑后再来进行判断，否则，就会形成错误的判断或结论，就可能使人口政策误入歧途。在农业时代和工业化早期时代，一个劳动者要想养活自己和家人，需要劳作的时间通常比较长，也很辛苦。而随着机械化自动化的发展，人类已经大大减少了平均劳作时间。科技是第一生产力是一个非常重要的判断，也是对人多力量大的一个深刻反思。随着科学技术的不断突飞猛进和经济实力的增强，机械化自动化机器人必将以更快的速度普及，人类必然会不断提高劳动生产率。从而 100 个劳动力所能生产的财富必将能够养活越来越多的老年人，甚至一个劳动者养活几个人都将不成为问题，同时还可以缩短自己本身的劳动时间。在人均几百美元时，一对夫妇可以养五六个甚至七八个孩子，那么，在人均几千和几万美元时，一个劳动力养一两个老年人又有什么难以做到的呢？技术进步的潜能使我坚信，在未来100年，中国绝对没有所谓的人口老化危机之忧，相反，人口老龄化恰恰是加速提高生活水平之沧桑大道（李小平，2007）。

因此，上述四个生育率方案中，第一方案显然是灾难性的，第二方案也是根本不可取的，第三方案显然应是尽量追求的，第四方案至少在2150年之前也是没有什么可忧虑的。因为按照第四方案，2150年人口正好等于美国现在之人口，能够从事劳动的人口至少有一半。想一想美国人几十年前就用机器摘苹果，现在已开始用机器摘葡萄；想一想澳大利亚和加拿大分别只有2100万和3200万人；想一想俄罗斯疆域将近中国的两倍，而目前人口还不到1.5亿，那么，2150年时，一个3亿人口的中国又有什么可忧虑的呢？

根据一种估算，中国人口在1602年（万历三十年）为0.99亿，1700年（清康熙三十九年）为1.01亿，1800年为3.00亿，1912年为4.10亿（赵文林、谢淑君，1984）。中国人口从1亿增长到13亿用了400年时间，从5亿到13亿只用了50年时间。那么，用100年的时间将人口退回到8亿—10亿之间甚至退回到6亿—8亿之间，用200年的时间将人口退回到3亿—5亿之间，又有什么可怕的呢？须知，中国有史以来的绝大多数时期内社会经济都是在1亿人口之下运行的，且创造了汉唐雄风和宋代繁华。为什么在现代科技高度发达的时代却一想到3亿—5亿人口就会不安呢？就会有所谓的不安全感呢？为什么想到人口回到1亿的水平就会生出恐慌呢？按照目前的趋势看，加拿大和澳大利亚无论100年和200年后，人口几乎都没有达到1亿的可能，那为啥中国人口就非要大大高于1亿水平不可呢？

不过，为了慎重起见，我于2002年在全国第八次人口科学讨论会上提出的两个百年目标是2100年降到8亿—10亿之间，2200年降到3亿—5亿之间。实现这两个目标，总和生育率只需保持在1.5的水平。其实，50

年后的事情，已经不可能由我们今天的人口学者来指点江山了。提出两个百年目标的现实意义，首要目的就是希望中国的生育控制政策在零增长之前绝对不应放宽，以求加速实现人口零增长。第二个目的，就是希望中国至少应将使现有人口数量减半作为人口政策的坚定目标。

四　大多数低生育率国家人口密度显然偏高

与美国、加拿大和澳大利亚这样疆域广阔、人口稀少、生活富裕、环境优美的国家相比，大多数低生育率国家的人口密度显然偏高，且这些发达国家大多倚重外部资源来维持发展。无论是从改善自身生存质量还是从加速改善全人类平均生活水平和生态环境的立场看，许多发达国家的人口至少也应在现有总量基数上实行减半。依据人口技术经济学、人口福利经济学和人口环境经济学进行国家间的比较分析，我坚信，无论是中国还是大多数低生育率的发达国家，其人口减半的过程无疑是加速提高技术进步、加速提高人均收入水平、加速改善生态环境的过程（李小平，2008）。因此可以毫无疑义地确认：所有发达国家远没有进入人为提高生育率的境地。

从表2可以看出，低生育水平的一些富国之人口密度都在美国的3倍以上，其中，日本的人口密度是美国的11倍，德国为美国的7倍多，英国为美国的8倍。荷兰将近美国人口密度的13倍。如果与加拿大相比，则日本的人口密度要高出100多倍。英、法、德、意则都是加拿大和澳大利亚人口密度的几十倍。也就是说，按照日本的人口密度，美国一国人口就会达到31亿，占到当今世界总人口的几乎近一半。如果中国的人口密度等于日本的人口密度，那中国人口就会是32亿，从而中美两国人口就会接近世界人口的总和。而如果俄罗斯这个疆域最大的国家之人口密度达到日本的程度，仅中、美、俄三国的人口就会达到120亿。全世界的土地如果达到日本的人口密度，世界人口就会达到452亿。在目前人类已被资源和环境困扰的情况下，有谁愿意想象这样的世界人口数量吗？

表2　　　　　　　　　世界各地区和部分国家人口密度

单位：人/平方公里

地区	人口密度	国家	人口密度	国家	人口密度	国家	人口密度
全世界	47	美国	30	中国	135	俄罗斯	8
发达国家	24	埃及	72	印度	325	德国	231
不发达国家	62	尼日利亚	145	印度尼西亚	116	法国	108
不发达国家（不包括中国）	52	加拿大	3	巴基斯坦	187	英国	242
非洲	29	巴西	20	孟加拉国	1019	意大利	190
北美洲	16	墨西哥	54	日本	337	乌克兰	79
拉丁美和加勒比地区	26	古巴	102	菲律宾	272	西班牙	82
大洋洲	4	阿根廷	13	越南	244	波兰	119
亚洲	120	澳大利亚	4	土耳其	92	罗马尼亚	91
欧洲	32	新西兰	15	伊朗	41	荷兰	398

资料来源：《中国人口年鉴》（2003），中国人口出版社2003年版，第363—367页。

　　无须多少智慧就可知，与美国、俄罗斯、加拿大和澳大利亚这样的国家比较，无论是许多发达国家还是许多发展中国家，将减少人口总量作为目标才会更有助于其自身生活质量和环境之改善，才会有利于全人类福祉和全球环境之改善，才会过上更加具有美学色彩的生活（李小平，2001）。与美国相比，日本的1.28亿人口剩个零头就可以了。与澳大利亚和加拿大相比，日本国土上有几百万人口也就足以了。以此而论，日本目前的低生育水平维持几十年甚至100年，根本不存在什么危机和灾难问题。有些人喜欢用战争威胁来强调一个国家人口减少的危险，按照这种逻辑，世界上的众多人口小国怎么办？岂不是早就被大国吞并或奴役了吗？其实，回顾历史，战争恰恰是由于经济增长跟不上人口增长的一种结果，是为了扩大疆域和掠夺资源的需要。而在当今世界军事政治格局和经济全球一体化趋势下，一个国家想通过武力侵略和吞并一个国家几乎是不可能的事情。此外，即便说国家之间仍可能发生战争，比如美国想吞并日本，那么，日本人口是1个亿还是1000万，对一心想吞并日本的美国来说其结果又有什么不同吗？加拿大就在美国身边，如果美国想吞并加拿大，只有 3200 万人口的加拿大难道能够通过鼓励生育增加人口来避免被吞并之命运吗？对中国来说，如果真的一心想吞并周边小国，那么这些国家的人口是增加一倍还是减少一半，其命运会有什么不同吗？

把各种因素综合分析后，我坚定地认为，所有人口高密度的低生育率国家，在人口减半之前，只要总和生育率没有低到 1.0 以下，就根本没有任何必要人为地鼓励生育。

五　生育效用与非期望孩子的交易价格

根据效用原理，一个孩子带给父母的既有正效用，也有负效用，用日常语言说，也就是孩子对父母有利有弊。如果预期某一胎次孩子的利大于弊，人们就会生育孩子；反之，人们就会停止生育。用公式表示如下：

$$U_i = U_{i+} - U_{i-} < 0 \qquad （公式 1）$$

在公式 1 中，U_i 代表第 i 个孩子的期望净效用，U_{i+} 代表第 i 个孩子的期望正效用，U_{i-} 代表第 i 个孩子期望负效用的绝对值。在能够有效控制生育的条件下，如果第 i 个孩子的期望净效用大于零，一对夫妇就会生育第 i 个孩子；反之，第 i 个孩子就不会出生。从生育调节原理看，当需要控制一对夫妇生育第 i 个孩子时，就须用各种手段包括经济手段使第 i 个期望孩子对父母的正效用下降、负效用上升，如果控制手段达到了使期望净效用由正值变为负值之结果，一对夫妇也就会由原来想生育第 i 个孩子而改为放弃生育。中国的计划生育之所以取得比较大的效果，就是因为通过不断加大奖励少生的力度和惩罚超生的力度两种手段，日益减少了欲超生之孩子的期望正效用和提高了期望负效用，使更多的家庭之第二孩和第三孩的期望净效用由正值变为负值，从而不断更加有效地遏制了超生第二胎和第三胎。

奖励和惩罚措施既然在生育率比较高的情况下能控制一个国家的生育数量，那么，也就肯定可以在生育率比较低的情况下用来增加一个国家的生育数量。方法就是用各种手段提高第 i 个孩子的期望正效用和减少第 i

个孩子的期望负效用，以使第 i 个孩子的期望净效用从负值转变为正值。其中最重要的显然是各种经济手段。

我曾经用期望孩子交易价格的概念概括了生育控制成效之原理，即对想生育第 i 个孩子的夫妇来说，可以采取买断其生育权的办法（李小平，1992、1993）。我于 2002 年对农村育龄夫妇的实证调查中发现，有一半以上政策允许生育二胎的夫妇在 5 万元奖励下愿意放弃计划内二胎，也有一些家庭奖励更少就可以放弃计划内二胎。当然也有一些放弃计划内二胎的价格更高一些，有的高达 20 万（这些被调查者大多属于一般收入水平）。这一买断二胎生育权所需最低货币数额就是期望二胎孩子的交易价格，这个价格显然是因人而异的，并在很大程度上取决于一个家庭的收入水平。

同理，我们可以用货币奖励来促使一个不想生育二胎的家庭转变为生育二胎所需最低货币奖励数额称为非期望孩子的交易价格。这个价格在不同时期的分布是一个很有意思和具有高度政策意义的实证课题。比如，对于想增加人口的俄罗斯来说，就可以通过严谨的设计搞一个调查或实验，来确定每对夫妇的第二胎和第三胎之非期望孩子交易价格之分布，然后根据国家财力来确定一个固定的货币价格。

六　将低生育率恢复到更替水平并非难事

根据生育效用原理和趋利避害的行为理论，在确实必要的情况下，将低生育率恢复到更替水平应该不是很难的事情。

直接针对孩子的政府支出可以提高生育水平。根据广义消费者均衡模型，当孩子对家庭不具有创造收入的经济价值时，一个家庭生育孩子的数量取决于消费偏好、养育孩子的成本和家庭收入约束。而对广大的家庭而言，家庭收入水平取决于市场工资水平。微观经济学一般认为偏好比较稳定，依此而分析，生育水平主要取决于收入水平、养育孩子的成本与时间的机会成本。由此可知，低生育水平显然主要是由养育孩子的成本相对于收入水平太高而导致的。因此，如果政府想提高生育率，至少可以通过调整养育孩子的成本和家庭税以及加大对高胎次孩子的直接补贴来达到一定的目标。如果仅此还不足以实现既定目标的话,那么还可以将生育孩子数与养老金水平挂钩,使多生孩子家庭享受更加优厚的养老保障。根据最近的信息,俄罗斯和加拿大采取并非很优厚的经济措施奖励生育就已经取得了一定的效果。

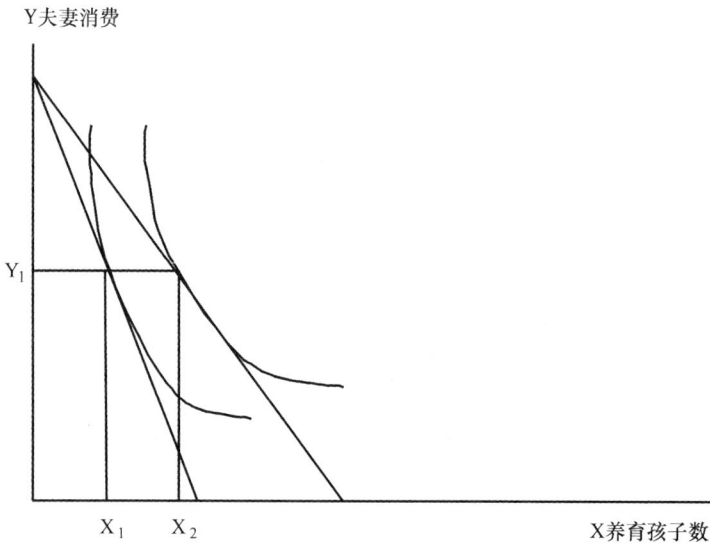

图1 政府全部承担第二孩养育费用下生育数量由一孩均衡到
      二孩均衡转变

图 1 中横轴表示一对夫妇养育孩子数量和费用,纵轴表示夫妇自身消费。当消费和养育孩子全部需要家庭自己承担时,这对夫妇选择只生育一个孩子而消费 Y_1。如果政府实行对养育第二个孩子的费用全部包下来之政策的话,这对夫妇就会养育两个孩子。由于他们在政府支付养育孩子费用之外没有增加其他收入,所以他们自身的消费仍然为 Y_1。政府所支付的养育孩子的全部费用就可以看做是非期望二胎孩子的交易价格。由于家庭间的收入水平和偏好不同,这样一个固定价格会将原本不准备生育二胎孩子的家庭一分为二,一部分转为选择生育二胎,一部分人会继续选择只生一孩。

市场工资率与养育孩子成本比率的提高也会提高生育水平。当一个国家真正处于劳动力十分短缺时，市场工资率就会大大上升，如果养育孩子的成本并未增加或增幅相对而言较小，这两者比例的提高就会改变某些家庭的广义消费者均衡点，从而提高一国的平均生育水平。

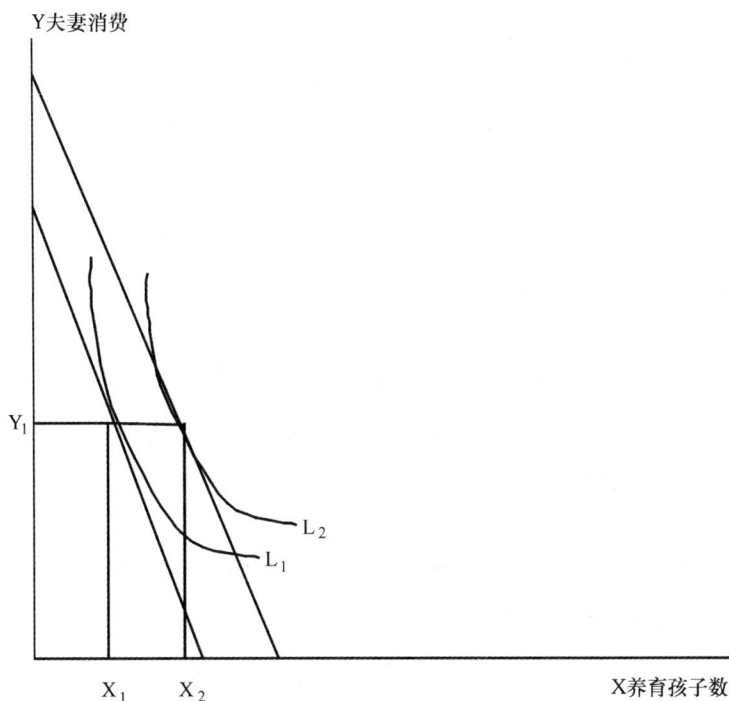

图2　市场工资率上升养育孩子成本不变情况下生育由一孩均衡到二孩均衡的转变

从图2可以看出，当市场工资率提高到一定程度而养育孩子成本不变时，这对夫妇的收入就从L_1上升到L_2，在养育孩子成本保持不变的情况下，他们就会从原来的选择生育一个孩子而改变为生育两个孩子。当孩子养育成本伴随工资率也出现上升时，只要孩子养育成本提高幅度小于由于市场工资率提高而使夫妇收入增长的幅度，仍有可能使部分家庭的生育从一孩转变为二孩。

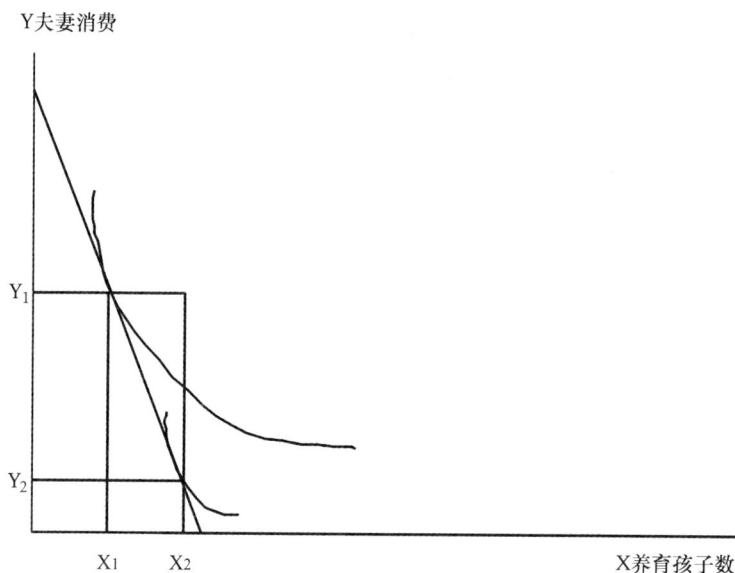

图3 横轴表示一对夫妇由于偏好的改变，在同样收入的情况下由原来选择自我消费 Y_1 而生育一个孩子转变为减少自我消费到 Y_2 而养育两个孩子

　　人口不足和劳动力短缺时生育偏好的改变也可以提高生育水平。作为具有基本理性的人类，在人口不足和劳动力严重短缺并无法通过吸引移民而增加总人口和劳动力时，一个国家的人民肯定不会坐以待毙。虽然微观经济学一般假定人类的偏好是相对稳定的，但人口危机意识应该能促使大众的生育观念发生变化。生育观念的变化意味着偏好的改变，这就会改变大众在自我消费和生育之间的固有偏好，也就是改变许多人原有的消费者广义均衡，从而在收入水平和其他一切都保持不变的情况下，增加生育孩子的数量。根据对动物的研究发现，有些动物也会根据环境的变化而调节自己的生育行为。人类是高级动物，在危机面前应该也不会例外。

　　以法律禁止堕胎和避孕药具的生产与进口就可以大大提高生育水平。其实，一个国家如果真的由于人口严重不足和劳动力十分短缺又不想通过吸引移民的方式来改变，那么，只要以法律方式禁止堕胎和禁止一切避孕药具生产与进口就可以大大提高生育水平。罗马尼亚就曾经采取过这样的措施，并在短期内迅速使 1966 年的出生率由 14.3% 提高到次年的 27.4%，以后 5 年的出生率分别为 26.7%、23.3%、21.1%、19.5%、18.8%。这 5 年中出生率之所以逐渐下降的主要原因是人们找到了其他渠道来获取避孕药具和实现堕胎（李小平，2000）。罗马尼亚对生育的经济刺激是属于最低层次的，由此可见这两项措施对提高地区生育水平的重大效果。

七 引进劳动力相对于提高生育率而言是一个双赢的选择

众所周知，美国是一个典型的移民国家。相对于自身繁衍劳动力而言，劳动力移民无疑是一个非常节约本国社会成本的有利方式。一个迁入本国的移民劳动力不用花费该社会的任何养育成本却可立即为政府提供税收，这是何等划算的事情！同时，对那些低收入而人口过剩的国家来说，能够有部分劳动力迁出无疑是一件减少本国人口和就业压力的大好事，历史上的欧洲大陆向外移民就起到了这种效果。因此，在全球化的过程中，低生育率的发达国家如果真正的陷入劳动力短缺，完全可以通过吸收劳动力移民的方式来补充劳动力的不足。希拉里认为美国是最得益于多元化的社会，这里的多元化显然与美国是一个由全世界所有的民族和种族组成的国家有关。因此，发达国家只要克服了狭隘的民族种族意识，就完全可以放弃所有鼓励生育的措施，而通过吸收劳动力移民的方式来填补本国劳动力的不足。这无疑是迁入国与迁出国双赢的举措，也是有利于全人类福祉的重大举措。

八 结论

世界人口的总量过多和继续增长的态势以及在国家和地域间的分布状况远没有达到需要一个国家鼓励本国育龄夫妇提高平均生育水平的境地。而中国作为占世界人口五分之一多且人口（2007 年为 13.18 亿）超过世界发达国家人口总和（2007 年为 12.21 亿）的第一人口大国和劳动力大量潜在过剩的国家，更没有任何放松生育控制的理由和提高生育率的丝毫必要。中国在人口政策上唯一正确的选择，就是必须坚定不移地坚持现行生育政策不动摇，并尽更大努力鼓励更多的家庭只生一个孩子，以加速实现人口零增长的进程。

附录 《人类生活的美学问题》

人类除了人口与经济关系的问题以外，还有一个人类生活的美学问题。拥挤的富裕比不上空间宽裕的富裕；生活在"一斗流水半斗泥"的河边不如生活在"春来江水绿如蓝"的江畔；独家带花园的 200 平方米的别墅胜过 300 平方米的公寓；人工养殖的速生鸡鸭鱼总不如自然生长的味道鲜美；公园中三三两两伙伴的闲庭信步远远比被迫如过江之鲫似的匆匆而过来得更加惬意。因此，即便退一万步讲，物质财富的增长可以和人口的增长始终成比例甚至快于人口的增长，这样的人口经济增长模式是否值得称道甚至追求，也是大可予以疑问的。对此，早在 1848 年，当今日之英国境域内的威尔士和苏格兰的人口只有 2100 万，全世界人口只有 10 亿多一点的时候，被认为既是经济学家又是哲学家的约翰·斯图尔特·穆勒，就在其《政治经济学原理》一书中，有过一段涉及人类生活美学的精彩论述。笔者将其译出并引用于此，供读者品味。虽然我们今人不一定完全赞同其所有观点特别是关于资本增长方面的观点，但也许仍会受到某些有益的启迪。

毫无疑问，倘若生活之技能得以持续改善并且资本不断增长，那么，对于全世界甚至那些古老的国家而言，都仍然存在着容纳巨大人口增量的空间。不过，即便这种增长是无害的，我也不得不坦言，我本人认为很少有理由将其视为一种值得追求的理想。对目前所有人口众多的国家来说，使人们可以在最大程度上获得经济合作与社会交往所需要的人口密度，已经足够了。尽管一个国家的人口享有着充裕的衣食供应，但它仍可能是太拥挤了。对于人来说，无法摆脱无时不与其同类形影不离的状态，显然不是什么好事。一个隐居之可能被根除的世界，实在是一个十分糟糕的境地。隐居，就其经常独处这一意义而言，对于任何深刻的思考和深邃品质的培养，都是必不可少的。而与自然之壮丽景观融为一体的独处，是思想与抱负的源泉。而这，不仅对个人大有裨益，也是使社会避免陷入病态所不可或缺的。当放眼望去，如果所看到的是这样的景象：大自然的生物全然失去其自发的生机；每一块可为人类提供食物的土地都被耕种；每一处原本繁花似锦的处女地或天然草原都被耕犁翻卷；每一种野生的陆地动物和鸟类都因人类的食物需要而几乎绝迹；每一桩树篱或闲余的树木都被连根拔掉；总之，在发展农业的名义下，未被作为野草铲除的天然花草和灌木丛林已难得一见，这样的世界又怎能使人们有多少愉悦的心情呢？如果财富和人口的无限增长仅仅是为了能够供养一个更大的但并非过得更好和更幸福的人群，却由此使葬送的东西导致地球失去了大部分令人愉悦的景致，那么，为了我们的子孙后代，我真诚地希望，远在被必然性所强迫停滞增长之前，人类倒不如以稳定的状态为满足。

　　稳定的资本与人口并非一定意味着人类自我改善的静止状态，这一点几乎无须解释。当精神的注意力得以从被迫全神贯注于存活之术中摆脱出来，就会有更大的余地发展各种精神文化和促进道德与社会的进步；更充足的空间来改进生活的艺术；并由此使之更可能和更快地得到改善。甚至工业本身的艺术特性也或许被迫切地和成功地予以挖掘，而不再仅仅盲目地服务于财富的增长。在这样决然不同的理念下，工业的各种进步将同时结出它的理性之果，即缩短人类的劳作。在合理制度之基础上，只有当人类的增长问题被置于基于明智远见的审慎引导之下，由发明家的智能从自然力所获得的成就，才能成为人类共同的财富和增进人类全面福祉的手段。

最后，值得一提的一个令人深思的现象是，著名的科学家和发明家中鲜有人口增长问题上的绝对乐观主义者。相反，倒是不断有科学家大声呼吁采取控制人口的措施。1968 年以《人口炸弹》一书而闻名于世的生物学家保罗·艾里奇，就是一个积极的人口停止增长论者。在其 1990 年出版的《人口爆炸》一书中，他又对主张人口增长的观点提出了质疑。针对纪念保罗教皇反对控制生育的通谕《人道传略》发表 20 周年时，反对节育和堕胎的天主教的主教们所宣称的"从理论上讲，全世界的粮食资源可以养活 400 亿人"这样的人口经济观，艾里奇写道："从某种意义上说，他们是对的。"不过，他接着发问道："但是，把地球实质上变成规模巨大的人类饲养场，能服务于什么目的呢？"

参考文献

1. Besemeres, John, F. (1980), *Socialist Population Politics: The Political Implications of Demographic Trends in the USSR and Eastern Europe*, M. E. Sharpe Inc., White Plains, New York, pp. 262 – 263.

2. Population Reference Bureau (2005), *2004 World Population Data Sheet*, Washington D. C.

3. 赵文林、谢淑君：《中国人口史》，人民出版社 1984 年版。

4. 李强：《中国面临人口老化危机》，载《科技导报》1989 年第 4 期。

5. 李小平：《人口老化与人口老化危机》，载《科技导报》1990 年第 3 期。

6. 李小平：《老年人口与国民收入分配》，载田雪原主编《中国老年人口经济》，中国经济出版社 1991 年版。

7. 李小平：《期望孩子的交易价格及其在生育控制中的应用》，《中国人口科学》1992 年第 5 期。

8. 李小平：《加速解决中国人口问题的经济模仿——期望孩子的交易价格原理及其应用》，中国广播电视出版社 1993 年版。

9. 李小平：《外部性与过度生育：关于过剩人口成因的制度分析》，载《中国人口科学》2000 年第 6 期。

10. 李小平：《向少生二胎要农村社会保障资金》，载《首都经济》2003 年第 4 期。

11. 李小平：《论中国人口的百年战略与对策》，载《战略与管理》2004 年第 3 期。

12. 李建新：《稳定低生育水平与现行生育政策思考》，载《中国人口：太多？还是太老？》，社会科学文献出版社 2005 年版。

13. 原新、王金营：《过低的生育率就是人口不安全》，载《人口研究》2005年增刊。

14. 中国社会科学院人口与劳动经济研究所：《中国人口年鉴》，2003 年，第362—367 页。

15. 中国社会科学院人口与劳动经济研究所：《中国人口年鉴》，2006 年，第535 页。

16. 李小平：《建立和谐社会进程中的和谐人口政策探讨：生育控制、城市化、地制改革、社会保障四位一体方案》，载《第二届中国社会发展政策高层论坛论文汇编》，中国人民大学人口与发展研究中心，2006 年。

17. 王红晓：《治理"出生性别比偏高"的对策研究》，载《第二届中国人口科学论坛：统筹解决人口问题全国学术讨论会论文摘要汇编》，中国人民大学人口与发展研究中心，2007 年。

18. 郭志刚：《认真做好当前生育水平的监测与研究》，《中国人口科学》2007 年第 5 期。

19. 李小平：《人口老化并非危机：兼论人口负增长前绝对不应放宽生育政策》，载《科学决策》2007 年第 2 期。

20. 李小平：《减少人口是最佳选择》，载《大地》2007 年第 4 期。

21. 李小平：《控制和减少人口总量就是优化人口结构》，《重庆工学院学报》2007 年第 9 期。

22. 李小平：《人口减半经济学与人口老龄化经济学》，《中国人口发展的理论与实践——纪念改革开放 30 周年全国学术讨论会论文集》，中国人民大学人口与发展研究中心，中国人民大学人口研究所，《人口研究》编辑部，2008 年。

23. ［美］保罗·艾里奇、安尼·艾里奇：《人口爆炸》，张建中、钱力译，新华出版社 2000 年版。

当前生育政策调整的思辨与实证

◇虞沈冠[*]

当前关于调整生育政策的呼声甚高，尤其是突出地反映在废除现行生育政策中的"一对夫妇生育一个孩子"的政策，而改为"普遍可以生育二胎"的政策，这是事关人口与计划生育及可持续发展的一件大政方针，牵一发而动全身，笔者认为这一调整甚为不妥，至少有以下几方面的理由：

第一，这跟现行生育政策衔接有矛盾，助长人们的生育愿望，导致生育秩序混乱，甚至会影响我国人口零增长目标的实现。现行生育政策是建立在提倡"一对夫妇生育一个孩子"的基础之上的，之所以提出一胎政策，是因为当时我国妇女的生育水平远高于生育更替水平（2.1），此前，1970 年为 5.81，1979 年为 2.75，为此，1980 年 9 月 25 日《中共中央关于控制我国人口增长问题致全体共产党员、共青团员的公开信》指出："为了争取在世纪末把我国人口控制在 12 亿以内，国务院已经向全国人民发出了号召，提倡一对夫妇只生育一个孩子。"起初把这种政策看做是影响一代人生育率的政策，并很快作出相应补偿的后继政策：对"有实际困难可批准生两胎"具体体现在 1984 年 4 月发布的中央 7 号文件里，该文件第一次明确使用"现行生育政策"的表述方式：现行生育政策主要包括三部分：以大中城市为主的"城镇居民"一对夫妇生育一个孩子；第一胎生育一个女孩的农民允许生育第二胎；少数民族可以生育 2—4 个孩子。这一生育政策贯彻至今，35 年来

---

* 虞沈冠，南京财经大学当代马克思主义中国化研究中心教授。

局部地区虽有补充修改，但都是在此政策框架内进行调整，这就形成了人们的一种思维定式。在这种政策指引下，计划生育取得了巨大的成效。据计算自开展计划生育工作以后的30多年里（1970—1999），共计少生3.38亿个孩子，迄止今年，累计少生4.1亿个孩子。虽说现行计划生育政策有些矫枉过正，但不过正就不能矫枉，当初计划生育工作曾提出过"晚、稀、少"的口号，后来演变为"一个不少，两个正好，三个多了"，现在看来，都没有"提倡一对夫妇生育一个孩子"好，这是因为只有提倡紧缩的"一孩"指标，才能使人们找到目标和榜样，像上海和北京等大城市已经在践行这一目标，否则人们还以为两个孩子正好，便向二孩看齐，恰好二孩接近更替水平，无须花多大气力就达到，这就使政策的号召力和推动力难以遏制当时人口迅速增长的惯性势头，使达到妇女生育更替水平和人口零增长的目标推迟实现或者根本就无法实现，差不多跟我国同时起步的印度就是一个教训，由于生育目标较宽松，而使计划生育濒于流产，它或将在不远的时间里超我国而成为世界第一人口大国就足以说明之。

但是我们也应注意到人口政策的持续性与稳定性是多么的重要：正是在1984年7号文件下达之后，中央及时纠正了"开小口"、"堵大口"所造成的生育小高潮，重申了一对夫妇只生育一个孩子的政策，但随之而来的生育率回升使我国人口出生高峰和妇女生育高峰（即育龄妇女人数的高峰与生育率回升的高峰迭加起来），险象环生，及至20世纪90年代，计划生育被列入基本国策，并以一票否决来突出其地位，而且事实上2000年人口控制在12亿以内的目标最终被突破，足以说明教训之严重！这次提出放开二胎的时机，又恰好处在人口出生第四高峰期，这时放开二胎必然会使妇女生育率得以回升，导致又一次妇女生育率高潮，两股高潮迭起，其增长势头和惯性势头必将再次严重冲击我国既定的人口增长目标，造成难以挽救的损失，不仅使妇女生育水平重新恢复到更替水平以上，还会使实现人口零增长的时间大大往后推迟。而且，由一孩政策转为二孩政策，参照系一变，许多事情都可能推倒重来，局面也可能难以掌控，导致计划生育前功尽弃，重返"天下第一难"的境地。

也许有人要问，按照独生子女的生育补偿政策，双方均为独生子女者，不分城乡，结婚后均可允许生育两个孩子，而在大多数农村，一方为独生子女者，婚后可生两个孩子，稍后，城市中一方为独生子女，也可以生两个孩子，这不可以名正言顺地用放开二胎来代替原来的一胎政策了吗？何必如此大惊小怪？其实不然，这是两种不同的评价标准和人口生态环境，关键的是参照系变了。现在想生二胎的放开二胎政策后，便可合理合法地生了，甚至不达目标不罢休，还想超生，因为只生一个男孩不如愿的旧观念未破除，放开生育二胎后提供了他们的超生机会，助长了超生的欲望；不想生的即使有了二孩指标也会放弃生育（但不等于终身不再生育第二孩），但在一部分人影响下，尤其是富人超生或者再婚者生育二孩的情况诱惑下，也会加入到生二孩的行列中来，这样一来生育率回升的可能性就大大增加了。

第二，我国目前的低生育水平仍处在合理的可控阶段，不会造成生育率回升的局面，主张放宽或放开二胎缺乏科学的论证，不能简单地用队列生育指标来校准时期生育率，从一孩政策到二孩政策是个巨大的跃迁，会使时期生育率产生巨大的波动，影响到人口零增长目标的实现。

中国现行生育政策的制定是建立在妇女终生生育数量的基础上，然而计划生育调控主要还是基于不断得到的最新时期总和生育率指标，但时期指标偏重于反映短期行为，特别是对于正在转变中的时期，它不能等同于终生生育率。须知，时期生育率要稳定相当长一段时期，例如 35 年左右（15—49 岁）才能刚好等同于终生生育率，而在生育率转变中的时期，生育率指标往往可能大大偏离队列终生指标。此时的时期指标是原有的旧模式和进行中的新模式的混合模式，而不是单纯的新模式。比如，在转变过程中，年长的年龄组已经按旧模式完成了生育，所以不再有计划外生育事件发生，而年轻的年龄组按照新的模式尚未婚育，不知道这部分到底是推迟婚育，还是终止婚育，此时如果将时期生育指标理解为一个模式，势必将这两部分硬捏在一起，将尚未生育作为终身不婚不育来理解，将已生一胎者误认为是只生一胎者，将已生二胎者误认为只生二胎者，故在生育率转变时期，简单地将时期指标等同于队列指标将会造成很大的误解，例如1989—1990 年间，全国总和生育率由前期的高达 2 以上，猛跌至后期的1.3 以下，而用队列指标就相对平缓些，前期为 2，后期为 1.7，而且连贯性较强，除外，时期指标既包括上述数量效应，也包括进度效应（即每个妇女发生婚育事件的年龄上变化，因而也是时间上的变化）。对此，美国人口学家邦加特（Bongaarts）和菲尼（Feeney）（1998）提供一种控制进度效应的调整总和生育率的指标来近似反映终生生育率，也即：根据时期中所体现的进度变化将时期总和生育率 TFR′中的进度效应排除出去，使调整后的 TFR′中不再包含进度效应，以便更好地估计终生生育数量，这种方法在美国和中国台湾地区试验，都受到较好的效果。台湾地区 1986 年以来总和生育率大大低于生育更替水平，约为 1.7，该期间正是平均生育年龄提高最快的时期，但是在对进度效应进行调整以后，所得到的 TFR′便相当于接近更替水平，也就是说，由于进度效应使该时期的 TFR′比相应的终生生育率（TFR′来预计）降低了 0.4（即由 2.1 降至 1.7）。如果我们对照一下我国 20 世纪 80—90 年代的 TFR′的变化，也会发现同样的情况，虽然我国的 TFR′已降到 1.7 或 1.8，但终生生育率（TFR′）也要接近更替水平，而不能用低生育水平来概括之。再说，从 1990 年至今时间还未满 35 年，仅有后期的 18 年（1990—2008），而前期的 17 年（1973—1990）一直处在高生育状况，这个混合模式中的前后两期平均值肯定会大大超过生育更替水平。也就是说，在已经完成生育经历的妇女中，每个妇女曾生子女数肯定会超过 2 个，但这是在 1980 年中央发表公开信后，或者说在 1984 年中央正式确认"一对夫妇生育一个孩子"的现行生育政策执行 25 年后的今天，才得到这样的结果。倘若当初不实行"一孩"政策，何以得到今天这样的结果。如果再参考一下 1974 年以来妇女二孩递进比，二孩控制度及二孩政策兑现度也同样清楚地反映了当时妇女生育率变化的趋势。

中国妇女的二孩递进化 P_1 在整个 70 年代一直稳定地保持在 0.98 的高水平上，按此生育水平推算，几乎所有的一孩妇女在生育期结束时都生育了第二个孩子。二孩递进比的下降是从 1980 年开始的，1984 年降至这段时间的最低点，从 1985 年开始至 1987 年止，又出现明显的回升趋势。进入 90 年代后，才进入一个稳定的下降通道，直到 1996 年下降至 0.400 的较低水平（因考虑到上述进度效应，1997 年调查时还有一部分妇女未完成最后的生育，实际要比 0.400 略高些）。

1974—1996 年中国妇女二孩生育情况表

年份	P_1	C_2	R_2	年份	P_1	C_2	R_2
1974	0.9925	0.45	43.64	1986	0.8331	16.44	51.42
1975	0.9876	0.94	43.80	1987	0.8521	14.53	50.15
1976	0.9895	0.75	43.60	1988	(0.746)		
1977	0.9783	1.88	44.29	1989	(0.731)		
1978	0.9839	1.31	43.71	1990	(0.729)		
1979	0.9871	0.99	43.33	1991	(0.583)		
1980	0.9607	3.64	44.54	1992	(0.539)		
1981	0.9325	6.47	45.85	1993	(0.493)		
1982	0.9121	8.52	46.73	1994	(0.471)		
1983	0.8121	18.55	52.73	1995	(0.433)		
1984	0.7530	24.47	56.86	1996	(0.400)		
1985	0.7621	23.56	56.38				

资料来源：陈友华、虞沈冠：《中国妇女孩次递进比的变动趋势和生育政策分析》，载《人口与经济》1993 年第 2 期；郭志刚：《中国近期生育水平的研究》，载国家计划生育委员会计划财务司、中国人口信息研究中心编《1997 年全国人口与生殖健康调查论文集》，中国人口出版社 2000 年版。

中国妇女生育二孩的控制是考虑到绝大多数省份农村独女户在满足一定间隔后允许生育第二个孩子，以及农村少数民族聚居地区允许生三个孩子的政策。针对当时（1990）的实际情况，假设农村独女户中有 90% 符合照顾生育第二个孩子，而农村独女户照顾再生育面占农村整个照顾面的 80%，城市妇女照顾生育二孩面占 10%，居住在城市的少数民族与汉族妇女中有 0.5% 的人符合生育三孩（包括双胞胎等）的政策条件，依据四普结果，城市人口约占 26%，农村人口约占 74%，少数民族人口约占 6%，在出生性别比为 107 的假设条件下，中国妇女二孩的政策内总和递进比估计值为：$TPR_2 = [26\% \times 10\% + 74\% \times (100 \div 207) \times 90\% \div 80\%] \times 0.99$（一孩递进比）$= 0.4239$，而当时的临界控制度 $C_2^S = 1 - (TPR_2 \div P_0 \div P_1) = 57.05\%$，即如果所有妇女都按当时（1990）生育政策生育，二孩控制度应为 57.05%，把二孩实际控制度与临界控制度进行比较，可发现：20 世纪 80 年代里，C_2 呈上升趋势，说明我国在控制二胎生育上成效是显著的，但总体上 C_2 还是比较低的，即使在当时看来最高年份的 1984 年，C_2 也只有 24.47%，也就是说，在这一年里只有 42.89%（24.47%/57.05）不符合二孩生育条件的妇女生育得到控制，而大部分（57.11%）不符合生育二孩条件的妇女还是把二孩生了下来。

中国妇女二孩生育政策兑现度 R_2，表示如果妇女按其年度生育水平生育，当她们生育结束时生育二孩满足生育政策要求的孩子所占的比例。从上表可以看出，中国妇女生育二孩的政策符合程度由 1974 年的 43.64% 上升到 1984 年的 56.86%，整个 80 年代至少有 43.14% 以上的妇女生育二孩是不符合当时的政策规定的。

由于缺乏 20 世纪 90 年代以后的政策背景资料，难以对 1988—1996 年间的 C_2、R_2 进行估计，但至少可以说明 1974—1990 年间高生育态势的惯性和能量是如此巨大，以至于后来虽然被一胎政策下的高压瓦解攻破，但如果现在放开二胎的话，其反弹的能量及惯性也是可以想象到的。

迄止 2003 年，一些研究人员根据国家计生委所提供的全国行政地区级不同生育政策类别的人口比例，计算出全国执行"一孩政策"的人口占 35.45%、"一孩半"的人口占 53.6%、"二孩政策"的人口占 9.7%、"三孩政策"的人口占 1.3%。那么按现行生育政策只能生育一个孩子的夫妇占 63%，其余 37% 可以生育二孩以上，并且生育政策所要求的全国平均终生生育率为 1.47 个孩子（郭志刚等，2003）。倘若生育一个孩子占 63% 中的夫妇有一半允许生育两个孩子，就会使终生生育率提高 31.5%，即达到 1.93（1.47×1.315），倘若放开生二孩，就会使终生生育率最大可提高 63%，达到 2.40（1.47×1.63）个孩子，前者接近生育更替水平，后者就超过生育更替水平，虽然会有许多人放弃生育，但放开二孩政策为生育率反弹点燃了导火线，随之而来的连锁反应就可能使计划生育失去控制，导致人口零增长的目标推迟实现或者根本无法实现。

第三，新理论新政策新观念才是解决当前人口问题的关键。人口问题是复杂的，有人称之为人口炸弹，其实它恰似一颗原子弹，不断地产生链式反应，既有原发性的人口问题，也有继发的人口问题，最初的人口问题，可能反映在人口数量方面，接下来便会反映到人口质量和人口结构上来。最初为了控制人口数量而实行计划生育政策，但独生子女政策带来的人口老龄化又让我们为"未富先老"犯愁，人口发展的历史就是一部复杂性不断增加的历史，我们要有系统性和连贯性思维。技术手段不可能彻底解决人口问题，这是由科技动力学定律决定的，科技动力学定律有两条：一是问题永恒说，问题永远不会消失，它们只是被替代，一个紧接着一个，解决一个问题的方法，会衍生出另一个新问题；二是科技挑战总是不断增加，自然资源数量持续不变或是减少，则科技挑战的规模、个数和复杂程度会增加。正如穆光宗在《给"中国人口问题"一个准确的定位》一文中所说的那样：人口问题实际上是经济发展问题，也是社会管理问题；是制度安排问题，也是文化影响问题；所谓的人口问题，是指主要由于人口变量的变化而引致的人口系统运行内部失衡现象，以及人口系统和非人口系统——即资源环境系统和经济社会系统——在互动中的矛盾冲突；人口问题只是深层问题的面相，而绝不是问题的实质。

人口规律还是可循的。人口本身是一个高度的抽象，究竟是否有人口规律，人们能否认识人口规律，只能借助于生物学的规律。一般说来，生物种群的密度从过疏到过密要经历三个阶段，表现出一条随种群密度变化的"S"型曲线（也即逻辑斯蒂曲线），就这种意义上来说，任何生物，包括人类在内，其发展过程都会受到环境容量的限制。在假设环境容量不变的前提下，人口增长完全符合逻辑斯蒂曲线。而如果环境对人口增长的反馈在人口动态中得到应答，则人口增长就会随时间的变化围绕环境容量进行减幅波动而呈现一条逻辑斯蒂变形曲线，在此情况下，人类文化对环境容量的适应可以产生正面和负面两种效应。一方面，人类创造的文化可以改变环境，使环境更加符合人类居住，这就在客观上增加了环境的人口容量；另一方面，人类文化往往造成对环境的破坏，使环境容量进一步降低，这样，人口动态变化就由人口内禀增长率、环境容量和社会调节机制三方面的因素决定。而人口数量波动幅度主要由社会因素决定，人口规模的极限（即环境容量）则由自然规律和经济规律共同决定。因而人口内禀增长率则是环境容量和社会经济发展水平共同调节的结果。

如果说人口系统与自然—社会系统还是个协同学的问题，即系统相互协作的问题，那么系统间的相互联系便可在序参数上得到反映，显然协同学系统可能不只受一个，而是受几个序参数的控制，在一段时间内，一个序参数占主导地位支配另外两个，规定它们的运动，但过后这个序参数失去其主导地位，把这个地位让位于另一个序参数，并依次重演。人口内禀增长率取决于出生率、死亡率和迁移率，这三个序参数的地位也可以转化，从而决定着人口规模增长的发展变化。根据我国的实际情况，中国科学院曾提出实现可持续发展的三个台阶：一是 2030 年我国人口自然增长率达到零增长，二是 2040 年资源与能源消耗率达到零增长，三是 2050 年生态环境退化速率达到零增长。为此我国的人口与计划生育工作不能有丝毫动摇，千方百计地稳定低生育水平，才能保证 2030 年人口自然增长率达到零增长的目标得到实现。在此前提下，考虑到人口问题的复杂性，全面贯彻落实科学发展观和建设和谐社会的目标，统筹解决我国的人口问题，当前主要是优先投资于人口全面发展，稳定低生育水平，提高人口素质，改善人口结构，引导人口合理分布，保障人口安全，促进人口大国向人力资本强国转变，促进人口与经济、社会、资源、环境协调和可持续发展。现在有人提出要维护人口生态平衡，这涉及男女、老少等构成的生态多样性，人口系统自身的持续发展需要维持住人口生态的平衡关系，对此国际上已提出"人口平衡"的概念。维护人口生态，平衡人口发展是统筹解决人口问题的应有之义，它是建设和谐社会的一个重要切入点，但要注意到政策的连贯性与系统性，轻易地改变政策目标会引起扰动，产生"蝴蝶效应"，造成系统混乱，甚至会多走弯路，影响到实现可持续发展的进程。上述模型的生物学测试表明，人口增长到极限（K 值）时，由于时滞的缘故，将会出现围绕 K 值上下波动的情况，而且人口增长率在种群趋向稳定的平衡值 K 时越高，则种群的周期性波动也越大，甚至会出现不规则波动，乃至多少代后才能消除这种影响。

统筹解决当前人口问题的关键是，要把人口问题摆在人口、资源、环境、经济、社会五维空间中进行通盘考虑，并遵循五律协同发展的规律权衡比较。从大人口的宏观角度来看，由于中国是世界工厂，经济与社会的长足发展使资源环境成了短板，人口与自然的矛盾更显突出，人口规模不宜再扩大，放宽生育目标只会加剧激化这一矛盾。这次为防治全球金融危机，我国提出 GDP 保八的措施，实际上 7% 已是我国劳动力就业的底线。目前，产业结构的转型（主要是升级）需要更多的应用型人才，而不是普通劳动者，经济危机中农民工的失业问题已向我们敲响了警钟。工业化和城镇化已缓解了城市人口中的老龄化及社会养老的危机，流动人口是一个巨大的缓冲器和稀释剂，难道我们还希望农村普遍生育二胎来支撑一个传统的农业？伴随着农业产业化和规模经营，农村中尚有大量富余劳动力要转移出来，而且机械化也已为之铺平了道路，填补了劳动力紧缺的空间；农民市民化最基本一条就是生育观念的市民化，很难想象，拖儿带女的农民工在城市中能够顺利生存和发展，他们一只脚在城市，另一只脚在农村，进退两难，前途与孩子只能选择前者，放弃后者，所以生育二孩只能是一种奢望，更何况周围城市人口不乏放弃生育指标者，也能悟出这点道理。观念更新是一种大势所趋，不可逆转。经济与社会领域里产生的人口问题，只能在经济社会领域里的体制与机制中找到答案，就事论事地去化解人口问题只能是隔靴搔痒，治标不治本。

参考文献

1. 陈友华、虞沈冠：《中国妇女孩次递进比的变动趋势和生育政策分析》，载《人口与经济》1993 年第 2 期。

2. 郭志刚：《中国近期生育水平的研究》，载国家计划生育委员会计划财务司、中国人口信息研究中心编《1997 年全国人口与生殖健康调查论文集》，中国人口出版社 2000 年版。

3. 常杰等：《生态学》，浙江大学出版社 2001 年版。

4. 虞沈冠：《马尔萨斯的神话及其演绎——中国与世界人口增长规律的人口生物学解释》，载《第八次全国人口科学讨论会》，2002 年，北京。

从提高劳动力质量看控制人口数量

◇赵 耀[*]

在我国计划生育这一基本国策实施 30 年的今天，理论界针对一对夫妇生一胎的政策提出了不同的观点。我认为，一胎政策就目前的实际情况而言暂不应该改变。本人依据相关理由提出以下粗浅的看法欲与学者们进行商榷。

一 人口政策应为强国富民的战略目标服务

所谓强国，是指用衡量国家综合国力的指标体系进行衡量，其结果应该在世界范围内名列前茅；所谓富民，是指国家的全体国民在物质生活方面、接受教育方面、享受社会福利方面和卫生保健方面获得较为充分的资源与保障。富民是强国的体现，强国是富民的前提。

目前国际上有很多机构都在研究和提出评估综合国力的模型。其中，比较有代表性的模型有两个：一是小约瑟夫·S. 奈（Josph S. Nye）的"软、硬实力"评估模式。[①] 1990 年美国哈佛大学教授小约瑟夫·S. 奈在其撰写的一篇题为《仍是竞赛中的强者》的文章中，全面系统地分析、阐述了国家实力的概念和美国在全球的强国地位现状和发展态势，并进一步

　＊　赵耀，首都经贸大学劳动经济学院党总支书记、科研副院长。
　①　《美国霸权理论根源探询及制约》，载天涯社区网 2006 年 1 月 9 日。

指出，一个国家的实力由"软实力"和"硬实力"两部分组成。其中"软实力"包括国家凝聚力、文化被普遍接受的程度和参与国际机构的程度；"硬实力"包括基本资源、军事力量、经济力量和科技力量。他认为，"软实力"与"硬实力"具有同等的重要性。根据"软、硬实力"评估模式，采取"强、中、弱"3个等级的定性定量测评法，他对当时主要国家和地区的综合国力进行了测算，其等级总和排序是：美国（七强）、欧洲（五强、一中、一弱）、日本（三强、三中、一弱）、中国（二强、四中、一弱）。二是由中国科学院可持续发展研究组所做的《2003中国可持续发展战略报告》。[①] 该报告认为，一国综合国力的构成要素中既包含自然的，也包含社会的；既包含物质的，也包含精神的；既包含实力，也包含潜力及由潜力转化为实力的机制，是一个国家的政治、经济、科技、文化、教育、国防、外交、资源、民族意志、凝聚力等要素有机关联、相互作用的综合体。报告使用了经济力、科技力、军事力、社会发展程度、政府调控力、外交力、生态力7类指标构成的可持续发展综合国力指标体系，选定13个国家进行可持续发展综合国力的测算和对比分析。综合国力分值由经济力、科技力、军事力等7项分值相加而成。根据这一模式，中国的综合国力分值在本项研究中排在第7位。

用不同模式衡量的结果都表明，我国的综合国力指标在世界排行榜上大多没有达到超强的竞争地位，过去几年如此，今年依然如此。比如，美国在2009年发布的《第十次全球综合国力排名》中，与排名第一的美国相比，中国的综合国力相当于美国的48%，其中政治力相当于美国的92%，外交力相当于美国的89%，资源力相当于美国的88%，军事实力相当于美国的36%，经济实力相当于美国的25%，科技实力相当于美国的20%，教育实力相当于美国的12%。其中，中国的经济总量虽然是世界第三，但仅相当于美国的25%，人均GDP位列全球第100位，仅相当于美

---

① 中国科学院可持续发展研究组：《2003中国可持续发展战略报告》，科学出版社2003年版，第78页。

国的 5.5%。[①]

显然，中华民族的伟大复兴之路还很漫长，面对强国富民的战略目标，仍然依靠全体国民带着强烈的历史使命感和危机感作出持续性奋斗。那些关系到国计民生的各项方针政策，其中包括最重要的人口政策，必须紧紧围绕着强国富民的战略目标展开，以实现这一战略目标为宗旨才是正确的。

所以，这就要求我们在制定国家的人口政策时，不能仅仅考虑人口内部的变动因素和变动规律，而应该服务于强国富民这一事关中华民族生死存亡的重大战略目标。具体来说，我们是继续实施"一胎政策"，还是调整执行"允许生二胎政策"，就必须以是否能够增强综合国力这一战略目标作出系统的考量。

二 劳动力质量是强国富民战略目标实现的最重要影响因素

在我们围绕着强国富民战略目标考虑人口政策时，会发现这样一个事实：真正与提升国家综合实力有直接联系的那部分人口，一定是已出生人口中的劳动适龄人口，而不是已有人口数量的全部。甚至更准确地说，能够为提升国家综合竞争力作出最大程度贡献的，是劳动力资源中的劳动力质量。这其中，至少存在以下两个方面的原因：

（一）后工业化时代将以创新推动社会的进步和发展

马克思主义理论告诉我们，所谓劳动力首先是指人的劳动能力，即人的体力和智力的总和。纵观人类从农业化进入工业化到今天的信息化时代的发展史，就是人类自身运用体力和智力经过不断的技术创新、制度创新和管理创新，推动社会发展的历史。创新已然在当今时代成为一个民族不

---

① 参看《陆军论坛》2009 年 5 月 14 日（网址：http://bbs.service.sina.com.cn/treeforum/App/view.php?）。

断追求强大的灵魂，成为一个国家兴旺发达的不竭动力。其发展的历程所展示的规律就是，随着社会的发展，单位财富创造中的智力贡献率在不断增加，人力资本所带来的社会价值产出率持续提升。

可以毫不夸张的预言，未来国家及其劳动力资源是否具有持续的创新精神和品质，以及在这种精神和品质作用下是否真正拥有巨大的创新成果，是我们的强国富民战略目标是否能够得以实现的根本保障。显然，这种民族创新能力，是由人口中劳动适龄人口的劳动力质量直接决定的。

（二）创造财富和价值的单位通过劳动力市场甄选合适劳动力

目前，我国已经从一个计划经济体制国家转变为市场经济体制国家，这就意味着我国几乎所有的劳动力资源都要通过劳动力市场进行配置，社会的财富和价值是通过每个劳动者在一个个用人单位创造的。当劳动力需求量小于劳动力供给量时，有一部分想就业者将无法找到工作，他们将在失业阶段失去为社会作贡献的机会；不过，即便是当劳动力需求量大于供给量时，部分想就业者同样也有可能找不到工作，从而也失去在这个阶段为社会作贡献的机会。后者的原因是，用人单位在劳动力成本不断上升的压力下，都更加理性地采用适合原则和宁缺毋滥的用人原则。即一定根据岗位的具体要求和岗位胜任素质来甄选应聘者。如果应聘者因不符合标准而不能给单位带来价值最大化，用人单位宁肯让岗位空缺也不愿随随便便找一个人，每个用人单位都在力争做到把合适的人放在合适的岗位上。特别是在当今激烈竞争的时代，那些在知识、技能、能力和个性特征方面更具优势的应聘者才更有可能获得用人单位的青睐。比如，一个打算在某个公共管理部门或企业担任人力资源部管理者的求职者，就必须同时能够成功扮演四个角色：专家、业务伙伴、变革推动者和领导者，并同时拥有多元文化管理能力、正直与职业伦理、沟通与交流能力等22个胜任素质。这些角色的成功担当和胜任素质的成功展现是那些应聘者在职场上竞争成功的必要条件，否则，即便侥幸应聘成功也会很快遭到淘汰，劳动力市场竞争的猛烈性与残酷性会最终将那些只会做表面文章而无真才实学的劳动力供给者拒之门外。再比如，现实中，往往在职场上最终获得职业生涯顺利发展的劳动者，凭借的是他所拥有的人力资本、社会资本和心理资本（例如奋发进取、坚韧顽强、乐于奉献、沉着冷静等 13 项）。也就是说，一个人所接受的教育越多、人际关系网越广泛、心理素质越高，那么，他在职场上所作的贡献就有可能越大，获得职业成功的可能性就越大。而这三个影响劳动者劳动获得成功的重要资本完全是属于劳动力质量的范畴。可见，大量的劳动力适龄人口要想真正转变为为社会创造价值增加财富的现实劳动力资源，靠的是质量而不是数量。

三　严格控制人口数量的增长有利于劳动力质量的提升

既然我们的战略目标是要强国富民，既然强国富民战略目标的实现，最终拼的是国家在一定时期内所拥有的一定数量下的劳动力质量，那么，仍然继续实施"一对夫妇生育一个孩子"是在未来一定时期内不得不坚持的人口政策。至少有以下几个理由：

（一）把有限的教育资源投入到现有的潜在的劳动者身上

目前我国的个人、家庭和国家都在不同程度地为未来的劳动者进行教育投资，因为个人、家庭和国家财力有限，导致仍然有数量庞大的孩子上不起学，这些本该接受正规教育的未来劳动者因此无法获得起码的劳动技能和本领，进而丧失了在职场上展示创新成果的机会。

因此，鉴于三方财力在短期内无法在投资教育方面获得根本性的转变，我们不得不在人口政策上继续控制人口数量，让教育投资三方把有限的财力向独生子女倾斜，继续坚持走"少而精"培育高质量劳动力的道路。

（二）用更多的资源支撑教育改革

入学人数的增长将会导致学校扩招，在校舍、教学设备和教师数量十分有限的情况下，必然导致学生培养质量的下降。为了培养拥有创新能力的未来劳动者，教师的教学方式、教学内容都应不断进行改革，以适应社会对劳动力的需要。例如，进行"以成果为本的教育"就是当今全球化教育教学改革的标志。未来社会对教育教学的期待就是希望劳动者通过接受教育获得较强的可雇用性，在用人单位最大化的创造价值。而这一期待能够得以实现，是建立在有更多的教师腾出时间接受职业培训、国家有更多的资源向现代教育改革倾斜基础上的。显然，实现这一目标需要继续严格执行控制人口数量的人口政策。

（三）严格控制人口数量才能把有限的社会保障资源用得更好

通常，在一定时期内，社会保障所需投入与人口数量大小和人口质量高低成正比，即人口数量越大、人口质量越高，对社会保障体系投入要求就越大。所以，在我国当前尚比较脆弱的社会保障体系下，继续执行"一胎化"人口政策，用更多的社会资源保障好日益老年化的社会，而不是靠个人力量通过多生达到养儿防老的目的。同时，把有限的社会保障资源投入到现有的人口身上，使他们获得最大的受益。

（四）通过提升劳动力质量加强国防实力

通过人海战术克敌制胜的方法早已过时，现代战争敌对双方较量的是科技，以及先进武器装备下的大脑。显然，靠多生政策迎接战争带来的挑战是站不住脚的。相反，只有以高质量的人口为强大后盾，走科技强军之道，才能够御敌于千里之外，保我华夏国土吉祥平安。

FEEEP 视角下的我国适度人口研究

◇胡荣华　浦承嵩　李　红[*]

　　"适度人口"（Optimum Population）指在一定目标和条件下区域能够供养的最优人口数量。适度人口理论经历了早期适度人口理论、现代经济适度人口理论和可持续发展适度人口理论三个阶段。[①] 早期的适度人口理论假定人的知识和科学技术等条件不变，对人口数量和生产收益等因素做静态分析，是一种静态的经济适度人口理论。现代经济适度人口理论以法国人口经济学家索维为代表，从一般地分析经济适度人口规模，发展到分析适度人口增长率。该理论引入技术进步的条件，从动态角度分析人口增长率与经济增长之间的关系，从而寻求满足二者之间的适宜关系的人口增长率。[②] 20 世纪六七十年代以来，学者开始把资源环境纳入适度人口的研究中，认为适度人口不仅要与社会经济相适应，还必须与资源环境的承载力相协调，这实际上是以人口和环境的可持续发展作为适度人口的目标条件。目前我国学者大多是从可持续发展的角度研究适度人口问题。本文以FEEEP（食物、环境、能源、经济发展、人口）协调发展为目标，通过构建计量模型，对我国适度人口进行测算。

　　* 胡荣华，南京财经大学经济学院教授、硕士生导师，研究方向为人口、资源与环境经济学；浦承嵩，南京财经大学经济学院硕士研究生，研究方向为社会经济统计；李红，南京财经大学经济学院硕士研究生，研究方向为 FEEEP 协调度。

　　① 原新：《可持续适度人口的理论构想》，载《人口与经济》1999 年第 4 期。
　　② ［法］阿尔弗雷·索维：《人口通论》（上册），北京经济学院经济研究所人口研究室译，商务印书馆 1978 年版。

一　FEEEP 的由来及内涵

（一）FEEEP 的由来

FEEEP 是人类寻求可持续发展的具体化。[1] 其中 F 指食物（Food），三个 E 分别代表环境（Environment）、能源（Energy）、经济发展（Economic Development），而 P 则指人口（Population）。对 FEEEP 探讨源自 1995 年亚太经济合作组织（APEC）各会员国在日本大阪举行的领导会议。在这次会议中，APEC 各国领导认为，人口的急速增加、经济的快速发展将对人类食物供给、能源的需求和自然生态环境带来极大的冲击，故各国达成共识，同意将在相关的议题上寻求更进一步的了解，並为 APEC 区域寻求永久性的经济繁荣采取共同行动。上述议题经 APEC 经济委员会［EC（Economic Committee）］的长期酝酿，于 1996 年 10 月提出了 "APEC 关于人口增加和经济增长对食物、能源和环境的影响" 的讨论报告，并以 FEEEP 简称此项课题，该课题包含两个方面的内容：一是研究和探讨迅速增加的人口及高速增长的经济对食物、能源和生态环境的影响；二是在迅速增加的人口和高速增长的经济压力下，如何解决食物、能源和生态环境问题。近几年来，APEC 各国和地区就 FEEEP 之间的关系以及它们在社会经济可持续发展中所扮演的角色进行了广泛的研究。

（二）FEEEP 与可持续发展

当今世界，在发展中国家人口增长过快往往是贫困的主要原因，而发达国家又面临着人口老龄化的社会问题；石油危机、粮食危机频繁爆发；生态环境不断恶化，人类的生存条件受到严重威胁。在此背景下，FEEEP 的提出可以说是人类对自身发展方式的重新审视，亦是对可持续发展目标的强烈诉求。

同时，FEEEP 可视为可持续发展系统的阶段性目标。众所周知，可持

---

[1]　胡荣华、黄瑞霞：《FEEEP 相关性研究》，载《南京财经大学学报》2008 年第 6 期。

续发展的核心思想是"人类应协调人口、资源、环境和发展之间的相互关系，在不损害他人和后代利益的前提下追求发展"。因此可持续发展的具体化是包含人口、资源、环境和发展的复合系统，简称 PRED 系统。FEEEP 系统与 PRED 相比，有如下三点差异：

第一，PRED 中的发展是全面的发展，涵盖社会、经济、文化、科教等多方面范畴，而 FEEEP 只考虑经济这一最基本的发展。经济基础决定上层建筑，对于中国这样的发展中国家而言，经济发展是最优先的目标，国家只有富裕了才能为其他层次的发展提供必需的物质条件。

第二，PRED 中的资源因素考虑所有自然资源，包括水资源、土地资源、能源资源等，而 FEEEP 仅考虑能源资源。一方面，能源在现代生产活动的必须投入；另一方面，能源价格的波动牵动全世界经济的走势。在我国，虽然水资源、土地资源等也是制约人口增长和经济发展的瓶颈，但唯有能源供给能上升到"国家安全"的高度。

第三，FEEEP 将食物放在了和其他四个因素同样重要的高度。食物是维系人类生存的基本需求。"民以食为天，食以粮为源"，从世界范围看，粮食安全不容乐观——2007 年全球有 22 个国家爆发了粮食危机。我国虽然粮食安全暂无危机，但随着人口增长、环境污染和耕地面积的制约，未来我国食物供给依然面临着严峻的考验。

可见，FEEEP 包含了人类实现可持续发展的五个最为关键的因素，涵盖了目前发展中面临的最为紧迫的问题，是可持续发展的基本要求。在中国，FEEEP 协调发展观更加符合国情，更具现实意义。

(三) FEEEP 与适度人口

FEEEP 的首要问题是人口问题，人口数量的变化，直接引起环境、能源、食物、经济的一系列变化。在我国，人口问题始终是发展过程中的基本问题：中国作为世界上人口最多的国家，人口基数大虽然降低了劳动力成本，有利于粗放式经济的发展，但另一方面极其有限的人均资源成为生产力提高的瓶颈，制约了生活水平和社会福利的进步；人们在生活和生产中的排放物给自然环境造成了严重的污染；同时大量的人口给能源和食物供给造成了巨大的压力（图1）。马克思、恩格斯揭示了人类自身生产（人口增长）和物质资料生产"两种生产"的原理，两种生产之间存在相互依存相互制约的关系，二者须保持平衡的数量关系。[①] 这一原理同样适用于 FEEEP 系统——实现 FEEEP 协调发展要求各方面的因素保持协调的数量关系和增长速率，处于这一数量关系中的人口规模即是基于 FEEEP 的适度人口。

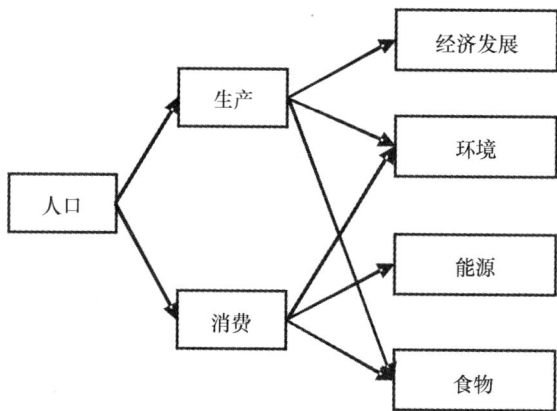

图1　人口与 FEEEP 的单方向关系图

回顾以往适度人口方面的研究发现，不同目标下的适度人口从意义和结论上存在较大差异：田雪原和陈玉光等依据我国人口与生活资料、消费资料的关系，认为我国经济理想人口应在 6.5 亿—7 亿之间；[②] 胡宝生等从生活工交占地看，认为适度人口不宜大于 2.6 亿；从淡水供应看，适度人口不宜超过 4.5 亿；[③] 还有学者认为 9.5 亿—10 亿是我国合理的人口，是付出一定生态代价的粮食安全点[④]……而本文提出的适度人口取决于经济、食物、能源和环境，是维持 FEEEP 协调发展的人口。

---

① 蒋志学：《人口与可持续发展》，中国环境科学出版社 2000 年版。

② 田雪原、陈玉光：《从经济发展角度探讨适度人口》，载《第三次全国人口科学讨论会论文选集》，1981 年。

③ 胡宝生、王浣尘、朱楚珠、李维岳：《利用可能度和满意度研究我国的总人口目标》，《第三次全国人口科学讨论会论文选集》，1981 年。

④ 李玲、沈静、袁媛：《人口发展与区域规划》，科学出版社 2008 年版。

二　基于 FEEEP 的适度人口研究方法

（一）适度人口的一般研究方法

基于 FEEEP 的适度人口测算是一个多目标的决策过程，目前适度人口的多目标决策分析主要有资源综合平衡法、生态足迹法、可能—满意度法、系统动力学法和线性规划法。资源综合平衡法综合考虑多种因素对人口发展的限制，一般分别求出单一因素限制的适度人口，再通过加权求和的方法求出适度人口，但各目标的权重往往是主观确定，缺乏科学的依据；生态足迹法以环境承载力为基础，涵盖的因素与 FEEEP 的范畴并不相同；可能—满意度法（P—S 法）从"需要"和"可能"两个方面来考虑，能够求出多种因素制约时的最优解，是目前较为合理成熟的方法，但 P—S 法的缺点是没有考虑到各制约因素之间的内在关联，不能体现 FEEEP 各要素协调发展的理念；系统动力学法（S—D 法）将社会经济发展中的诸方面因素综合为一个复合系统，建立系统流图，构造方程式，通过计算仿真运算确定适度等指标，S—D 法适合对各种决策的长期效果进行预测分析，通过模型本身却无法求出最优解；线性规划法是在线性等式或不等式的约束条件下，求解线性目标函数的最大值或最小值的方法。FEEEP 含义是在环境、能源、食物可承载的范围内发展经济和人口，属于多目标、多约束条件的决策，因此线性规划法适用于在 FEEEP 的框架下求解适度人口的问题。

（二）线性规划法

线性规划是运筹学中研究较早、发展较快、应用广泛、方法较成熟的一个重要分支，广泛运用于经济管理的决策活动中。经济发展是 FEEEP 系统的主要目标，在短期科技水平变化不大的情境下，经济发展有两种模式：一是没有制约地增加投入，但这样的经济增长模式是以巨大的生态环境为代价的，不是可持续的发展；二是合理安排人力、物力等投入，维持经济稳定发展的前提下，此时经济发展就是目标函数，而约束条件就是粮食、能源等环境资源的承载力。此类在约束条件下的最大值或最小值的问题,统称为线性规划问题。满足线性约束条件的解叫做可行解,由所有可行解组成的集合叫做可行域。决策变量、约束条件、目标函数是线性规划的三要素。

建立线性规划模型有三个步骤:

(1)定义问题,根据影响达到目标的因素找到决策变量,决策变量的一组值表示一种方案;

(2)由决策变量和所要达到目的之间的函数关系确定目标函数,目标函数是决策变量的线性函数,根据具体问题可以是最大化或最小化;

(3)由决策变量所受的限制条件确定决策变量所要满足的约束条件,约束条件也是决策变量的线性函数。

三 基于 FEEEP 的我国适度人口测算

主要利用《中国统计年鉴》(1990—2008)和部分学者的研究成果与数据,对我国 FEEEP 各要素之间的关系进行系统分析和定量研究,并用人口条件将各因素串联成一个复合系统,在此基础上建立线性规划模型,进而求解适度人口。同时现代经济适度人口不是一个静止的概念,它随着社会经济发展以及自然条件的改变而变化,但线性规划方法不适合解决长期的预测问题,因此本文测算的适度人口是我国现状的适度人口。

(一)模型的基本形式

FEEEP 包含食物、环境、能源、经济、人口五个要素,对于它们之间复杂的内在关联的理论分析详见拙著《FEEEP 相关性研究》[①],这里不再详细展开。为了简化模型便于求解,做如下假定:

(1)经济发展水平由经济产出总量指标衡量,暂不考虑经济结构;

(2)经济增长函数(生产函数)形式为柯布—道格拉斯生产函数;

(3)环境污染仅来源于生产过程中的能源燃烧和日常生活排放;

---

① 胡荣华、黄瑞霞:《FEEEP 相关性研究》,《南京财经大学学报》2008 年第 6 期,第 8—11 页。

（4）在封闭经济条件下满足能源和食物供求，暂不考虑进出口因素。

FEEEP 系统中，经济发展是其他四个要素发展的基础，是最优先的目标，同时环境保护也是目标之一；而能源供求和人口规模既是经济发展的重要投入，又是主要的制约因素，同时能源消耗过程中排放的废弃物亦是造成环境污染的主要原因；食物供给是人类生存的最基本条件，人口规模受到食物供给的约束。因此，模型的目标函数有两个：国内生产总值最大化和减少环境污染；所满足的约束条件为：食物产量满足人们的温饱需求、能源产量能够满足国内生活生产的需求。

在以上分析基础上，选取模型的决策变量（见表1）。可将 FEEEP 协调发展问题归纳为如下线性规划模型：

$$Max \quad GDP = f_1\ (p, \dots)$$
$$\&\quad Min \quad WR = f_2\ (p, \dots) \tag{1}$$
$$s.t. \begin{cases} E_D\ (p, \dots) \leqslant E_S \\ F_D\ (p, \cdots) \leqslant F_S \end{cases}$$

该模型有两个目标函数和两个约束条件方程，涵盖了 FEEEP 的全部要素。式中，GDP 是国内生产总值，是人口 P 的函数；WR 是污染排放量，也是 P 的函数；E_D 是能源消费总量，为 P 的函数；F_D 是对食物的需求，亦为 P 的函数；E_S 是能源供给量；F_S 是食物供给量。对该模型求解，得出的 P 值即为 FEEEP 的适度人口。

表1 决策变量

经济发展	人口	环境	食物	能源
物质资本存量、人力资本存量	人口总量、就业人口、抚养比	水污染、大气污染、土壤污染	耕地面积、单位耕地面积产量、人均食物需求量	能源产量、生产性能源消费、生活型能源消费

（二）建立模型

1. 经济发展目标——我国柯布—道格拉斯生产函数

柯布—道格拉斯生产函数简称 CD 函数，是经济学中经典的生产函数。

CD 函数最一般的形式是 GDP = A × L$^\alpha$ × K$^\beta$，式中 A、L、K 分别代表全要素生产率、劳动投入和资本存量，它假设经济中只有劳动和资本两种生产要素。如果把劳动生产率考虑进去，则由人力资本替代就业人数，那么函数中的就业人数 L 替换成人力资本存量 LE，函数变成：GDP = A × LE$^\alpha$ × K$^\beta$，本文采用的就是这种形式的生产函数。

对人力资本存量 LE 常用的估算方法是受教育年限法，受教育年限法是从投入角度来度量人力资本存量，即将劳动力按不同的受教育水平分类，然后按照不同的受教育水平赋予相应的权重进行加权求和。在线性规划模型中，为了便于人力资本存量和就业人口之间进行换算，本文对该方法做了简化处理，用人均受教育年限替代加权求和计算出的受教育年限，即：

$$LE = L \times \bar{e} \tag{2}$$

式中 L 为就业人口数；$\bar{e}$ 为人均受教育年限。计算结果见表 2。

表2　　　　　1990—2007 年我国实际 GDP、资本存量和人力资本存量

年份	GDP 指数 (1978 年 =100)	实际 GDP (亿元)	资本存量 (亿元)	就业人口 (万人)	人均教育年限	人力资本 (万人·年)
1990	282.5	10296.6	43378.9	64749	6.878	445343.6
1991	308.2	11234.4	49365.9	65491	6.901	451953.4
1992	351.5	12814.6	57786.3	66152	6.918	457639.5
1993	399.6	14566.1	73653.5	66808	7.056	471397.2
1994	452.0	16475.3	91223	67455	7.205	486013.3
1995	494.2	18013.1	111973.8	68065	7.196	489795.7
1996	544.5	19849.0	134317	68950	7.26	500577.0
1997	596.9	21760.0	156542.6	69820	7.434	519041.9
1998	640.6	23351.1	183403.3	70637	7.499	529706.9
1999	691.5	25206.3	206425.4	71394	7.58	541166.5
2000	750.6	27362.5	228692.8	72085	7.907	569976.1
2001	811.1	29566.7	254857	73025	7.982	582885.6
2002	888.5	32389.1	284538.8	73740	8.041	592943.3
2003	983.1	35834.4	323052.3	74432	8.201	610416.8
2004	1085.4	39565.4	371868.8	75200	8.285	623032.0

续表

年份	GDP 指数 （1978 年 = 100）	实际 GDP （亿元）	资本存量 （亿元）	就业人口 （万人）	人均教育年限	人力资本 （万人·年）
2005	1206.5	43980.3	397662.2	75825	8.142	617367.2
2006	1348.3	49148.2	431965.4	76400	8.357	638474.8
2007	1512.5	55133.7	475449.5	76990	8.5	654415.0

注：GDP 指数、就业人口、人均受教育年限数据来源于《中国统计年鉴》（2008）及国研网数据，其中 2007 年人均受教育年限为笔者根据相关数据估算。

对于物质资本存量进行度量的方法，目前国内学者大多采用永续盘存法。本文在参考这些学者相关成果的基础上[①]，用永续盘存法度量了我国的资本存量，其基本公式如下：

$$K_t = K_{t-1} - (1 - \delta) + L_t \ (1) \tag{3}$$

其中，K_t 为第 t 年的资本存量，K_{t-1} 为第 $t-1$ 年的资本存量，δ 为资本折旧率，L_t 为第 t 年净投资量。本文以 1978 年为基年，选取每年的资本形成总额并根据每年固定资本投资价格指数折算为基年的价格作为当年净投资量 L_t，资本折旧率 δ 取 5%，计算结果见表 2。

根据表 2 数据拟合我国柯布—道格拉斯生产函数：

$$LnGDP = -17.9 + 1.8 \times LnLE + 0.355 \times LnK \tag{4}$$
$$(-2.46) \qquad (2.78) \qquad (3.31)$$

其中 $R^2 = 0.987$，$F = 637.4$，模型拟合效果良好，各系数均通过 95% 显著性水平下的检验。通过该模型可知，目前我国的经济增长主要动力来源于资本的广化。

2. 环境发展目标

《中华人民共和国环境保护法》界定的"环境"是指影响人类生存和发展的各种天然的和经过人工改造的自然因素的总体，包括大气、水、海洋、土地、矿藏、森林、草原、野生生物、自然遗迹、人文遗迹、风景名

---

① 孙敬水、董亚娟：《人力资本、物质资本与经济增长——基于中国数据的经验研究》，载《山西财经大学学报》2007 年第 4 期；张军：《资本形成、投资效率与中国的经济增长——实证研究》，清华大学出版社 2005 年版。

胜区、自然保护区、城市和乡村等。这一概念涵盖了几乎所有的自然景观及资源，显然要比 FEEEP 中其他四个要素更加复杂，回顾 FEEEP 的由来，我们更倾向于认为 FEEEP 中的环境是指空气、水和土壤三大生命要素。在以往的 FEEEP 研究当中总是从环境的反面——环境污染来探讨环境因素，本文也不例外。

（1）对环境保护目标的处理

环境保护是适度人口线性规划模型中的两个目标之一，人类的生活生产活动造成的环境污染主要有大气污染、水污染和固体废弃物污染三类，每种污染对社会经济及生态环境造成的破坏效果是不同的，需要将各类环境污染的效应折算成统一的量纲。目前普遍的处理方法是核算环境污染的损失成本，具体有虚拟成本治理法和环境退化损失法。其中虚拟成本治理法往往低估了环境污染带来的社会损失，因此本文采用环境退化损失法。那么，环境发展的目标函数就变为：

$$Min \quad C\ (\textstyle\sum WR) \tag{5}$$

其中 $C\ (\sum WR)$ 是环境退化损失的函数，$\sum WR$ 是各类污染物排放总量。

本文根据《中国绿色国民经济核算研究》（2004）中的数据，对各类废弃物的单位污染排放物的环境退化成本进行了简单的推算。虽然这样的处理只是一个近似的估计，但依然可以反映大致的环境退化成本水平，这种处理的突出优点是能够将各类环境污染造成的社会损失给予统一的评价，这远比它原本的经济价值度量更有意义。

表3　　　　　　　　　　2004 年中国环境污染退化成本

	排放总量	环境退化成本	占总退化成本比例	单位污染排放物的环境退化成本
大气污染	237696 （亿标立方米）	2198 （亿元）	55.9%	0.01 （元/标立方米）
水污染	482 （亿吨）	2882.8 （亿元）	42.9%	5.98 （元/吨）
固体废弃物	12 （亿吨）	6.5 （亿元）	0.1%	0.54 （元/吨）

表3的数据显示固体废弃物造成的环境退化成本在总的环境退化成本中所占的比重极小，故在接下来的分析中忽略固体废弃物的环境退化成本。

（2）水环境污染

水环境污染分为生活废水污染和生产废水污染两块，分别用《中国统计年鉴》（1999—2007）中的生活废水排放总量（亿吨）和工业废水排放总量（亿吨）衡量。其中生活废水污染应是人均生活污水排放量和总人口的乘积：

$$WR_{11} = \overline{WR}_{11} \times P/10000 \qquad (6)$$

式中 WR_{11} 是生活废水排放总量，$\overline{WR}_{11}$ 是人均生活废水排放总量，P 是总人口数，为了统一量纲在模型原有基础上除以10000。

工业污水排放总量记为 WR_{12}，我们假设工业废水排放量和 GDP[①] 存在长期均衡的线性关系。可用协整检验来验证这一关系。首先对两个变量分别进行单位根检验，结果表明二者同为一阶单整平稳序列，满足进行协整检验的前提条件。

在进行协整检验之前首先对 GDP 和 WR_{12} 的因果关系进行检验，结果表明在5%的显著水平和一阶滞后的条件下，GDP 是工业废水排放量的格兰杰原因，见表4。

表4 GDP – WR_{12} 格兰杰因果检验结果

Null Hypothesis	F-Statistic	Probability
WR_{12} does not Granger Cause GDP	0. 16572	0. 70078
GDP does not Granger Cause WR_{12}	8. 21078	0. 03518

根据单向的因果关系建立 GDP 和 WR_{12} 的线性模型，回归模型拟合结果如下：

---

① 这里的 GDP 是由1978年不变价调整后的实际 GDP，本文中的 GDP 如不加特别说明都是指1978年不变价。

$$WR_{12} = 147.7 + 0.0043GDP \tag{7}$$
$$(21.14) \quad (0.0041)$$

回归方程（7）的拟合效果良好，其中 $R^2 = 0.94$，$F = 108.83$，各系数均在 5% 显著水平下通过检验。对模型生成的残差序列进行单位根检验，应用一阶滞后的包含截距项的模型，在 5% 的显著性水平下，单位根检验的临界值为 -3.4033，ADF 的 t 检验统计量值为 -3.453，小于临界值，表明得出一阶滞后残差序列的在拒绝单位根，模型通过表明残差序列不存在单位根，是平稳序列，通过协整检验，表明 GDP 和工业废水排放总量存在长期的均衡关系。

将（6）式与（7）式合并，得到水污染排放总量与人口、经济之间的线性关系：

$$WR_1 = \overline{WR_{11}} \times P/10000 + 147.7 + 0.0043GDP \tag{8}$$

（3）大气环境污染

大气污染主要由工业废气排放总量（亿标立方米）所致。工业废气排放总量按来源可分为燃料燃烧废气排放量和生产工艺废气排放量，通过对历史数据的研究发现，二者之间维持着较稳定的数量关系，而燃料燃烧就是能源消费的过程，因此，本文对将工业废气排放作为因变量，能源消耗作为自变量建立回归模型。

$$WR_2 = -107051.54 + 1.78E_D \tag{9}$$
$$(-4.98) \quad (15.92)$$

式中 E_D 代表能源消费总量，回归方程的线性拟合优度达到 0.973，F 值为 235.57，各系数在 5% 的显著性水平下通过检验。

那么，结合表 3 中的单位污染废弃物的环境退化成本，将式（8）和式（9）合并，可得到总的环境污染导致的环境退化成本公式：

$$C(WR) = 5.98 \times (\overline{WR_{11}} \times P/10000 + 147.7 + 0.0043GDP) +$$
$$0.01 \times (-107051.54 + 1.78E_D) \tag{10}$$

3. 能源供求约束模型

我国目前正处于经济高速增长和生活水平大幅提高的时期，对能源需求急剧增长，虽然我国能源生产尚有潜力，但能源总体供求缺口却呈现出逐渐扩大的趋势，能源供需矛盾日益突出，成为我国乃至全球制约经济发展的重要"瓶颈"。因此，适度人口应建立在能源消费和能源生产相互平衡的基础之上。

（1）能源消费模型

统计数据中的能源消耗分为生产能源消耗和生活能源消耗，并将能源强度定义为能源消费总量与GDP之比，但笔者认为生活消费能源并不是经济增长的直接投入，衡量生产消费能源同GDP的关系更有意义。本文通过协整检验验证生产能源消费同GDP的长期均衡关系，并拟合二者之间的线性关系。

经单位根检验，1990—2007年的生产能源消费（E_{D1}）序列和GDP序列都为二阶单整平稳序列，满足协整分析的前提条件。对二者进行格兰杰因果检验，结论为GDP是生产能源消费的格兰杰原因（见表5），因而以生产能源消费作为因变量，GDP为自变量拟合线性模型：

$$E_{D1} = 54255.77 + 2.7 \times GDP \tag{11}$$
$$(10.86) \qquad (16.19)$$

式（11）中各参数均在5%的显著性水平下通过t检验，$R^2 = 0.942$，$F = 262.2$。接下来应用有截距项的二阶差分模型对式（11）的残差序列进行单位根检验，拒绝存在单位根的原假设，生产能源消费总量和总产出的长期均衡关系得到验证，见表6。

表5　　　　　　　　　　　GDP – E_{D1}格兰杰因果检验结果

Null Hypothesis:	F-Statistic	Probability
E_{D1} does not Granger Cause GDP	0.16972	0.84607
GDP does not Granger Cause E_{D1}	9.15383	0.00456

表6　　　　　　　　　　　GDP – E_{D1}协整检验结果

1% level	5% level	10% level	ADF test statistic	Probability
– 3.959148	– 3.081002	– 2.68133	– 4.119959	0.0074

而生活性能源消费的基本公式为:

$$E_{D2} = \bar{E}_{D2} \times P \tag{12}$$

式中 E_{D2} 是生活消费能源, $\bar{E}_{D2}$ 是人均生活消费能源。那么总的能源消费模型为 E_{D1} 和 E_{D2} 之和:

$$E_D = 54255.77 + 2.7 \times GDP + \bar{E}_{D2} \times P \tag{13}$$

(2) 能源生产能力预测

我国能源生产能力存在诸多不确定因素,一方面,能源资源不足,我国的储采比煤炭只有 59 年,原油 13.4 年,天然气 54.6 年,化石能源非常有限。人均化石能源的储量,煤炭是世界平均水平的 60%,石油是 5%,天然气大概 6%,也是相对不足[①]。另一方面,新中国成立以来能源生产能力不断提高,由弱变强,目前已成为世界第一大能源生产国(2008)。本文根据 1990—2007 年的数据拟合 GM(1,1)灰色预测模型,对 2015 年的能源产量进行预测,将其作为近期我国能源生产潜力。[②] 模型如下:

$$x(t+1) = 416435.242202e^{0.031311t} - 400901.242202 \tag{14}$$

由模型(14)预测出 2015 年我国能源产量 E_S 为 329845.62 万吨标准煤。将式(12)和式(13)合并,可得到能源约束条件的方程形式:

$$54255.77 + 2.7 \times GDP + \bar{E}_{D2} \times P \leqslant 329845.62 \tag{15}$$

4. 食物供求约束模型

以粮食为主的食物产品,不仅是人们的基本生活资料,而且是关系国计民生的宝贵物资。它既是一切生产发展的首要条件,又是安定团结的战略物质基础,在任何情况下,都不放松以粮食为基础的食物生产。我国的适度人口必须在食物的供给范围内。

(1) 食物需求模型

食物需求满足如下关系:

---

① 周凤起:《中国经济发展中的能源资源和环境制约》,载《国际金融研究》2006 年第 1 期。

② 选择 2015 年作为预测年份是因为在长期中不确定因素较多,且 GM(1,1)模型根据 1990—2007 年的数据最多预测至 2016 年。

$$F_D = \overline{F}_D \times P \tag{16}$$

式中 F_D 是食物总需求，D 是人均食物消费量，P 是总人口。

人均食物需求有两个标准：一是小康生活标准，二是粮食安全的标准。随着经济发展，城乡人民的生活水平会得到相应提高，人均食物需求量也会随之提高，但是在兼顾吃饱和吃好的基础上逐步提高营养水平，仍是从解决我国人民的温饱起步，实现小康生活水平的重要标志。有学者根据我国城乡每日膳食结构中需要的主要营养素供给量和热量，将 12 种主要食物折算成原粮，测算出人均每年消耗粮食 600 公斤是小康生活标准的底线。[①] 本文以此作为小康标准的人均粮食消费量。粮食安全标准是食物需求的底线，我国目前粮食安全虽有隐患，但尚无危机。统计数据显示，从 20 世纪 80 年代以来，我国人均粮食消费量一直没有超过 400 公斤，最高不过 414 公斤（1996），最低 334 公斤（2003）；有 6 个年份（1984、1990、1996—1999）达到或接近 400 公斤；14 个年份在 330—390 公斤。这表明，实现食物安全，人均粮食消费 400 公斤的水平足以保证粮食安全。

（2）食物供给模型

既然在食物需求模型中我们采用了将食物折算成原粮，那么对食物供给能力的测度也以粮食为标准。粮食生产能力的基本模型如下：

$$F_S = \overline{F}_S \times S \tag{17}$$

式中 F_S 是粮食总需求，$\overline{F}_S$ 是粮食单产，S 是耕地面积。

21 世纪以来，我国粮食单产总体上呈上升趋势，我们认为在环境不进一步恶化的前提下，单产水平依然有上升的空间，至少不会大幅下降。本文分别用灰色模型 GM（1,1）和时间序列模型［AR（1）］对 2015 年粮食单产进行预测，预测结果分别为 340.4 千克/亩和 312.5 千克/亩，取其平均 326.45 千克/亩作为我国短期内粮食单产潜力。

对于粮食播种面积来说，由于我国的耕地面积有限，粮食播种面积受经济作物的牵制，不可能有较大的增加，但也不能继续减少下去，必须保

---

① 《关于土地资源养育适度人口及其计算方法的原理》，载《当代生态农业》2007 年第 Z2 期。

持相对稳定。农牧渔业部计划司统计处认为粮食播种面积必须控制在现有水平上，大体应保持在总播种面积的76%—77%，因而我国的粮食播种面积将稳定在15亿亩左右。

将 $\overline{F}_S S = 326.45$ 千克/亩和 $S = 15$ 亿亩代入式（16），并与式（15）合并，得到食物供求约束模型：

$$\overline{F}_D \times P \leqslant 4896.5 \qquad (18)$$

（三）模型求解

1. 目标处理

对于本文的多目标线性规划模型，通常的解法是根据问题的实际背景和特征，设法将多目标规划转化为单目标规划，从而得到满意解，常用的解法有主要目标法、线性加权求和法、指数加权求和法、理想点法、分层序列法。[①] 根据 FEEEP 的理论背景，可采用主要目标法，即将经济发展作为主要目标，把环境保护作为次要目标并设定界限值，将其转化为一个约束条件。本文认为，按目前中国的国情，为了环境保护而影响经济发展是得不偿失的，但经济增长亦不能以环境污染为代价，在二者之间进行合理取舍并不是一项容易的决策，但不能在现有的基础上进一步破坏环境却是不争的共识。根据这一思想，我们将原先的环境保护目标函数，式（10）改写成如下形式：

$$5.98 \times (\overline{WR}_{11} \times P/10000 + 147.7 + 0.0043 GDP) +$$
$$0.01 \times (-107051.54 + 1.78 E_D) \leqslant 5087.3 \qquad (19)$$

不等式右边的数值是《中国绿色国民经济核算研究》（2004）中根据环境退化损失法核算出的2004年我国环境污染带来的经济损失，这个数据是目前国内在环境污染成本核算方面最为权威的数据。

将式（4）、（15）、（18）和（19）合并，得到最终的模型形式：

$$Max \quad LnGDP = -17.9 + 1.8 \times LnLE + 0.355 \times LnK$$

---

① 袁新生、邵大宏、郁时炼：《LINGO 和 EXCEL 在数学建模中的应用》，科学出版社 2007 年版。

$$s.t. \begin{cases} 54255.77 + 2.7 \times GDP + \overline{E}_{D2} \times P \leqslant 329845.62 \\ \overline{F}_D \times P \leqslant 4896.5 \\ 5.98 \times (\overline{WR}_{11} \times P/10000 + 147.7 + 0.0043GDP) + 0.01 \times \\ (-107051.54 + 1.78E_D) \leqslant 5087.3 \end{cases} \quad (20)$$

2. 情景设置

接下来对模型中尚未估计的常量做情景设置:

随着义务教育全面化、高等教育普及化,我国近期内达到人均受教育10年是较为保守的数字。

根据联合国划分人口年龄结构类型的标准,成年型的人口结构是较理想的人口结构,适合作为适度人口的人口结构目标。这一人口结构下的成年人口占总人口的55%—65%,推测出适度人口下的劳动人口 L 大致占总人口的60%。

每万人生活废水排放量 $\overline{WR}_{11}$ 取 25 吨/万人,我国目前人均废水排放量在 23 吨/万人左右,随着生活水平的提高,人均生活废水排放量增加无法避免。

人均生活消费能源 $\overline{E}_{D2}$ 根据历史数据定为 0.25 吨/标准煤,目前我国的实际数据为 0.2 吨/标准煤。

人均消费食物 $\overline{F}_D$ 前文已做分析,粮食安全情景下为 400 千克/亩;小康生活水平下为 600 千克/亩。

3. 计算机求解

将以上情景值代入模型(20),并进行适当的模型简化,在 LINGO8.0 下编程求解,编写 LINGO 程序如下:

MODEL:

max = -17.9 + 1.8 * @log (p * 10 * 0.6) + 0.355 * @log (k);

54255.77 + 2.7 * @exp (-17.9 + 1.8 * @log (p * 10 * 0.6) + 0.355 * @log (k)) + 0.25 * p < 329845.62;

k > 475449.5; k 值不可能比现实值更低;

179.4 * p/10000 + 0.074 * (@exp (-17.9 + 1.8 * @log (p * 8.5

$* 0.67）+0.355 * @log（k）)) +778.5 <5087.3;$

　　$400 * p <4896.75 * 10000；$小康情景下：$600 * p <4896.75 * 10000；$

END

运行程序，得到粮食安全情景下和小康生活情景下的适度人口规模，还删除了环境保护制约因素，求出在以破坏环境为代价下的经济适度人口，求解结果见表7。

表7　　　　　　　　　　　　模型求解结果

	粮食安全情景下	小康生活情景下	以破坏环境为代价	实际值（2007 年）
适度人口（亿）	9.37	8.16	12.24	13.73
限制人口规模的主要因素	环境	食物	能源	

五　结论及启示

本文综合了 FEEEP 的五个要素，对我国现状粮食、能源、环境下的经济最优适度人口进行了求解。结果表明，在保证粮食安全的前提下，我国基于 FEEEP 的适度人口为 9.37 亿，此情景下限制人口规模的主要因素是环境污染；如果人均食物消耗水平达到小康生活标准，则适度人口为 8.16 亿，此时食物成为实际上限制人口规模的唯一约束；如果任由环境恶化，则经济增长最大的适度人口规模为 12.24 亿，此时能源供给成为经济和人口发展的主要制约因素。

以上结论耐人深思，我们至少可以获得以下启示：

第一，坚持计划生育政策不能变。即使以牺牲环境为代价，我国的适度人口依然小于实际人口，而居民达到小康生活食物标准的适度人口只有 8.16 亿，比实际人口少了 5 亿多。我国从 20 世纪 70 年代初开始全面推行计划生育政策，到 20 世纪末，中国大概少生了 3 亿至 4 亿人。这个政策为缓解我国粮食、人口、资源、环境和经济发展间的矛盾功不可没，这个政策在以后几十年不能变。

第二，我国虽然经济总量持续增长，但本文拟合的生产函数表明中国的经济主要以人力资本投入为主要动力，虽然过去的 30 年间我国依靠廉价而丰富的劳动力吸引了大量外资，制造业得到极大的发展，但这样的经济增长方式缺乏可持续性，不仅破坏生态环境，还将给能源安全带来极大的压力。当今世界能源形势不容乐观，我国需大力开发节能技术，转变经济发展方式，方能实现经济和环境、人口的可持续发展。

第三，食物供给实际上是限制人口规模最主要的因素。目前我国尚未在全国范围内实现小康水平，人均耗粮不高，因此粮食安全暂无危险。不过随着城乡居民生活水平的提高，必然要增加对粮食的需求，届时我国的粮食供给能力将受到极大的考验。我国人口在短时间内还降不下来（相关研究表明我国人口要到 2050 年之后才能下降[①]），而耕地资源又是有限的，养活国人，需要通过保护环境、提高农业技术来提升粮食生产。

第四，我国相当数量的学者通过不同的方法，从不同的角度对我国适度人口进行了研究，大多数结论集中在 7 亿—10 亿之间。本文的结论也处于这一区间，表明这一适度人口的范围具有较强的合理性。我国应以 7 亿—10 亿作为长期发展的人口目标。

当然，本研究只是初步的，有待进一步的研究。

参考文献

1. 原新：《可持续适度人口的理论构想》，载《人口与经济》1999 年第 4 期。

2. ［法］阿尔弗雷·索维：《人口通论》（上册），北京经济学院经济研究所人口研究室译，商务印书馆 1978 年版。

3. 胡荣华、黄瑞霞：《FEEEP 相关性研究》，载《南京财经大学学报》2008 年第 6 期。

4. 张从军：《关于江苏 FEEEP 研究的若干思考》，载《南京财经大学学报》2007 年第 2 期。

---

① 左玉辉、邓艳、柏益尧：《人口—环境调控》，科学出版社 2008 年版。

5. 蒋志学：《人口与可持续发展》，中国环境科学出版社 2000 年版。

6. 田雪原、陈玉光：《从经济发展角度探讨适度人口》，载《第三次全国人口科学讨论会论文选集》，1981 年。

7. 胡保生、王浣尘、朱楚珠、李维岳：《利用可能度和满意度研究我国的总人口目标》，《第三次全国人口科学讨论会论文选集》，1981 年。

8. 李玲、沈静、袁媛：《人口发展与区域规划》，科学出版社 2008 年版。

9. 孙敬水、董亚娟：《人力资本、物质资本与经济增长——基于中国数据的经验研究》，载《山西财经大学学报》2007 年第 4 期。

10. 张军：《资本形成、投资效率与中国的经济增长——实证研究》，清华大学出版社 2005 年版。

11. 周凤起：《中国经济发展中的能源资源和环境制约》，载《国际金融研究》2006 年第 1 期。

12. 《关于土地资源养育适度人口及其计算方法的原理》，载《当代生态农业》2007 年第 Z2 期。

13. 袁新生、邵大宏、郁时炼：《LINGO 和 EXCEL 在数学建模中的应用》，科学出版社 2007 年版。

14. 左玉辉、邓艳、柏益尧：《人口—环境调控》，科学出版社 2008 年版。

15. 毛志峰：《适度人口与控制》，陕西人民出版社 1995 年版。

16. 彭理达、王少平、杨海真：《基于经济和环境资源多目标的适度人口容量预测——以上海市闵行区为例》，载《四川环境》2008 年第 2 期。

17. 原华荣：《"适度人口"的分野与述评》，载《浙江大学学报》2002 年第 11 期。

18. 吴喜平、米红、韩娟：《厦门市适度人容量的测算》，载《发展研究》2006 年第 10 期。

19. 庄渝霞：《适度人口的三维动态建构》，载《人口与发展》2009 年第 3 期。

20. 陈如勇：《中国适度人口研究的回顾与再认识》，载《中国人口》2000 年第 10 期。

改革开放 30 年中国人口变迁与政策展望

◇黄茂兴[*]

改革开放 30 年来，中国人口形势和人口管理理念发生重大转变，中国人口政策也发生了巨大变化。特别是改革开放以后，我国实行了计划生育政策，人口和计划生育事业取得了辉煌成就，有效地控制了人口过快增长，对国民经济和社会发展产生了重大的影响。因此，在今后相当长的一段时间里，我国仍将坚持把计划生育作为基本国策常抓不懈，并以此为契机推动中国人口结构转型，实现人的素质的全面提升。

一　改革开放 30 年来我国人口政策的变迁

新中国成立后从 50 年代至 60 年代，中国人口增长十分迅速，原因尽管是多方面的，但最重要的是在理论与实践的结合上没能解决中国人口过快增长的问题，教训是深刻的。改革开放 30 年来，随着中国人口形势的变化和人口管理理念的转变，中国人口政策发生了巨大变化，有许多新的探索和发展。从 20 世纪 70 年代以来，中国的人口政策可以划分为以下四个阶段：

第一阶段（1970—1980）：全面推行"晚、稀、少"生育政策

1973 年，国务院计划生育领导小组办公室正式提出了"晚、稀、少"

---

* 黄茂兴，福建师范大学经济学院副院长、副教授。

的计划生育政策,明确提出家庭生育数量的限制。总的来看,当时适度的人口政策收到了明显的效果,到 1980 年全国总和生育率已降至 2.24。

第二阶段(1980—!984):大力提倡一胎生育政策

1980 年中共中央发布《关于控制人口增长问题致全体共产党员、共青团员的公开信》,号召所有党员、团员,特别是各级领导干部带头响应国务院关于一对夫妇只生一个孩子的号召。1982 年党的十二大把实行计划生育确定为基本国策,并写入新修改的《宪法》。这一阶段实际生育水平开始快速下降,突出表现是独生子女比例开始明显上升。据推算,当时城市独生子女比例超过 50%,农村多胎生育现象也得到缓解。

第三阶段(1984—1999):差别化的生育政策

1984 年中共中央批转国家计划生育委员会党组《关于计划生育工作情况的汇报》,根据中国当时的实际情况,在继续提倡一对夫妇只生一个孩子的同时,在城乡之间、地区之间和民族之间实行差别化的生育政策。特别是进入 20 世纪 90 年代以后,一方面从以人为本的角度出发,把群众的基本权益作为重要内涵引入国际上的生殖健康、优质服务等理念,对计划生育政策不断完善;另一方面归功于我国经济社会的快速发展,现代化的生活方式逐步渗透到社会体系中,人们的生育意愿得以转变,在一定程度上减少了人口控制的难度。

第四阶段(1999 年至今):服务型生育政策

2001 年 12 月,我国颁布了《中华人民共和国计划生育法》,首次以国家法律的形式确立了计划生育基本国策的地位。2004 年,国家人口计生委与财政部联合制定《全国农村部分计划生育家庭奖励扶助制度》,注重建立利益导向的工作机制来引导生育,标志着中国计划生育政策向服务型生育政策转变。

二 改革开放 30 年中国人口变动及其影响

(一)改革开放前 30 年中国的人口增长及其影响

1949 年底全国人口为 5.4 亿,1979 年底全国人口为 9.7 亿,30 年间净增加了 3.4 亿，平均年增长率达到 19.2‰。按照 1979 年 9.7 亿这一基数，以 19.2‰这一增长速度计算，只需 22 年又 10 个月，人口便达到 15 亿；只要 30 年，人口就达到 20 亿。另据《伟大的十年》记载，1949 年我国耕地 146822 万亩，人均耕地为 2.68 亩；1979 年耕地面积为 149084 万亩，人均耕地为 1.55 亩，比新中国成立初期减少 1.13 亩，降低率达 44%，为有史以来中国人均耕地最低点，仅相当于旧中国人均耕地的一半，约为唐代的十七分之一，隋朝的二十七分之一。

1949—1979 年中国耕地面积及人均耕地面积变化

年份	人口数（万人）	耕地面积（万亩）	每人平均耕地（亩数）
1949	54877	146822	2.68
1957	65663	167745	2.55
1967	76017	153846	2.02
1979	97092	149084	1.55

（二）改革开放 30 年中国的人口增长及其效应

改革开放以后，我国实行了计划生育政策，人口和计划生育事业取得了辉煌成就，有效地控制了人口过快增长，对国民经济和社会发展产生了重大的影响。

1. 实现了人口再生产类型的历史性转变。

中国实行计划生育政策以后，在不到 30 年的时间里，人口再生产类型由"高出生、低死亡、高增长"转向"低出生、低死亡、低增长"。综合生育率从 20 世纪 70 年代初的 5.8 下降到目前的 1.8，低于更替水平，比其他发展中的人口大国提前半个世纪跨入低生育水平国家行列，提前实现了人口再生产类型的历史性转变。自 1973 年全面推行计划生育以来，少生了 4 亿多人口，中国人口占世界人口的比重持续下降（见图1），拆除了"人口爆炸"的引信，使世界 60 亿人口日推迟了 4 年，为中国经济增长创造了 40 年左右的人口红利期。

2. 缓解了人口对经济社会资源环境的压力

首先是控制人口总量，改革开放至今计划生育为社会和家庭节约抚养

（%）

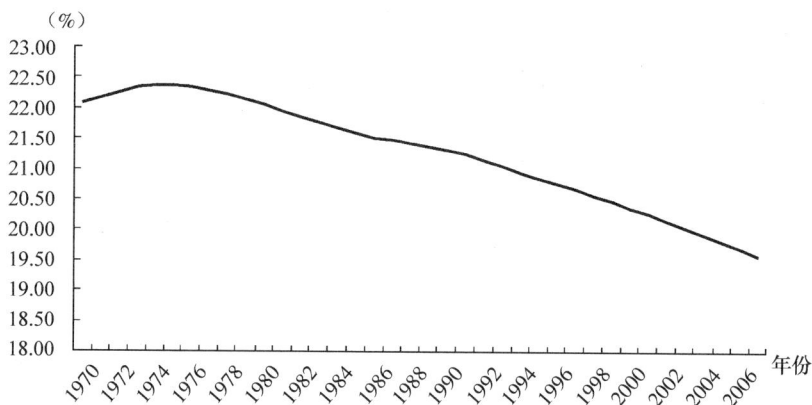

图1 中国人口占世界人口的比重

费17万亿元，对国民经济增长的贡献率高达25%，促进了经济资本的积累和投资的扩大；其次是促进了社会事业的发展，由于人口基础相对减少，有利于国家社会事业发展资金的充分合理利用；最后是缓解了人口高速增长给资源环境带来的沉重压力。30年间，我国少生了4亿人口，把人口数量控制在资源环境所承受的范围之内，减少了人口过度增长破坏生态环境的可能性，避免了对资源环境的掠夺性开发，提高了资源环境可持续发展的能力，保证了人口资源环境与经济社会的协调发展。

指标	1978 年	2007 年	变化幅度
人均 GDP（元）	381	18655	48 倍
居民消费水平（元）	城镇：405 农村：138	城镇：11777 农村：3210	城镇：↑28 倍 农村：↑22 倍
居民收入水平（元）	城市：343.4 农村：133.6	城市：13786 农村：4140	城市：↑5.4 倍 农村：↑5.2 倍
恩格尔系数（%）	城镇：57.5 农村：67.7	城镇：36.3 农村：3.1	城镇：↓21.2 百分点 农村：↓24.6 百分点
人均住宅面积（平方米）	城镇：6.7 农村：8.1	城镇：28.0 农村：30.7	城镇：↑4.2 倍 农村：↑2.8 倍
新型农村合作医疗覆盖率（%）	—	86（7.26 亿）	
城镇养老保险覆盖率（%）	—	76	
森林覆盖率（%）	12.7	18.21	↑5.57 百分点

3. 人口素质状况明显改善

我国 15 岁以上人均受教育年数从 20 世纪 80 年代初的 4.5 年已提高到目前的 8.5 年左右；总人口中，小学以下文化程度的比例显著下降，初中以上文化程度的比例明显上升，大学以上毕业生从 1979 年 8.5 万跃升至 2009 年的 610 万人左右。贫困人口大幅减少，妇女地位显著提高。

指标	1978 年	2007 年	变化幅度
农村贫困人口（百万）	250	14.79	↓235.21
农村贫困发生率（%）	30.7	2.3	↓28.4 个百分点
人口预期寿命（岁）	68	73	↑增长 6.4
人均受教育年限（年）	4.61（1980 年）	8.5	↑1.8 倍
九年义务教育覆盖率（%）	—	98	—
高等教育毛入学率（%）	1.4	23	↑21.6 个百分点

（三）今后我国人口发展面临的严峻挑战

1. 人口数量依然持续增长

我国人口在未来 30 年还将净增长 2 亿左右。中国目前每年出生 1500 万至 1600 万人，每年净增 750 万至 800 万人，同时按实现全面建设小康社会的人均 GDP 达到 3000 美元，总和生育率稳定在 1.8 左右的要求，据预测，我国总人口将于 2010 年、2020 年分别达到 13.6 亿和 14.5 亿，2033 年前后达到峰值 15 亿左右（见图 2）。我国 15—64 岁的劳动年龄人口 2016 年也将达到 10.1 亿，比发达国家劳动年龄人口的总和还要多。

2. 人口结构性矛盾越来越突出

我国是人口大国，也是世界上老年人口最多的国家。目前，我国 60 岁以上老年人口已达到 1.43 亿，占总人口的 11%。到 2020 年，60 岁以上老年人口将达到 2.34 亿，占总人口比重 16.0%。据预测，21 世纪 40 年代后期将形成老龄人口高峰平台，60 岁以上老年人口达 4.3 亿，比重达 30%，届时每 3—4 人中就有 1 名老年人（见图 3）。

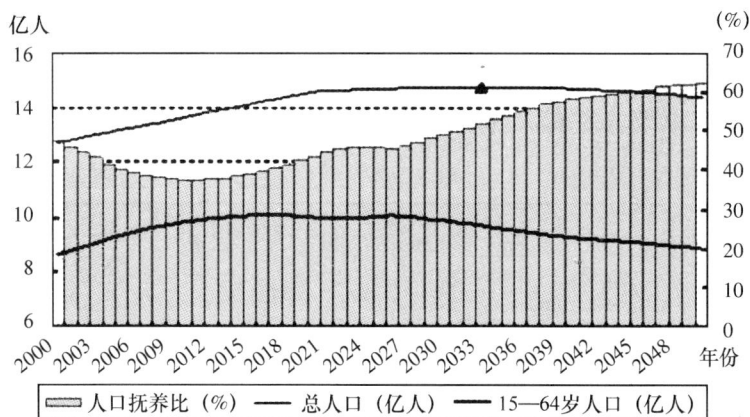

图 2　未来我国总人口、劳动年龄人口及人口抚养比预测

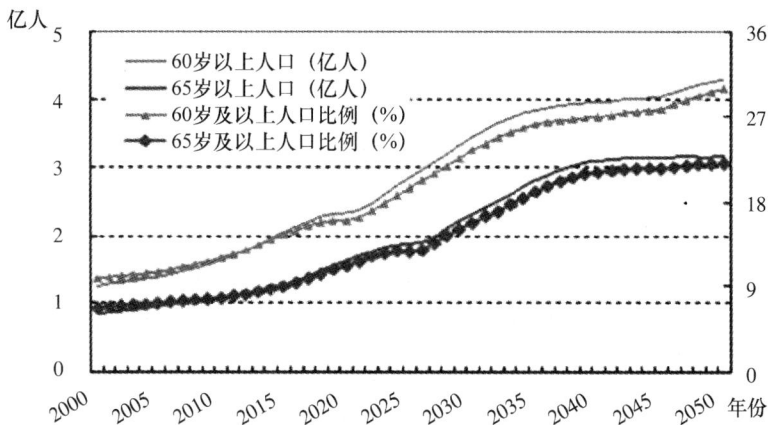

图 3　未来我国人口老龄化预测

3. 我国的土地资源、水资源和能源资源供应将十分紧张

以我国土地资源为例，土地资源的基本国情是，土地资源总量多、人均占有量少，尤其是耕地少、耕地后备资源少。人均占有国土面积仅为 11.65 亩左右，不到世界平均水平的三分之一。目前我国耕地面积还在减

少，截至2008年底，全国耕地面积为18.26亿亩，人均耕地面积1.37亩，相当于世界人均耕地面积的37%左右，为加拿大的十八分之一，俄罗斯的十分之一，美国的八分之一，印度的二分之一。

4. 人口素质难以适应激烈的国际人才竞争

人口素质已成为影响我国综合国力竞争的主要因素。我国每年约有20万—30万肉眼可见先天畸形儿出生，加上出生后数月和数年才显现出来的缺陷，先天残疾儿童总数高达80万—120万，约占每年出生人口总数的4%—6%，且近年来呈升高态势；各种不健康人群规模巨大，心理和精神病患者明显增加，地方病患者达6000万人左右，智力残疾人达544万人，年患病人数超过50亿。2008年每百年人口从事研究与开发人员数为190万，与发达国家存在较大差距。

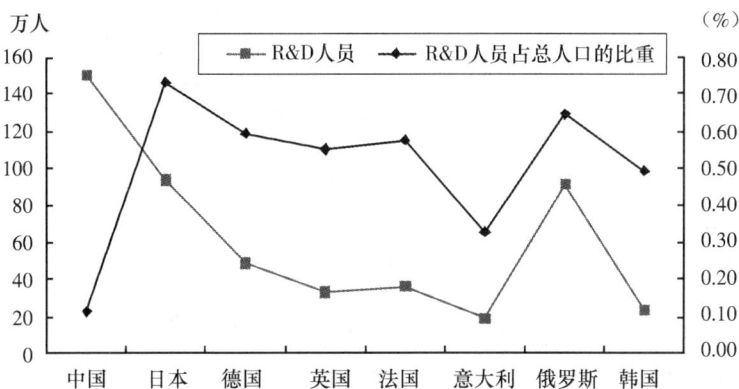

图4　2006年每百万人从事研究与开发的研究人员数的国际比较

三　我国未来人口政策的展望

1. 坚持把计划生育作为基本国策常抓不懈

——必须进一步创新工作思路、机制和方法，形成稳定低生育水平的长效机制；

——必须进一步稳定和完善生育政策；

——必须进一步建立和健全社会保障体系。

2. 优化人口结构，全面提高人口素质

——应对老龄人口的挑战，抑制出生性别比上升的趋势；

——树立人才资源是第一资源的观念，大力提高人口素质，实施"人力资源强国"战略；

——坚持教育优先，不断加大教育投入，充分开发人力资源；

——提高全民道德素质，营造良好的社会氛围。

3. 引导人口有序迁移和合理分布

——建立以流动人口流入地管理为主，流入地与流出地管理相结合的管理制度和服务体系；

——提高流动人口计划生育管理和服务水平；

——探索利用土地规划引导人口合理分布的有效途径。

4. 全面提高人口管理队伍的工作能力和综合素质

——要继续推动计划生育工作重心下移，紧密联系群众，进一步提高人民群众对计划生育的参与度、满意度和支持度。

5. 积极参与国际人口与发展领域的活动

——按照联合国"千年目标"确立的基本精神，促进人权事业的健康发展。引入先进理念，使国际社会全面了解我国的人口政策、发展成绩。加强与国际社会在人口发展领域的双边或多边合作与交流，通过平等对话、协商交流，争取国际社会的广泛理解和支持。

参考文献

1. 国家人口发展战略研究课题组：《国家人口发展战略研究报告》，中国人口出版社 2007 年版。

2. 尹德挺、黄匡时：《改革开放 30 年我国流动人口政策变迁与展望》，载《新疆社会科学》2008 年第 5 期。

3. 苏杨等：《改革开放 30 年中国人口回顾与展望》，载《当代中国人口》2008 年第 5 期。

4. 陈友华：《关于生育政策调整的若干问题》，载《人口与发展》2008 年第 1 期。

5. 曹景椿：《论中国特色的人口和计划生育道路——纪念我国改革开放 30 周年》，载《人口研究》2008 年第 6 期。

6. 于学军：《中国计划生育政策三十年的回顾与评论》，载《当代中国人口》2008 年第 5 期。

我国出生人口性别比升高的问题、原因与对策研究

◇李家富　冯颜利*

改革开放以来，我国在实施计划生育政策有效稳定低生育水平，控制人口增长的同时，出现了出生人口性别比明显升高的问题。1982 年第三次人口普查（简称"三普"）时出生人口性别比为 108.47，开始失衡，往后逐年攀升。1990 年"四普"时升至 111.14，2000 年"五普"时达到116.86，2005 年全国 1% 人口抽样调查为 118.58，个别省份超过 130，引起了中央的高度重视。2004 年 3 月 10 日胡锦涛总书记在中央人口资源环境座谈会上强调，"要高度重视出生人口性别升高的问题，开展必要的专项治理活动"，"使出生人口性别比升高的势头得到遏制"[①]。2007 年 1 月，中共中央国务院发布《关于全面加强人口和计划生育工作统筹解决人口问题的决定》，提出"综合治理出生人口性别比偏高问题"。因此，如何有效地遏制出生人口性别比升高的趋势，实现科学合理的性别比，促进计划生育政策的全面执行，是深入学习实践科学发展观、构建社会主义和谐社会的迫切需要。

---

　　* 李家富，西南大学马克思主义与思想政治教育研究中心研究生；冯颜利，西南大学马克思主义与思想政治教育研究中心教授、中国社会科学院马克思主义研究院研究员。
　　① 胡锦涛：《在中央人口资源环境座谈会上的讲话》，载《十六大以来重要文献选编》上册，中央文献出版社 2005 年版，第 856 页。

一　我国出生人口性别比升高的问题

社会是人的社会，社会和谐最终体现为人的和谐。性别结构的失衡必然影响着人与人之间的和谐，不但对人口结构产生负面影响，还会带来一系列严重的社会问题。我国出生人口性别比升高表现在下面几个问题上。

（一）冲击社会的和谐稳定

国务院办公厅文件指出："到 2020 年，预计 20—45 岁男性将比女性多 3000 万人左右。出生人口性别比过高、持续时间过长，将影响社会的稳定与和谐。"①改革开放以来，我国出生人口性别比升高，许多条件一般的男性到婚育年龄时择偶困难，排斥在婚姻之外，出现大量的"王老五"家庭。而婚后夫妻生活又是青年男性的正常生理需要，许多有生理需要的男性不能择偶，将影响家庭成员的情绪状态及心理健康，可能引发各种犯罪，如卖淫嫖娼、拐卖妇女、买卖婚姻、童养媳等。这些将有损乃至瓦解社会主义道德风尚，甚至引发社会的震荡，严重阻碍社会主义和谐社会的建设。

（二）加大社会养老的压力

我国出生人口性别比偏高导致若干年后大量男性找不到配偶，无法组建家庭，这些男性进入老年期将会给社会带来严重的养老问题，增加社会的养老负担。一是这些人无子女，且主要来自社会最底层、最边缘的群体，年老时不能依靠家庭养老，只能靠国家供养，增加国家负担；二是即使国家解决了这些人年老时的经济供养问题，但没妻子无子女单身家庭的现状也不能很好满足他们年老时的精神需求，他们不可能安享晚年，消除孤独感。

---

① 《国务院办公厅关于印发人口发展"十一五"和 2020 年规划的通知》，载《国务院公报》2007 年第 6 期，第 11 页。

（三）严重影响人口生产，威胁人类可持续发展

马克思指出："每日都在重新生产自己生命的人们开始生产另外一些人，即繁殖"①是历史发展过程的第三种关系，这指明了人口生产在人类社会发展中的重要地位。人口生产必须通过母亲来实现。女性是直接的生育者，肩负人类繁衍生息和永续发展的重任。出生人口性别比升高，未来育龄妇女的相对数量将逐渐减少，必然会导致人口生产能力的降低，出生率水平相比死亡率下降，人口总量和适龄劳动人口规模减少，人口老龄化加快，造成人口严重萎缩，影响人口长期持续发展，进而影响社会经济的发展。

二 我国出生人口性别比升高的原因分析

改革开放以来，我国计划生育工作取了举世瞩目的成就，但却产生出生人口性别比升高，究其原因是什么呢？主要有以下几个原因：

（一）传统生育文化的影响

众所周知，中国传统生育文化受儒家思想的影响，具有浓厚的重男轻女、男尊女卑色彩，女性在家庭和社会中处于弱势地位。战国时期孟子提出"不孝有三，无后为大"，以后逐步形成了养儿防老、儿子传宗接代、多子多福、儿子祭祖送终的生育文化。例如，子女随父而非随母姓，唯有儿子才能作为家庭后代，传承香火；儿子而非女儿继承财产，儿子在家庭中具有主导地位和支配地位；男婚女嫁，儿子是养老送终的最终完成人。三者的相互强化促使人们形成了强烈的男孩偏好。历史唯物主义告诉我们，社会意识具有相对独立性。因此，虽然在社会主义的今天，妇女地位有了极大的提高，但是封建社会传统生育文化在很多地方尤其是农村仍然根深蒂固，潜移默化地影响生育儿子的意愿和行为，这使得相当一部分群

---

① 《马克思恩格斯全集》第 3 卷，人民出版社 1960 年版，第 32 页。

众尤其是农民"不生男孩不罢休",无论怎样罚款,他们都要千方百计生男孩。

(二)社会保障体系不健全

在我国,目前社会福利和社会养老保险制度还不健全,还是以家庭养老为主,尤其是在广大的农村地区更是如此,社会保障体系非常落后。近年来,我国人口老龄化日益加重,农村人口老龄化问题也很突出。2005年,中国乡村65岁以上人口占9.16%,高于城镇8.15%的水平。社保体系的不健全和人口老龄化加快使得养儿防老成为一种客观自然的现象。对计划生育独生子女户和农村独女户的奖励、扶持和照顾的政策激励导向明显不够,尤其社会保障并没有及时跟上。农村的独女户尚未真正老有所养,因此很难从根本上抑制人们养儿防老的意愿。这样,农民养儿防老的意愿就内化到生育需求当中,进一步促进了出生人口性别比的升高。

(三)胎儿性别鉴定技术的滥用

从技术层面看,胎儿性别鉴定技术的滥用对我国出生人口性别比的上升起了重要的作用。例如,羊水胎儿脱落细胞培养染色体核查、羊水胎儿脱落细胞 X 染色质检查、手指血杆状细胞鼓体检查、B 超等技术,均可早期鉴定胎儿性别,进行性别选择。虽然国家明令禁止非医学性胎儿性别鉴定,仍是有令不行、有禁不止。20 世纪 80 年代中期以来,引起新生儿性别严重失衡的直接原因,就是生育妇女在怀孕或生育过程中通过 B 超等胎儿性别鉴定技术进行了性别选择。目前全国县级医院都有 B 超仪,条件较好的乡镇卫生院和计划生育服务站也有,甚至少数个体医生也有。这为有男孩偏好的群体提供了便利。

(四)计划生育政策执行不力、监管不严

一方面,我国计划生育政策在城市严格一胎,在农村提倡一胎,一胎是女孩的可以生育二胎。但是,对于某些城市富人,计划生育政策苍白无力,他们通过各种手段,隐瞒事实真相,超生多生。在农村地区,某些计

生干部利用计划生育政策大肆敛财,只要还没男孩而想超生的农户能够缴纳一定数量的"社会抚养费",就可以超生。而不管是城市还是农村,绝大多数人都是为了男孩而超生,这导致了出生人口性别比不断升高。另一方面,某些领导干部和计生工作人员对人口出生性别比升高的严重性认识不足,管理措施不到位,B 超非医学性别鉴定、终止妊娠监管不严、打击不力,客观上为城市和农村想生男孩的群体提供了技术支持。

三 解决我国出生人口性别比失衡的对策思考

"出生人口性别比过高、持续时间过长,必然影响社会稳定,关系到广大人民群众的切身利益。"[①] 我国出生人口性别比升高是多方面原因综合作用的结果,因此需要综合治理,从多方面努力解决我国出生人口性别比升高问题。

(一)培育新型生育文化,引导人们树立正确的生育观念

生育文化是社会文化的重要组成部分,是人口文化事业的重要分支,是人类在婚育繁衍方面形成的观念、风俗、习惯、道德和制度。社会主义新型生育文化坚持以人为本,注重实现人的全面发展,认为生儿育女不只是家庭的私事,而且关系到国家兴旺、子孙幸福以及人口增长是否与经济、社会发展相适应的大事。建设新型生育文化,树立正确生育观念,有利于遏制当前出生人口性别比偏高的势头。这就要求做到:一是用马克思主义人口理论武装广大干部和群众的头脑,开展人口国情国策的教育,宣传有关法律法规,宣传科学、文明、进步的生育观念的内容和意义,宣传出生人口性别比升高的基本状况、形成原因和危害性,使广大干部和群众真正明白出生人口性别比上升带来的严重社会后果,从自己的意识、思维和心理上,肃清传统生育文化的影响,接受新型生育文化。二是创新和改

---

① 《中共中央国务院关于全面加强人口和计划生育工作统筹解决人口问题的决定》,载《人民日报》2007 年 1 月 23 日第 1 版 。

进宣传方式，要坚持贴近实际、贴近生活、贴近群众的原则，以群众喜闻乐见的形式，注重通过电影、电视、广播等文艺节目倡导正确的生育文化，以利于子孙后代的生活和发展。三是大力倡导男女平等，加强社会主义精神文明建设，深入开展"婚育新风进万家"、"关爱女孩行动"等活动，送新型生育文化下乡，转变群众的生育观念，使人们形成生男生女一样好、少生优生的新型社会风尚。四是把治理出生人口性别与创建文明社区、文明村镇、文明单位结合起来，依托社区、村镇、单位培育社会主义新型生育文化。

（二）适当调整计划生育政策，奖励无胎与一胎，适当允许二胎，严禁三胎

马克思主义认为，物质决定意识，想问题、办事情要实事求是，一切从实际出发。鉴于同计划生育政策推行之初的 20 世纪 80 年代相比，今天所面临的人口形势已经有了很大的变化，出生人口性别比不断升高，严重失衡，有必要从实际出发，适当调整现行生育政策。笔者建议奖励无胎与一胎，适当允许二胎，严禁三胎，以弱化男孩偏好，缓解出生人口性别比的失衡。

所谓奖励无胎与一胎，即对不生孩子或只生一孩的父母进行奖励。对于选择不生孩子的家庭，客观上节约了国家的财富，对国家的发展作出了贡献，有利于提升人口素质和加快人均国内生产总值赶上发达国家水平。因为孩子出生后，国家会在教育、医疗、就业等方面投入，孩子生得多，国家投入也就多。所以对于不生孩子的父母国家应该给予奖励，如果其老年生活困难，还应该优先给予高保，使他们无后顾之忧，安度晚年。对于有生育多孩能力的人来说，自愿只生一孩，本身就是积极响应党和政府的号召，为了国家利益而放弃个人利益，以自己行动践行了国家计划生育政策，为国家为社会作出了贡献，应该受到奖励。目前我国农村无子女家庭实行五保供养，同时正在试点农村部分计划生育家庭的奖励措施，即农村只有一个子女或两个女孩的计划生育家庭，夫妇年满 60 周岁后每人每月领取 50 元的补助。这一奖励政策深入民心，受到人民的欢迎。该政策还

需要改进，一要加大财政投入，提高奖励标准；二要扩大到城市，让城市无孩或一孩家庭也享受遵守计划生育政策带来的益处；三要把奖励政策纳入法制化轨道，使其固定化，以保证政策落实到位。

所谓适当允许二胎，就是针对某些特殊家庭，允许其在生育一胎后生育二胎，要以立法的形式保护生育二胎的父母的合法权益。在这里强调生育二胎是为了控制人口数量的同时改善人口结构，协调出生人口性别的失衡，缓解人口老龄化带来的压力，促进中华民族可持续发展。为此建议：在父母双方正常，生育子女正常的前提下，（1）全国不分城乡，双方均为独生子女者结婚允许生育二胎。因为独生子女双方的父母为国家的计划生育作出了贡献，应当给予生育补偿，以缓解养老问题，且"双独"户愿意生育二胎少，对生育率升高的影响有限。（2）全国农村特别是少数民族地区，一胎为女孩的允许生育二胎。这有利于减少弃女婴、溺女婴，有利于改变人们的男孩偏好。（3）适当允许生育二胎的家庭，如果生育的都是女孩的，可以实行计划生育奖励，这样可以提高妇女地位，改变人们的男孩偏好。

所谓严禁三胎，是指在全国范围内严格禁止生育三孩，通过立法形式规定，除少数民族外，若没有极特殊情况，严禁生育第三胎。少数民族人口少，适当允许生育三胎是党的民族政策的体现，可以理解，但建议国家机关、企事业单位工作人员中的少数民族严禁三胎。

严禁三胎应是计划生育的重点，这关系到低生育水平能否保持稳定，作为基本国策的计划生育能否取得成功，人口与资源、环境能否协调发展。这就要求做到：（1）强化领导责任，完善考核目标。要坚持党政一把手亲自抓、负总责，分管领导具体抓，负直接责任的原则，定期召开专题会议研究计划生育，听取汇报，检查计划生育执行情况。在党政干部的政绩考核、奖励表彰、晋升提拔等方面要把计划生育作为一项重要的考核指标。（2）实行连带责任制，保证计划生育执行的连续性。各届领导干部必须对本辖区的计划生育状况执行负责，辖区出现违反计划生育政策、引起严重人口问题时，不仅要追究在职领导责任，还要追究往届领导责任，以督促各届领导自觉、务实、持久地抓计划生育工作。（3）严惩违法生育三胎的家庭。在国家适当允许生育二胎后，对于还要执意生育三胎的家庭来说，必须树立国家法律和政策的权威，"惩前毖后、治病救人"，给予严厉的经济处罚，暂停乃至取消低保、医疗等相关待遇，让违法家庭尝到违反国家法律和政策带来的苦果，警示身边其他家庭遵纪守法，自觉履行公民基本义务。

（三）加快经济发展，完善社会保障体系

社会存在决定社会意识，有什么样的社会存在就有什么样的社会意识。我国目前仍是一个农业大国，生产力水平总体低下且发展不平衡，居民尤其是农民收入不高，社会保障体系不完善，广大农民养儿防老，是造成男孩偏好、出生人口性别比升高的重要原因。经济发展不好，社会保障体系不健全，居民尤其是农民收入不提高，出生人口性别比就难以治理，计划生育问题就难以解决。

因此，首先要坚持发展是硬道理，保持国民经济又好又快发展，为最终更新传统的婚育观念，从根本上消除出生性别比升高奠定物质基础。其次要坚持以人为本，建立健全社会保障体系，让广大人民群众共享发展的成果。这就要求做到：（1）继续提高新型农村合作医疗保障水平，开展实施城市居民医疗合作，实行医疗合作城乡一体化，解决广大人民群众看病贵、看病难的问题。（2）尽快在广大农村建立养老保险制度，逐步加大国家补助力度，提高保障水平。逐渐减少家庭对子女的依赖程度，使农民的养老方式从家庭养老和自我养老为主逐步向社会养老为主转变，使其老有所养、老有所乐。（3）认真落实奖励优先优惠政策。对独生子女家庭尤其对农村的独生女户或双女户，要落实发放奖励扶助金，并逐步提高辅助金标准。

（四）加强监管，严格执法，严打非法选择胎儿性别行为

各级政府以及计划生育管理部门要加强监管，严格执行计划生育的相关法律法规和政策。一是完善计划生育的相关法律法规。如《母婴保健法》与《人口和计划生育法》都有禁止非医学需要鉴定胎儿性别和性别选

择性人工终止妊娠的规定，但《刑法》没有相应的刑事处罚规定，应当完善，以利于执法人员开展执法。二要树立服务第一、管理第二的理念，改革和创新服务和管理体制。严格跟踪管理与服务，B超使用登记报告，流引产的独家管理，群众自我管理。三是努力提高计划生育干部队伍素质和执法能力，严厉打击非法胎儿性别选择，既要对从事非法胎儿性别选择的个人进行处罚，也要对选择胎儿性别的个人进行处罚。

治理我国出生人口性别比升高事关党和国家长远发展，是一项长期的社会系统工程，是党和各级政府、社会和我们每一个人义不容辞的共同责任，让我们携起手来，共同为治理我国出生人口性别比升高而努力！

参考文献

1.《当代又出"马寅初"》，载《杭州日报》2009 年 3 月 30 日第 2 版。

2. 程恩富：《谈实现科学发展观的几个现实问题》，载《北京日报》2007 年 4 月 30 日第 17 版。

3. 王爱华、程恩富：《我国实行"一胎化"生育政策的成本——效益分析》，载《重庆社会科学》2008 年第 7 期。

4. 穆光宗、余利明、杨越忠：《出生人口性别比问题治理研究》，载《中国人口科学》2007 年第 3 期。

5. 刘日：《奖一　放二　禁三——关于调整我国计划生育政策的建议》，载《领导之友》2005 年第 2 期。

6. 王燕、黄玫：《中国出生性别比异常的特征分析》，载《人口研究》2004 年第 6 期。

7. 本刊编辑部：《透视出生性别比偏高现象》，载《人口研究》2003 年第 5 期。

8. 龚国云：《出生人口比升高的思考与对策研究》，载《人口研究》2001 年第 3 期。

9. 国务院人口普查办公室、国家统计局人口和社会科技统计司：《中国 2000 年人口普查资料》（上册），中国统计出版社 2002 年版。

10. 马寅初：《新人口论》，广东经济出版社 1998 年版。

11. 马瀛通、冯立天、陈友华、冷眸：《出生性别比新理论与应用》，首都经济贸易大学出版社 1998 年版。

    12. 陈玉光、张泽厚:《中国人口结构研究》,山西经济出版社 1986 年版。

    13. 彭珮云主编:《中国计划生育全书》,中国人口出版社 1997 年版。

严格的一胎制是科学发展的现实选择

——评易富贤的若干人口观点

◇汪洪涛[*]

　　妇产科医生易富贤博士十分关心人口发展战略问题，但在评论程恩富教授的《人口政策大争鸣："一胎化"还是"放开二胎"？》一文时，有些观点值得商榷。改革开放30余年来的实践已经证明，西方标准和西方模式是不符合中国利益的，是为西方国家谋求最大利益服务的，对此，每一个热爱自己国家的人们都必须要有清醒的认识。

　　1. 易富贤先生认为，程恩富教授关于坚持和严格执行计划生育的政策是与国际主流经济学家的观点相反的，因而是错误的。

　　试问，国际主流经济学家是哪些人？他们在生育政策方面有哪些观点？他们的观点是针对什么国家的国情的？改革开放30余年来，我国的社会科学领域引进了许多西方发达国家的教材和著作，在课程设置上也有很多介绍西方主流学派的内容，在国内大学教育中，出现了一种很不好的现象，特别是在经济学领域，开口必是国际主流，国际主流经济学家在一些人心目中已经成为了科学与真理的代名词，他们的学说和观点已经成为国内一些人士心目中衡量一切工作是非得失的标准了。殊不知，国际主流经济学家的研究对象主要是解决他们自己国家的问题，即使是对其他国家问题的研究，也是站在满足发达资本主义国家利益的立场展开的。作为日

＊　汪洪涛，同济大学中国马克思主义教研部副主任、副教授、经济学博士。

222

益崛起的中国的强大,是不符合西方主流经济学家及其所代表的西方发达国家的利益的,对此,我们必须要保持清醒的认识和警觉,我们的所有理论研究和政策设计必须要站在自主标准和中国利益的立场来开展,要坚持中国特色社会主义道路的发展方向,否则,就容易沦落为西方国家的学术殖民地、理论殖民地和政策殖民地。

2. 反对计划生育政策的人士的一个最常用的武器是总和生育率。他们认为我国现在的总和生育率为1.8,这个数据是不可信的。其理由是2000年人口普查显示,20世纪90年代中期生育率就已经只有1.3左右,2000年只有1.22,2005年1%人口抽样调查再次证实中国的生育率只有1.33。

笔者通过大量阅读反对实施严格的计划生育政策的人士的文章后,发现,这些人士的文章中对总和生育率的概念理解得比较生硬,未能动态地站在育龄妇女的整个育龄期来考虑问题,未能分清人口普查的生育率概念与总和生育率概念之间的区别,也未考虑到城市化程度深化后,育龄往后推延因素的影响。其实,总和生育率是一个合成指标,是指假设妇女按照某一年的年龄别生育率度过育龄期,平均每个妇女在育龄期生育的孩子数。而人口普查所统计的生育率则是简单地根据某一年家庭人口状况计算出来的,两者之间存在着较大的不同。事实上,没有哪一个妇女在30年育龄期中完全按照某一年的年龄别生育率来生育。而且,年龄别生育率随着时间变化,也会逐渐发生变化,出现波动。因此,拿国家统计局的年度统计资料来否定国家计生委的《国家人口发展战略研究报告》预测结论是不准确的。

同时,也需要对考察样本进行全面的评估,我国经济社会发展的不平衡使得实际生育率存在着巨大的地区差别、城乡差别,庞大的农村人口基数以及农村地区人口外流导致的计划生育政策执行难的困境,使得我国人口出生率的控制情况难以达到理论上的数字。因此,考察样本必须要全面,不能以偏概全,讨论的概念要同一,不能混淆概念之间的差异。综合评估不同机构、部门和个人对我国总和生育率的估算,笔者认为1.8是可信的,也是全面的。

3. 程恩富教授认为,作为世界上人口最多的发展中国家,中国人口与资源、环境关系紧张的状况将长期存在。反对意见则认为，"中国的人均资源不足"只是一个流传很广的谎言。由于资源分布很不均匀，"世界平均"意义不大。并认为，比较资源丰富和资源贫乏的国家，发现经济水平并不完全由人均自然资源决定。同时，反对者把解决中国发展困境的出路放在了科技进步方面。

笔者认为，要解决目前中国经济发展过程中的粗放型增长模式，实现节能减排的目标，一个非常重要的路径就是通过不断地自主技术创新、科技进步与生产组织方式的创新，但是，由于受创新周期以及传统增长路径锁定作用的影响，通过技术进步来解决我国"人口—资源—产能—环境"矛盾是一个长周期内的任务，不可能在短周期或中周期内得以妥善解决。西方经济学中所描述的马尔萨斯悲观论点的破产是因为生产可能性曲线向上移动，其边界不断地被拓展了，但是，西方经济学中生产可能性曲线的向外拓展是建立在60年长周期的前提下的。如果把20年算作一代人，从现在开始算起，要想通过科技进步来提高粮食的亩产量以满足人口大幅度提高的需要，也必然要放在长周期中来考量，而人口的出生却是每年都在发生的，我们不能用未来生长出来的粮食来喂饱现在已经出生的人口，画饼充饥是要饿死人的。

由于我国区域间各方面差异的客观存在，在未来一个相当长的时期内，粗放型增长模式无法从根本上得以扭转，人口—资源的矛盾依然会是未来50年内困扰我国人民生活水平提高和社会和谐的主要瓶颈。在做国际比较的时候，要综合考虑各国的国情，不能生搬硬套一些数据，国情不同，制度环境和制度安排必然存在差异，制度的创新是受一国或地区的文化传统和公众价值观与行为模式的影响的，并且，人口基数的不同和国家发展目标的差异，以及国家发展能力的差异，都决定了在一些具体的指标上，国与国之间是不具备可比性的。

因此，作为人口大国的中国，由于人口基数规模庞大，如果放松生育政策，则必然会加剧目前长期面临的"人口—资源—产能—环境"的矛盾，不利于我国社会的可持续发展。

4. 易富贤先生还误解了人口的密度效应和规模效应，作为长期旅居美国的医学博士，仅从北京、上海等大城市人口密集和经济发达的现象就得出人口越多经济就越发达的结论，是缺乏经济学素养的表现。

城市经济学中有一个集聚效应原理，并且认为集聚效应能够带来地方化经济和城市化经济的好处，但是，集聚效应的发挥是一个各要素共同集聚的结果，需要实现资本积聚、产业集聚、技术积聚、物流积聚、信息积聚、人才集聚等各要素的共同积聚方能生效，世界各国贫民区的人口集聚带来的并不是繁荣，贫民区问题一直是包括美国在内的世界各国政府头痛的问题。最近30多年来，农村的空巢化和人口越来越向大中城市集聚已经成为我国大中城市特别是发达地区的大中城市管理工作中的难题，越来越多的矛盾日益显现出来。随着人口流动管制的放松，以及区域间发展不平衡、城乡发展不平衡的加剧，如果不再加强计划生育的管理，城市容量一旦被突破，类似于孟买等地的贫民窟问题也将会出现在我国。

经济学中乘数效应的发挥也是有其适用范围的，一旦达到充分就业状态，人口的增加及由此带来的购买力的增加只能推高物价，进而降低社会公众的福利水平，要记住，在短期内技术是不变的，因而经济总量在短期内的增加也是有限度的，这是西方经济学在阐述乘数效应时的前提。因此，在运用某些理论论证一个问题时，事先最好先把相关的教科书多看几遍，要吃透教科书的含义，不要一知半解地乱运用、乱发挥。

5. 易富贤先生认为，物质资本是报酬递减的，人力资本是报酬递增的。只有依赖于人口的投资才能增值。他还下结论说，当年投资"造人"的超生家庭现在生活水平比当年投资"造物"的独生子女家庭要高。并且孩子多的话，养育成本还会降低。

笔者认为，易先生的上述说法是不严谨的，一方面体现了他经济学素养的缺乏，另一方面体现了他对中国超生家庭特别是农村超生家庭的实际生活状况了解不多，在未能充分掌握经济学基本原理和总体把握国情的情况下就得出上述结论，本身就是缺乏严谨的科学态度的表现。

"物质资本是报酬递减的，人力资本是报酬递增的"论述是不严谨的，在达到充分就业前，物质资本和人力资本的报酬是递增的，达到充分就业以后，继续增加物质资本和人力资本的投入，就会造成资本投入的边际报酬递减以及劳动的边际生产力下降。这是经济学入门教材里讲得非常清晰地。对现在和未来很长时期的中国而言，受技术条件和管理水平的限制，生产可能性曲线是限定的，如果不加限制地生育人口，增加劳动力投入，得出的结论只能是人力资本的报酬递减，不可能出现易先生所说的"人力资本是报酬递增的"结论。

易富贤先生还下结论说超生家庭的生活条件要比一胎家庭高。这个结论很有些让人啼笑皆非。在农村，农民的生活水平普遍不高的情况下，超生本身就增加了家庭生活的负担，中国西部农村家庭的失学儿童绝大多数来自于超生家庭，如果说超生家庭的生活条件要比一胎家庭好的话，只能说这些家庭的儿童在年幼时就能帮助家里挣钱，但是，我们很难推断出一个没有受到良好学校教育的人在成年后能够有良好的职业前景，我们不能把依靠孩子多、苦力多作为改善家庭经济状况的出路和模式。

易先生还举美国社会的例子来说明多生育可以降低以后出生孩子的养育成本。笔者认为，这个例子是有前提的，即多生育家庭要有足够的经济能力。对我国西部农村的农民家庭而言，绝大多数家庭的收入是有限的，每增加一个人，家庭生活的绝对成本就会增加，即使相对成本下降也无法改善其生活条件绝对恶化的境况。因此，吃着洋面包，喝着洋咖啡，想当然地对中国社会问题进行指手画脚，以高人一等的优越感来指责中国的基本国策，其出发点是令人生疑的。

中国传统文化里有多子多孙的传统，少生儿子在很多中国人的理念里是吃亏的，但是，中国现在的基本国情决定了必须要坚持执行计划生育政策，只有计划生育才能让中国社会保持有序的可持续发展，丁克家庭对此作出了牺牲，完全有理由享受国家的"高保"优待，这是无可厚非的。就像我国的殡葬改革一样，在许多农村地区，遵守国家政策的人可以享受一定的补贴，这是对他们的一种心理安慰，同时也是对他们少占用土地资源的一种奖励，真正体现出了政府的理性和关爱，难道也需要受到指责吗？

6. 易富贤先生还曲解了经典作家和国家领导人文章与讲话的内涵，通过偷换概念、移花接木来指责我国的基本国策。

同前所述，马克思主义经典作家对于人口过剩同生产力过剩的关系的描述，指的是再生产过程中，由于技术进步的限制而出现的充分就业以后的就业矛盾。易先生在其文章中一而再地漠视经济学理论模型的前提假设，不能不令人感到遗憾。

同时，易富贤先生还曲解了国家领导人的以人为本的内涵，把以人为本理解为多生育、多造人，不明白以人为本的首要立足点就是要注重民生，而注重民生就必须要综合考虑人口与资源环境的关系，要综合考虑国家民族的生存质量问题，要综合考虑国家的可持续发展能力问题。

其实，中国究竟应该采取怎样的人口政策？需要从国家发展的各个层面和角度进行考虑。首先，需要解决的问题是需不需要国家调控的问题。笔者认为，大国发展的一个非常重要的难题就是国家内部的摩擦成本远高于小国，特别是人口小国，因此，要降低摩擦成本，就必须增强中央政府调控的力度，增强国家对社会的控制力，唯有如此，方能有效提高国家发展的效率。在人口问题上，也需要加强而不是放松国家调控，因此，计划生育政策是必需的。

其次，未来20年需要采取怎样的人口生育政策，需要对国家最佳人口规模做一个估计，然后根据实际情况来决定究竟是放松还是收紧生育政策。笔者认为，一方面人口作为我国重要的战略资源对国家安全有着重要的意义，将总人口控制在8亿左右是比较合适的；另一方面，由于我国现有的生产组织方式以及资源总量的限制，决定了不能无节制地放开生育，不然，就会影响到人民生活水平和国家发展能力与发展质量，为此，就需要在当前实行严格的计划生育政策。

最后，现在实行严格的一胎制，是调节人口总量的需要，再过20—30年，计划生育政策究竟是鼓励二胎制还是延续一胎制，需要依据那时候的具体情况再行决定，关键要看现在的政策执行情况和那时候的人口总量情况。

参考文献

1. 杨光：《全国人大代表程恩富回应严格一胎化政策质疑》，网址：http：//news. qq. com/a/20090329/000104. htm，2009年3月29日。

2. 易富贤:《与学部委员程恩富商榷:全面一胎化还是停止计划生育?》,网址:http://www.tianya.cn/publicforum/content/no01/1/399368.shtml,2009 年 3 月 25 日。

人口政策要服从于中华复兴的战略目标

◇郑　彪[*]

在改革开放 30 年中国所取得的诸多成功经验中，控制人口可以说是最成功的经验之一，人口政策总体上也是最为成功的政策：30 年少生了 3.5 亿人。近年来，中国随着一部分人先富起来包括暴富起来，大部分人生活改善，迈向小康，人们开始不满足于独生子女的现状并重新审视这一政策，于是围绕人口政策展开了激烈的争论。人口政策，关系重大，是一个战略问题，必须要有战略考量，慎之又慎。这里从战略背景角度提出几个观点，参与争鸣。

一　陈云同志关于"只准一个"的人口战略思想必须长期坚持

中国经济和人口问题的基本特征和许多重大问题的基本原因在于人口太多，这是中国经济和人口问题的一个主要矛盾。人口太多，是人口最突出的问题，第一位的问题，其他问题都是第二位、第三位的问题。这是长期领导国民经济的陈云同志的一个深刻的战略性观点，也是被 30 年改革开放历史证明是正确而需要长期坚持的观点。

---

* 郑彪，杭州师范大学政治经济学研究所所长、研究员。

1979 年 5 月 18 日，陈云提出"人口要控制"，十几天以后，在一次谈话中说，要"明确规定'只准一个'。准备人家骂断子绝孙。不这样，将来不得了"。1980 年 6 月 14 日他又指出："我认为，提倡只生一个孩子是眼前第一位的工作。至于由此而产生一些问题则是第二位的问题。"① 这是着眼于战略考量，不是改革开放的权宜之计。

多年来许多专家学者和实际工作者都反复论证和强调一个观点，即在相当长的历史时期内中国人口问题最大和最根本的问题始终是总量问题，是人口过剩和劳动力过剩问题。这说明中央在 1980 年关于提倡一对夫妇生育一个孩子的决策和长期实行以降低生育率为主线的人口政策不仅卓有成效，而且在学术界是得到支持的。事实上，根据亲历其事的田雪原同志披露的情况，当时中央的这一重大决策过程完全是"充分发扬民主、科学决策"，所谓当初是拍脑袋、不计后果的错误决策的说法完全是外界妄加猜测。② 如果从 1957 年马寅初先生提出"新人口论"算起，长期以来中国控制人口的政策更是以学术研究为基础的。马寅初先生"新人口论"提出的背景，中国大约 6 亿人口。6 亿人口时提出控制人口，说明先生认为 6 亿这个人口总量已经够多，或者太多。人口太多，是长期以来困扰中国执政党和政府的主要问题之一，也是困扰中国现代化进程的主要问题之一。对此，这里不再展开论证。

二 中国的人口不是相对过剩，而是绝对过剩，需要研究和确定动态适度人口

陈云同志说，要"明确规定'只准一个'。准备人家骂断子绝孙。不这样，将来不得了"。中国人口过剩不是相对人口过剩，而是绝对人口过剩。这样的认识，不是什么深刻新奇的见解，只是长期没有人说破，如同

---

① 中共中央文献研究室编，金冲及、陈群主编：《陈云传》，中央文献出版社 2005 年版，第 1595—1596 页。

② 参见田雪原《新中国人口政策 60 年》，2009 年 7 月 21 日在中国经济社会发展智库首届论坛上的发言。

安徒生童话中"皇帝的新装"。所以说这样的话，也要"准备人家骂断子绝孙"，可是谁也不说，不仅"将来不得了"，现在就"不得了"。因为现在到处都在喊"放开二胎"，事实上一个时期以来有些地方、有些人群的生育机器已经开动起来，可能一发不可收拾。事实证明，生育也有"乘数效应"，只要"放开"，就不是"二胎"问题。说中国人口绝对过剩，是指现在中国的人口总量相对于中国这块地域的生态环境的人口容量。

地球资源的配置"不合理"，导致中国这块地域生态环境的人口容量小，先天地制约中国人口总量。根据有关资料，第一，地质运动推升青藏地区成为世界屋脊，使得高原空气稀薄，气候严酷，不适合人类生存。青藏高原又阻挡印度洋的暖湿气流北上，使中国三分之二的国土成为生态贫区和禁区。而高原和山脉又阻碍来自北方的冷空气南下。干冷空气在高原北部集聚，使北方大片地区生态系统相当脆弱。第二，地质运动使得我国地形多山（山地占国土面积的65%），西高东低，倾斜度大，水土极易流失；另外，西部地区远离大洋，气候干燥，沙漠化严重。这两点都使得西部地区的生态系统基础脆弱，适宜农业和经济发展的主要是东部几条江河的冲积平原。

中国自古以来，不患寡而患不均，不患贫而患不安。在这个国情背后，一个基本原因是农业社会低下的劳动生产率条件下，人类与自然环境之间深刻而尖锐的矛盾。在这个深刻而尖锐的矛盾中的农业社会，诞生了与其相适应的优秀的中华文化，却使中华民族长期难以摆脱这个矛盾所导致的严重的社会经济后果，陷入了千年以上人口—经济社会—生态环境的恶性循环。[①]

中国的这种自然地理条件不要说与美国相比，就是与同属"金砖四国"的巴西、俄罗斯相比，也相差悬殊。这种条件严重制约着中国的现代化进程。况且美国人口只有3亿；巴西领土略小于中国，人口只有1.5亿，平均人口密度为每平方公里14人。这些国家也有自己的生态环境问题，

---

① 这方面的有关论证，参见张晓理《科学地认识中国的人口问题》，2009年7月21日在中国经济社会发展智库首届论坛上的发言。

但是中国的问题总体上尖锐得多。这些问题虽然是在近30年中高度尖锐起来，却是长期以来历史积累的问题总爆发的结果，根本原因是历史上长期人口总量大大超过地域生态环境的人口容量的结果。因此，无论中国经济和人口的历史和现状，还是有关国际经验都表明，中国亟须研究和确定适度人口的战略目标。

西方的一个观点认为，在当代科技和生产力条件下，地球人口只要有现存人口的20%就足够了。换言之，10亿至12亿人口就是他们认为的地球适度人口。这也是当代西方国际政治中"黄金十亿"概念的一个理论依据。虽然"黄金十亿"有新自由主义色彩，甚至有种族主义色彩，但是这个测算也有其一定的客观依据。中国的生产力水平、社会富裕程度和教育发达程度与西方国家差距较大，控制人口是一个长期历史过程，可见中国的适度人口不大可能是一个静态指标，而应当是一个不断接近理想指标的一组动态指标。什么是中国理想而又可行的适度人口？有人说10亿以下，有人说6亿，这需要经过深入研究和严格测算。

三　要警惕西方自由主义思潮将中国引向更加严重的人口—社会—生态环境灾难

俄罗斯军事战略学者瓦西里·列昂尼多维奇·彼得洛夫在《俄罗斯地缘政治——复兴还是灭亡》一书中反思和揭露了20世纪80—90年代以来，美国通过诱导苏联进行"休克疗法"等新自由主义改革，最终达到瓦解苏联和削弱乃至试图最终从精神、文化和肉体上消灭俄罗斯民族的一系列战略和策略。他还说："国际社会，首先是美国和欧洲，总体受犯罪集团影响这一点证明，在西方，精神崩溃和堕落的过程在过去的80年仅仅是加深了，具有了新的、更加令人感到惊恐不安的性质。实际上，犯罪，特别是经济犯罪，这是西方的生活方式。其中，最近揭露的美国公司和美国行政机关高层公职人员在金融方面的不体面行为，在世界证券市场的投机行为等等，都证明了类似的结论。实际上，在西方已经形成了一个国际犯罪社会，这个社会实际上希望得到权力，拥有自己的幕后世界政府。追求世界自由市场（以高利盘剥为特征的）的虚假价值所产生的今天的跨国犯罪，是世界文明的灾难。俄罗斯不幸遭遇了这个灾难。"[1]

新自由主义思潮和政策在全世界都造成了巨大的灾难。相当一个时期以来这种思潮对中国的影响很大，造成了许多问题，这是引起近年来中国改革第三次争论的基本原因。近年来，中国民间和理论界开始清理新自由主义思潮。日前陈奎元同志指出："喧嚣一时的'新自由主义'、'民主社会主义'、'普世价值'等当代资本主义理论和政治主张并不是'终极真理'，更不能作为中国意识形态和改革发展的取向。"[2] 在近年来关于"放开二胎"的政策争论中，也不乏"生育权首先是私权，然后是公权"等自由主义主张，还有人照搬1968年联合国大会《德黑兰宣言》第16条规定，父母享有自由负责地决定子女及其出生间隔的基本人权，主张自由生育是神圣不可侵犯的人权。这种"生育权利说是绝对生育权观念的反映，是一种片面的、抽象的、自私的权利观"[3]。有迹象表明，近年来西方的自由主义思潮对中国人口政策理论和政策正在发生影响。联系到近30年来西方新自由主义全球化战略及其世界地缘政治后果，以及中国未来一旦由于人口失控所必然带来的严重灾难，不能不引起我们的高度警惕和严重关注。有人嘲笑有关这方面的议论是杞人忧天的"阴谋论"，其实是不了解国际政治和"文明冲突"本质的残酷。现在考虑任何问题，都不能没有国际政治这个视角，还要有"文明冲突"的视角。1991年苏联解体重创俄罗斯民族，次年美国学者福山就出版了《历史的终结及最后之人》一书。"最后之人"是谁？不包括中国人，最多是"黄金十亿"的美欧人。

总之，中国现在的人口如同货币，都患于太多。但是人口又不是货币，不是"适度从紧"（"放开二胎"）的问题，而只能继续"从紧"，继

---

① 〔俄〕瓦西里·列昂尼多维奇·彼得洛夫：《俄罗斯地缘政治——复兴还是灭亡》，于宝林等译，中国社会科学出版社2008年版，第169页。

② 陈奎元：《继承优秀传统　创造新的辉煌》，载《求是》杂志2009年第14期。

③ 程恩富、王新建：《先控后减的"新人口策论"》，2009年7月21日在中国经济社会发展智库首届论坛上的发言。

续执行"一胎"政策，人口政策要服从于中华复兴的战略目标。笔者认为，程恩富教授提出"城乡一胎，特殊二胎，严禁三胎，奖励无胎"的建议理论上和战略上正确，实践上可行。

计划生育与我国人口老龄化和性别比失调的关系问题

◇李晓波[*]

自 20 世纪 70 年代初实行的计划生育政策在经历了 30 余年的发展完善之后，已日趋稳定，作为我国必须始终坚持不渝的一项基本国策，我国的计划生育政策在改革开放的 30 年间极大地减轻了社会经济发展的人口压力，有效地缓解了人口对资源的需求，并创造了劳动力比较充裕的人口红利期，为经济的持续快速发展创造了有利的外部环境，也极大地促进了经济发展、社会进步和人民生活水平的提高。据有关部门统计表明，计划生育实施的 30 多年来，我国少生育近 3 亿多人口，对中国乃至整个世界都作出了不可磨灭的贡献，30 多年来改革开放的伟大成就，很大程度上也是与我国计划生育政策分不开的，实践又一次无可争辩地证明了我国坚持了 30 余年的计划生育国策是正确的，是卓有成效的。然而，在取得辉煌成就的同时，我们也同样看到，由于一些客观原因的影响，30 年的计划生育政策也造成了我国人口老龄化加剧以及性别比失衡等问题，给我国经济的持续、健康、快速发展埋下了隐患。近几年来，国家陆续出台一些政策法规，不断强化对人口问题的引导，显示出党中央国务院对我国人口问题的高度重视。随着我国人口老龄化加剧以及性别比失衡等人口结构性问题的日趋严峻，实施了 30 余年的计划生育国策也引起了社会上的广泛争议。

2009 年 3 月，有人大代表、著名学者提交了《关于尽早着手调整我国

---

* 李晓波，武汉科技大学中南分校文法学院本科生。

生育政策的建议》的议案，这也是其自 2008 年以来连续第二年提交有关完善我国人口结构的议案。该学者充分肯定了计划生育政策实施以来我国经济社会所取得的巨大成就，同时，他也明确指出，我国实施了 30 余年的计划生育国策造成了我国人口老龄化加剧以及人口性别比失衡等严峻的社会问题，进而，他提出，只有改变现行的 "一胎化" 政策，全面放宽 "二胎"，才能最终解决由于计划生育政策所带来的我国人口老龄化加剧和性别比失衡等问题。姑且不论他关于全面放开 "二胎" 的提议是否正确，仅从其关于 "计划生育政策是造成我国人口老龄化加剧以及人口性别比失衡" 的原因的论点来看，笔者窃以为，有值得商榷的一面。

一 计划生育政策并非引起我国人口老龄化加剧的必然原因

首先，分析一下人口老龄化的定义，国际上通用的解释是指当一个国家或地区 60 周岁以上老年人口占人口总数的 10% 或 65 岁以上老年人口占人口总数的 7%，即意味着这个国家或地区的人口进入老龄化社会，也就是说，老龄化是指老龄人口占总人口的比率，而不单指老龄人口的数量。再来看看我国目前的人口现状，据全国老龄工作委员会发布的《中国人口老龄化发展趋势预测研究报告》指出，中国已于 1999 年正式进入老龄社会，到 2004 年底，中国 60 周岁及以上老年人已达到 1.44 亿，占我国总人数的 11.03%，占世界老龄人口的五分之一，也是世界上老龄人口最多的国家，如果按现在的速度发展下去，21 世纪的中国无疑将是一个不可逆转的老龄化社会，21 世纪的头 20 年将成为 "快速老龄化" 阶段，随后的 30 年为 "加速老龄化" 阶段，其后的 50 年则达到 "稳定的重度老龄化" 阶段，到 2051 年，中国老年人口规模将达到峰值——4.37 亿，即每 10 个人中就有 3 个是 60 岁及以上的老年人。

不管是从当今，还是从未来的趋势走向来看，我国老龄化问题都显得异常严峻，已经到了非解决不可的地步，但笔者认为，解决人口老龄化问题的关键前提在于正确认识人口老龄化产生的原因，只有真正认识到原因，我们出台的一些政策法规才能做到有的放矢、对症下药。笔者认为，计划生育政策仅仅只是我国人口老龄化产生的一个相对原因，而并非必然原因，单纯的将人口老龄化所带来的负面影响都归罪于计划生育政策显然是不科学、不公平的。人口老龄化既然只是一个衡量老年人口在总人口中的比例关系，那么我们就应该认真分析这个比例关系中分子与分母的相应变化，先看分母，即我国的人口总量，由于30余年计划生育政策的巨大成功，使我国30年间的人口总量减少了约3亿，无疑，作为总人口的分母而言，其比重是减少了的，这点大多数专家学者也是认同的，再来看分子，很显然，它是指当前我国60岁以上的老年人口总数，这部分人口多出生于20世纪四五十年代，它在一定时期内是一个固定的恒量，它的人数多少，必然与我国在20世纪70年代实行的计划生育政策无关，于是，很多专家学者根据这一"分子不变，分母减小"的公式推理，很自然的得出了一个结论，即我国人口老龄化问题是因为计划生育政策带来的人口总数减少所造成的。

　　笔者相信该学者也会有类似的观点，但笔者认为，这种统计方法恰恰忽视了一个重要的关键因素，即分子的数目是否真如大多数专家学者所认为的那样，是一个永恒固定的常量，在一定时期内是不变化的恒量，事实上，笔者并不赞同在传统的人口老龄化计算公式中"分子不变、分母减少"的计算方法。在笔者看来，这个公式中的分子恰恰是有变化的，而绝非大多数专家学者所说的是"一个恒量"，很多人基于常识，认为当今60周岁以上的老年人口大多出生于计划生育政策实施以前的四五十年代，因此，这部分人口应该是个固定值，但他们恰恰忽略了一个现实问题，即新中国成立以后，随着医疗条件的不断改善，我国的人均期望寿命值大大提高，而人口死亡率却极大的下降，这客观上增加了老年人口的预期值，这点非常关键，却往往被一些专家学者所故意忽视。据有关数据显示，自1949年新中国成立以后，由于社会稳定、经济发展、人民生活水平提高，特别是各种卫生医疗条件的不断改善，使人民的期望寿命值得到极大的延长，从新中国成立初期人均期望寿命35岁增长到现在的72岁，人均期望寿命值在新中国成立前后增长了1倍以上，这是个非常显著的变化，可以试想，如果我国的经济条件、医疗条件并没有得到改善，人均寿命值也没有得到提高，也就是仍保持在 35 周岁左右的低位水平，那么，如今这部分 60 岁左右的老年人口在 20 世纪 80 年代或许就已经不存在了，也就不会再有 60 岁或 60 岁以上的老年人口，人口老龄化问题更是无从谈起了。事实上，正是因为经济社会的不断发展，医疗条件的极大改善，才大大提高了人们的寿命值，增加了我国老龄人口的预期值，使人口老龄化计算公式中的那个分子即我国老龄人口发生了变化，其数量大大增加了。同样，从西欧发达国家的经验来看，自 19 世纪后半叶至 20 世纪前半叶，英法德等欧洲国家在工业化、现代化过程中迅速发展，医疗卫生条件不断提高，特别是相关社会养老保障体系逐渐完善，使其 65 岁及以上老年人口在总人口中的比重陆续达到了 7%，进入了老龄化社会。而在此过程中，由于他们的生育水平和死亡水平双下降，所以实际上，他们的人口总量并没有出现多大的变化，反而是老年人口由于医疗条件的改善，数量增多了，分子的变大和分母的不变使西欧老龄化问题日趋严重。

另外，从整个世界范围来看，人口老龄化也是人类社会经济发展的必然趋势，不管是从西欧发达国家还是从北美洲大洋洲国家以及日本等国陆续进入老龄社会的现实经历来看，人口老龄化问题都是与本国的经济发展水平息息相关的。拉美国家与亚洲"四小龙"的人口也在经济腾飞的过程中逐渐老龄化，很多发展中国家包括一些最不发达的国家到 21 世纪中叶也将会陆续迈入老龄化的门槛，这些例子都说明了人口老龄化问题是社会经济发展的必然趋势，任何国家都不例外，只是时间出现的早晚，进展速度快慢，程度高低有所差异。在我国即使没有计划生育政策的干预，人口老龄化问题也将会随着社会经济的迅速发展而出现，因此，计划生育政策并非导致我国人口老龄化加剧的必然原因。

二 计划生育政策并非引起我国人口性别比失衡的根本原因

人口性别比是指一定数量的人群当中男孩数量与女孩数量之间的比例

关系，通常是以100作为恒量单位。1982年第三次人口普查，我国开始正式出现性别比失衡的情况，男女性别比为108.5，而正常的数字应该是107，到2007年，国家统计局公布的我国性别比已高达120.2，有的地区性别比甚至高达130以上。据有关专家预测，照这样的速度发展下去，到2020年，我国将会有11200万25—35岁的男青年，而对应的20—30岁的女青年只有7200万，也就是说，处于这种适婚年龄段的男性比女性多出了约4000万。

我国出现性别比失衡是一个非常严峻的社会问题，经过30余年计划生育政策的影响，我国人口数量得到了有效控制，人口问题已由基数过大的数量问题转变为人口老龄化加剧与性别比失衡并存的结构性问题，特别是人口性别比失衡问题日益严峻，它将对我国未来的社会安定团结与政治稳定埋下深深的隐患。

关于引起我国人口性别比失衡的根本原因，目前社会上并没有达成广泛的共识，我国有一批专家学者更倾向于将人口性别比失衡问题归结于计划生育政策。该学者在2008年3月7日接受记者采访时曾呼吁应尽快调整和完善我国的计划生育政策，并建议将目前的"一孩化"政策转变为"提倡生一个、允许生两个、杜绝生三个"，奖励不生育夫妇。2009年4月9日，该学者在接受《南方周末》记者采访时又再次重申关于调整和完善我国计划生育政策的重要性，并强调：放开"二胎"刻不容缓。事实上，我国人口性别比失衡问题并不是一个新生的事物，它由来已久，从20世纪80年代初即已大致显现，它是伴随着我国计划生育政策的实施而产生的，从这个意义上来说，笔者认为计划生育政策与我国人口性别比失衡有一定的关联性，但笔者并不认同计划生育政策是造成我国人口性别比失衡的根本原因这一论断，在笔者看来，我国人口性别比失衡的形成是一个长期的过程，其原因也应该是多方面的，要认识这一原因，我们应该先了解我国现行的生育政策。

我国的生育政策规定：对城市居民实行严格的"一胎化"政策，而在中国广大农村地区普遍实行"一孩半"的生育政策，这种政策要求，第一胎为男孩的农村夫妇不得再生育，而第一胎为女孩的农村夫妇在间隔4年或 5 年后允许生育第二胎，但严禁生第三胎，对少数民族地区不实行计划生育政策。由于农村人口占我国人口的绝大多数，人口性别比失衡问题也在我国农村地区显得尤为严重。（事实上，由于城市实行严格的"一胎化"政策以及少数民族地区的不限生育政策，我国城市与少数民族地区的性别比失衡问题并不严重，仍属正常范畴。）因此，人口性别比失衡问题很大程度上是因为我国农村地区人口性别比失调造成的，据有关数据显示，我国农村地区实行的"一孩半"政策导致了农村地区第一胎出生性别比为107.1，基本正常，而第二胎出生性别比猛增到151.9，由此可见，"一孩半"政策是导致性别比偏离的一个重要诱因，有鉴于此，很多专家学者开始批判以"一孩半"政策为主要内容的计划生育政策。该学者同时认为，应该尽快调整和完善计划生育政策，全面放开"二胎化"，笔者窃以为，虽然我国农村地区实行的"一孩半"政策客观上造成了我国人口性别比的严重失衡，但其政策本身并没有错，农村地区的"一孩半"生育政策有其合理性的一面。应该说，我国实行的城乡之间、少数民族之间不同的生育政策是建立在对国情准确把握的基础上的，也是符合历史发展规律的。我国农村地区人口众多，社会保障体系尚未建立，老人养老多靠子女，其中又以儿子赡养为主，几千年来的养老习俗形成了人们多子多福的思想观念。因此，要想真正解决我国人口性别比失衡的问题，就必须转变传统的重男轻女观念，而建立覆盖农村的养老保障体系则是关键，但这需要中央大量的财政扶持，这也是与我国经济发展水平相联系的。很显然，现阶段，在我国经济发展水平还很落后的情况下，建立覆盖农村的养老保障体系并不现实，所以就目前而言我国农村地区实行的仍然是以"多子共同赡养"为主的传统家庭养老模式。因此，从这个意义上来说，我国在农村地区实行"一孩半"的生育政策是建立在对国情充分把握的基础上的无奈之举，有其现实性的一面。事实上，如果理性分析我国人口性别比失衡的根本原因，我们可以很明显地发现，其根结仍在于残留在人们脑中的重男轻女观念。试想，如果男女真的平等，都成为赡养老人的主体，共同承担相同的养老责任，那么生男生女都一样，我国也就不可能有人口性别比失衡的问题了。因此，笔者一直认为，虽然以"一孩半"政策为主要内容的计划生育政策客观上造成了我国人口性别比的严重失衡，但它却并非引起我国人口性别比失衡的根本原因，也绝非必然原因，它仅仅只是一个相对原因。在笔者看来，造成我国人口性别比失衡的根本原因主要有以下几点：

（一）重男轻女思想

古人云："不孝有三，无后为大。"可见重男轻女思想古已有之，古人认为，儿子作为传宗接代的继承人，负有延续家族血脉的重要职责，没有儿子是万万不能的，即使生再多女儿也没有用。重男轻女思想是一个延续了上千年的落后思想，即使是在现代社会仍然大有市场，特别是在我国广大农村地区，这一思想仍然占据着主导地位，可以说，这才是引起我国人口性别比失衡的关键之所在。

（二）教育落后问题

重男轻女观念的转变主要靠教育，只有真正从思想上、观念上对广大人民群众加以引导，加强教育，才能真正解决我国人口性别比失衡的问题。然而，教育落后却是我国广大农村地区普遍存在的一个现实问题，它客观上制约了重男轻女观念的根除，因此，加大对农村地区的教育投入显得尤为重要。

（三）B超等胎儿性别鉴定技术的违规使用

B超是目前进行胎儿性别鉴定的最方便的手段，现在B超检查已成为一项比较成熟的技术，一般而言，在妊娠中期，即孕妇怀孕4—6个月期间，可以通过B超机清楚地观察到胎儿的外生殖器，虽然我国也在大力打击B超鉴定，但只要人们传统的"重男轻女"观念不发生根本转变，那么B超鉴定依然会有广阔的市场。

计划生育政策是我国坚持了30余年的一项基本国策，它的实施对于控制我国人口规模、缓解我国人口压力，促进人与自然可持续发展产生了积极而深远的影响，当然，它也客观上造成了我国人口老龄化加剧与性别比失衡等人口结构性问题。我们认为，任何政策本身都是为整个社会、为整个国家服务的，它的实施也并非是一成不变的，因此，我们要根据时代的发展和现实的需要对政策不断加以补充、加以完善，使其能够适应我国经济社会发展的需要。我国的计划生育政策在经历了 30 余年的不断发展之后，已经逐渐走到了一个历史的拐点，随着人口老龄化与性别比失衡等问题的日益严峻，计划生育政策同样也需要我们不断加以补充和完善。但因此就将我国人口老龄化与性别比失衡等问题全都归结于是我国计划生育政策造成的，这显然有失公平，也不符合我们作为一个马克思主义者的辩证唯物观。有些学者多次提交了关于解决我国人口问题的议案，充分显示出其忧国忧民的社会责任感与使命感，但笔者始终认为，计划生育政策只是引起我国人口老龄化与性别比失衡的一个相对原因，是次要原因，它绝非引起我国人口老龄化与性别比失衡的根本原因，也不是必然原因。

▎新人口理论与政策

——中国经济社会发展智库首届论坛综述

◇王中保[*]

2009年7月21日，中国经济社会发展智库首届论坛在中国社会科学院隆重召开。来自国家人口和计划生育委员会、中国社会科学院、北京大学、清华大学、中国人民大学、北京师范大学、首都经贸大学、首都师范大学、上海财经大学、福建师范大学、南京财经大学、浙江大学等全国十多家单位的近百位专家学者，围绕论坛中心议题"新人口理论与政策"进行了广泛深入的研讨。论坛由中国社会科学院马克思主义研究院原理部主任、经济社会发展研究中心副主任胡乐明和福建师范大学原校长李建平主持，中国社会科学院常务副院长王伟光，国家人口和计划生育委员会副主任赵白鸽、原副主任杨魁孚，中国社会科学院马克思主义研究院院长、经济社会发展研究中心主任程恩富，中国社会科学院学部委员、人口与劳动经济研究所原所长田雪原等著名专家学者出席论坛并发表讲演。

一　关于人口政策和人口战略的重要性

与会者一致认为，我国的人口政策、人口战略和人口问题，事关我国科学发展与和谐社会建设，提出和实施最佳人口政策和战略对于中华民族的发展和兴盛具有极其重要的意义。王伟光指出，中国的人口问题由来已

---

* 王中保，中国社会科学院马克思主义研究院副研究员。

久，从 19 世纪开始就争论不断，20 世纪 30 年代之后，人口问题引起了更多学者的关注，讨论也日益深入。新中国成立以来，以毛泽东为核心的党的第一代中央领导集体为解决中国的人口问题与开创和发展计划生育事业作出了艰辛的探索和历史性的贡献。20 世纪 70 年代初，中国将控制人口增长指标纳入国民经济发展计划，成立了计划生育领导小组，开始全面实行计划生育政策。改革开放以来，中国人口计生工作成效显著，比较成功地探索了一条有中国特色统筹解决人口问题的道路，为改革开放和全面建设小康社会创造了良好的人口环境。党的十六大以来，以胡锦涛为总书记的党中央，提出了科学发展观、构建社会主义和谐社会等重大战略思想，党中央、国务院作出了《关于全面加强人口和计划生育工作统筹解决人口问题的决定》。党的十七大将人口计生工作纳入以改善民生为重点的社会建设之中，进一步明确要坚定不移地走中国特色统筹解决人口问题的道路。应该看到，中国仍是当今世界人口最多的发展中国家，人口众多仍然是并将长期是我国的基本国情，中国发展面临的所有重大问题，几乎都与人口数量、人口素质、人口结构、人口分布以及人口流动迁移密切相关；坚持以人为本，统筹解决人口数量、素质、结构、分布等问题，努力实现人口自身发展的协调以及人口与经济社会发展和资源环境的协调，仍然是全面建设小康社会面临的重大问题。不断丰富和完善中国特色统筹解决人口问题的理论、政策和措施，仍然是我们哲学社会科学工作者面临的重大课题。

赵白鸽强调，中国改革开放 30 年人口发展取得长足进步，总和生育率从 5.8 下降到 1.8 左右，2 亿人脱贫，预期寿命达到 73 岁，人类发展指数为 0.777，由 1990 年的世界第 105 位上升到 2007 年的第 81 位，从原来的中下水平稳步跻身到中上发展水平的行列。中国实现人口再生产类型的转变，为稳定世界人口作出了贡献。同时，作为一个占世界人口 20% 的人口大国，一个人均资源相对紧缺和匮乏的发展中大国，一个实行改革开放、逐步转型的国家，中国所取得的发展成就成为国际成功范例，对世界的发展作出了突出的贡献。联合国在最近的一份报告中也充分肯定了计划生育与实现千年发展目标之间的关系。计划生育在"消灭极端贫困和饥饿"、"实现普及初等教育"、"促进男女平等并赋予妇女权利"、"降低儿童死亡率"、"改善孕产妇保健"、"与艾滋病毒、疟疾和其他疾病作斗争"以及"确保环境的可持续能力"上都发挥了重要的积极作用。当前严峻的气候变化问题引发了国际社会对人口与发展问题的重新思考。20世纪世界人口增长3倍，对资源、环境和气候带来前所未有的影响。局部地区出现粮食供应不足，极端气候进一步加重了粮食短缺问题。快速增加的城市人口对土地、水资源、环境等构成了严峻的挑战。而中国统筹人口、资源、环境的可持续发展战略获得了众多正面评价，中国少生4亿人、每年少排放近16亿吨二氧化碳的贡献也得到关注。人口问题是最重要的发展问题，人口战略与政策直接关系到中国未来经济社会的全面、协调、可持续的科学发展，其完善需要科学决策和谨慎论证。我们需要思考：一是如何评价中国人口政策，及如何看待人口与资源环境和可持续发展的相互关系？二是从资源环境承载力看，有无最适人口规模？如何实现人口长期均衡发展？三是由农业文明、工业文明向现代文明的发展进程中，人力资本与人口规模之间有何相关关系与影响？中国如何实现从人口大国向人力资本强国的转变？

二　关于我国现行人口政策的调整问题

与会者赞成继续坚持和完善我国的计划生育政策。但是，对于如何调整我国现行的人口政策，存在差距较大的不同看法。程恩富认为，以马克思主义人口理论精神来审视中国目前的人口形势，理性缜密地考量中国人口发展战略和政策选择，理应倡导"先控后减的新人口策论"。中国不断增加的人口总量，正在逼近国内主要资源所能承载的极限。2008年底中国人口为13.28亿，在今后较长时期内每年还将新增人口700万左右，人口总规模在较低生育率的基础上继续大量扩张，正向现有可高效利用资源的人口极限规模推进。而且不断增加的中国人口总量，正在逼近国内生态安全所能承载的极限。应该看到中国多数江河湖泊和近海受到严重污染，有的著名河流和湖泊萎缩干涸，草原退化，湿地减少，荒漠扩大，多种野生动物濒临灭绝，等等，这些问题均不同程度地直接或间接与人多相关。发达国家越来越多的人持少生育或不生育的先进生育文化观，这些国家需要不断加大奖励生育的措施来维持人口的再生产。而我国在人们尚未自觉改变传统生育观和人口收缩到适度规模（5亿人左右）以前，则应坚持不懈地推行"城乡一胎、特殊二胎、严禁三胎、奖励无胎"为主导的"一胎化"新政。少数民族、难医治的不良头胎等列入特殊情况。应实行免费和奖励婚前体检，严惩怀孕性别查堕行为。在尚未改变传统偏好男孩的习俗以前，应实行一种有差别的变罚为奖的社会保障配套措施，"无胎高保、女胎中保、男胎基保（低保）、超胎自保"，即对于不生育的家庭实行高保，生一个女孩的家庭实行中保，生一个男孩的家庭实行低保或基保（社会普遍的基本或基础保障），违纪超生的家庭自保，需尽快变处罚为奖励，促进生育和谐和计划生育工作和谐。只有严格实行"先控后减"的人口调控政策（总人口先控制在15亿左右，后逐渐减至5亿左右），才能有效缓解我国社会主要经济矛盾和巨大就业的压力。不断膨胀的巨大人口规模所引起的社会需求扩张已难以单靠发展生产和粗放式发展来满足。必须倚靠人口规模的严格控制和缩减，才能使社会主要矛盾和就业压力不因人口总量过快增长而加剧。只有严格实行"先控后减"的人口调控政策，才能实现生活水平和人口素质的较快提升，更好地促进人口同资源和生态环境相协调的可持续发展，从而尽快赶上欧美日韩等国的人均国民生产总值、人均国力和人均生活水平，真正实现高标准的共同富裕和科学发展目标，最终在社会主义与资本主义的比较中获得完全的优势。要树立全国一盘棋的统筹城乡人口方针，为了使众多的农村剩余劳动力和农民工较快成为北京、上海等城市的正式市民，所有城市均不宜推行市民两个独生子女或一个独生子女结婚可生二胎的政策。要确保因严格计划生育所节省的经费用到改善老年人口的生活方面上去。国家应对包括兵役逝世或伤残在内的非正常人生夭折或失去劳动能力的不同情况，给予高低不一的家庭补贴或保障，以激励人们从事高风险的工作，并高水准地解决其家庭生活的后顾之忧。与"资源节约增效型社会"、"环境保护改善型社会"相匹配的应是"人口控减提质型社会"，这"三型社会"完整地体现了科学的可持续发展观，从而为根本转变对内对外发展方式，缓减内外"资源战"、"环境战"和"贸易战"等奠定基础。要像 1980 年中央决定实行一胎化计划生育政策那样，通过立法、广泛政策宣传、教育等配套措施，尽快大力推行一胎化的先控后减的计划生育新政，积极倡导"人口控减提质型社会"。

著名人口学家田雪原认为，统筹解决人口问题"三步走"的人口发展战略和相应的政策选择是，第一步，把高生育率降下来，降到更替水平以下，实现人口再生产由高出生、低死亡、高增长向低出生、低死亡、低增长类型的转变。1992 年生育率下降到更替水平以下，标志着这一步已经完成。第二步，稳定低生育水平，直至实现人口的零增长；同时注重人口素质的提高、人口结构的合理调整。这一步预计 2030 年前后可以实现。第三步，零增长以后，由于人口的惯性作用将呈一定程度的减少趋势，再依据届时的经济、社会发展状况以及资源、环境状况，作出理想适度人口的抉择。这样理想的适度人口是全方位的，不仅数量是适当的，而且素质是比较高的，年龄、性别等的结构也是合理的。这一步是人口零增长以后的事情，现在能做到的是走好第二步，为第三步战略的实施创造条件。如何走好第二步？其指导思想和基本点，可表述为：在以人为本科学发展观指导下，实行控制人口数量、提高人口素质、调整人口结构相结合，促进"控制"、"提高"、"调整"协调发展，人口与资源、环境、经济、社会可持续发展。为实现这样的人口目标，可选择下述生育政策：第一，全国不分城乡，双方均为独生子女者结婚允许生育两个孩子。这一步现在即可实施。当前，已婚育龄妇女独生子女领证率在 22% 左右，城镇远远高于农村，实行"双独"结婚生育两个孩子，生育率升高极其有限，可不附加任何条件。第二，农村一方为独生子女者结婚，允许生育两个孩子，现在也可以开始实施；城镇可暂缓几年，2010 年以后组织实施为宜。对于农村来说，由于独生子女率较低，"一独生二"影响有限；对于城镇来说，由于独生子女率很高，但一方为独生子女结婚者占全国结婚者比例不会很高，对生育率影响也不会很大，特别是推延到 2010 年 30 岁以下育龄妇女进一步减少后实施的时候。但是实行"一独生二"的生育政策，对于"一独"方的父母家庭养老和改变家庭人口年龄结构说来，有着现实的、不可替代的意义。第三，在有效制止三孩及以上多孩生育条件下，农村可不分性别普遍生育两个孩子。目前全国农村实际的总和生育率在2.0水平上下，如果除人数较少的少数民族外均不得生育三个及以上孩子能够做到，生育水平可大体上维持现在的水平。我们的"软着陆"预测方案还留了一点儿微升的余地，只要真正做到"限三保二"，是不会造成农村和整个社会生育率有多大反弹的。

南京财经大学当代马克思主义中国化研究中心主任何干强教授认为，我国当前仍然必须坚持和完善"一对夫妇只生一个孩子"的人口政策，这是由中国全面建设小康社会、实现社会主义现代化的目标决定的，是由我国人口增长的实际态势决定的，是由贯彻落实科学发展观、实现可持续发展的核心要求决定的，不应动摇。从公权私权关系的角度提出"鼓励二胎"、主张借鉴国际社会的人口政策调整我国现行政策、认为我国人口发展的风险在积累因而需要调整政策、从人口总量发展的数学逻辑角度提出调整人口政策、认为现行人口政策产生出许多实际问题因而要求调整，这些观点都值得商榷。不能说家庭生育就一定属于所谓私权，社会或国家就一定等于公权。一个人口来到世间，绝不是生活在私权范围，家庭生育也不纯粹是家庭范围的事。人要生活，就要消耗自然资源；人要排污，就要影响生态环境；人要成才，势必消耗社会劳动成果；培养一个有用之才，不只是家庭要投资，国家也有投资；家庭关系必然与一个社会的生产资料所有制关系相联系，从而一国人口发展规律必然与该国由历史条件决定的生产方式相联系。根本经济制度不同的国家，人口规律必然有区别。我国的计划生育国策建立在社会主义经济基础之上，是有计划地控制经济社会总体运行和发展的组成部分，具有长期性和稳定性。有人认为，独生子女家庭是高风险的家庭，独生子女有个三长两短，将给一个家庭带来无法弥补的损失。这种可能性当然存在，但是从总体来看，实际出现风险的家庭毕竟不具有普遍性。"一对夫妇只生一个孩子"的政策也产生出一系列新的问题，诸如：新生人口减少，现有单个劳动力对家庭的负担加重，家庭养老出现困难；不少独生子女娇生惯养，影响新一代人的道德素质；有的地方强制堕胎，出现了孕妇受伤乃至死亡的事件；人口年龄结构老化，新进入劳动市场人口（20—24 岁）数量开始下降；老人增多，对养老与医疗健康保障体系提出挑战，等等。这些实际问题，比起有计划的控制人口总量增长，属于第二位的问题，而且是可以统筹解决的。例如，把实施计划生育政策与推进农村集体经济实现第二次飞跃结合起来，把解决人口问题与宏观经济调控结合起来，把养老保险逐步转向以社会保险为主，促进流动人口的统筹管理。当然，人口政策是有时效性的，"一对夫妇只生一个孩子"绝不是要 300 年不变。我们必须从一国社会可持续发展对人口数量质量的要求，从社会经济制度对实现这种要求提供的现实条件，从遵循本国国情决定的人口发展规律的要求，来制定一定时期的人口政策。当前我国实施"一对夫妇只生一个孩子"的主要政策，正是从多方面的因素综合考虑得出的可行性政策。

中国社会科学院人口与劳动经济研究所李小平副研究员认为，多年来，主张放宽或放开二胎的声音不绝于耳，其主要支撑理由有三：一是担心低生育水平下人口老龄化趋势将导致未来经济发展不可持续和养老负担不堪重负，力图通过放宽或放开二胎来保持未来可持续发展和缓解未来养老负担的压力；二是认为现行生育政策导致出生性别比偏高，力图通过放宽二胎来降低出生性别比；三是担心生育率降到很低水平后很难回升，力图通过放宽或放开二胎来防止陷入未来之生育率过低而难以回升的局面。这三种观点都缺乏严谨论证，但却都具有一定影响力，从而也就容易造成误导。中国人口问题在未来一个相当长时期内的最大和最根本问题始终是总量问题，是人口过多和劳动力大量潜在过剩问题。中国要想早日摆脱人口过多所造成的各种困境，就必须坚持从紧的生育政策，力求早日实现人口零增长。一个社会的养老能力取决于劳动生产率而非劳动力与老龄人口的简单算术比例，在人口过多和劳动力大量潜在过剩的情况下，加速人口老龄化的过程就是加速机械化自动化替代劳动力的过程，就是加速提高工农业资本有机构成的过程，就是加速减少劳动密集型生产从而提高资本密集型生产的过程，就是加速人均收入水平增长的过程，从而也就是一个完全可以有利于加速提高老年人生活水平的过程。在现行政策下放宽或放开二胎，新增二胎孩子中自身性别比必然是失衡的，从而放宽或放开二胎即便能使总出生性别比降低，但结果却必然是既增加了出生人口数又增加了未来光棍汉数量。人类要防止无休止地增长就必须在一定时期使总和生育率低于更替水平，认为生育率降下去就难以回升缺乏足够的依据。大多数低生育率国家人口密度显然偏高，将低生育率恢复到更替水平并非难事。引进劳动力相对于提高生育率而言是一个使迁入国和迁出国双赢的选择。世界人口总量、每年增量和分布状况表明，人类作为一个整体，远没有达到需要一个低生育率国家鼓励本国育龄夫妇增加生育的境地。而作为世界第一人口大国和劳动力大量潜在过剩的中国，更没有任何放松生育控制的理由和提高生育率的丝毫必要。中国在人口政策上唯一正确的选择，就是必须坚定不移地坚持现行生育政策不动摇，并尽更大努力鼓励更多的家庭只生一个孩子，以加速实现人口零增长的进程。

南京财经大学经济学院胡荣华教授认为，中国人民大学校长纪宝成教授提出了"提倡生一个，允许生两个，杜绝生三个"的重新设计和逐步调整我国人口政策特别是独生子女政策的建议，其理由似乎并不太充分。第一个理由是"出生性别比长时间居高不下"，但这与只生一胎的计划生育政策没有多大关系，如果有人想生个儿子，如果你允许他生了两个女儿，他还想生第三胎甚至第四胎，与政策无关。而且，出生性别比只是一个统计结果，与实际有出入，一些第一个生了女儿，甚至第二个又生了女儿的并没有去报户口，而是报了儿子的户口，这样，就有可能有一些女孩并没有统计进来。第二个理由是"快速促进人口老化"。随着人的寿命的提高，人口老龄化已成为全球一种普遍而正常的现象，多生孩子并不能减少老年人数量，只能稀释老年人口比例。解决人口老龄化问题，不是通过多生孩子能够彻底解决的，而是应该采取正确切实的养老政策。第三个理由是"维护国家安全、国防安全难度增大"。现代战争依靠的主要是现代科技，而不是人海战术，而且，30多年来从来没有出现过征兵难等问题。第四个理由是"计划生育家庭面临较大风险"。主要指农村家庭中男劳动力的缺乏以及那些子女病残或夭折的家庭，已经成为一个新的困难群体。事实上，如果要达到每个家庭都有男劳动力，每对夫妇生两个也不够，因为总有些家庭会都生女孩且不可能都招到上门女婿。目前，子女病残或夭折的家庭，不少已经落实了生育照顾政策。第五个理由是"造成空前的教育难题"。这根本谈不上，独生子女有独生子女的教育问题，非独生子女也有非独生子女的教育问题。第六个理由是"高昂的行政成本"。如果允许生两个，也要一样管理，因为肯定还有人想要生三个，甚至更多。如果允许生两个，人口质量管理的行政成本可能更高。因此，一对夫妇允许生两个的政策在今后几十年中是不切实际的，除了上述几个原因外，我国粮食、资源、环境等客观条件也不允许。我们只有针对所提出的各种问题，充分考虑我国基本国情，在"只生一胎"的原则下想办法，解决计划生育政策带来的负面影响，才能真正实现我国人口与自然、环境的可持续协调发展，才能不断提高我国居民的生活水平和生活质量。

三　关于人口与资源环境和社会发展的关系问题

与会者普遍注意到人口问题，不仅仅是人自身的问题，而且与资源、环境和经济社会文化的发展密切相关。广东省委党校郑志国教授认为，我国现阶段社会主要矛盾是人民日益增长的物质文化需要同落后的社会生产之间的矛盾。作为矛盾的一极，人民的物质文化需要日益增长是由人均需要量增加和人口增长两个因素推动的。其中人均需要量的合理增加是人民生活水平提高的必然表现，也是发展社会生产的内在动因。人们的需要在多大程度上得到满足，不仅取决于社会生产水平，而且受制于人口增长速度。发展无疑是解决社会主要矛盾的基本途径，但是发展需要资源，离开资源环境就不可能有任何发展。目前我国人口总量过大，在人均需要和人口数量增加的双重推动下，社会总需要急剧扩张，拉动生产不断发展，导致许多资源趋于耗竭。有人说，日本人口密度也很大，但是早就实现了现代化。似乎中国人多不足为虑。实际上，日本同样存在人多的压力，而且其人口年均增长率长期低于中国：1970—1980年，日本为11‰，中国为17‰；1980—1990年，日本为5‰，中国为14‰；1991—2003年，日本为2‰，中国为9‰。中国有数百万平方公里的荒漠化石漠化土地不适合居住，绝大部分人口集中在中东部，沿海一些省份的人口密度大大超过日本。中国有 13 亿多人口，而且还在增长，不可能像日本那样过分依靠外部资源来进行现代化建设。

杭州市委党校张晓理教授认为，中国企业技术含量低，粗放经营，加上劳动力的大量供给，致使劳动力价格仅为发达国家水平的 2%—3%，简单劳动的巨大优势削弱了产业对研究开发的预期，拉大了"产学研"之间关系，削减了产业对大学生的需求水平。中国研究开发型企业之少，万人就业中大学生比例之低，以及大学生就业难问题的背后，不能回避简单劳动大量供给和过剩对产业结构的影响。众多企业处于产业低端，热衷于利用廉价劳动力资源供给优势为国外加工，赚取微薄的加工费，却把需要较高素质就业的产品开发、外观设计等拱手让给国外。简单劳动排斥复杂劳动必然导致企业缺少核心技术和知识产权，获利空间势必被人挤压殆尽，8 亿件衬衫换一架飞机就是这种形势的写照。产品升级同样面临人口问题引发的劳动力供给和社会需求问题。劳动密集型的效益低下又演绎为内需不足，依赖国外购买，又与国际金融危机相互锁定。简单劳动就业与资源消耗型产业的紧密关系约束了结构调整。我国 48 种工业化基础矿产资源全部短缺，其中 25 种必需资源严重缺乏，资源大量进口及国际市场价格飙升又吞噬了加工利润。此外，人口就业和素质问题还加大了我国对传统能源的依赖，约束能源结构调整，世界经济正向低碳发展格局调整，如果问题得不到有效解决，我国产业的命运将继续锁定在国际产业的底层。应该注意到，世界上不存在抽象的人口红利。只有具体素质的人口，从事具体的产业，从而存在这种产业的就业容量、竞争力和获利水平。大量简单劳动形成的"人口红利"真正的获利者在国外，而在国内却是排斥复杂劳动，抑制科教兴国。人类已经进入知识和科技加快发展的时代，一个民族如果不具有掌握和更新知识的强大能力，必将落伍于世界潮流。人口政策应该反映生产力进步的理念，而"人口红利"光环背后却蕴含着民族悲剧。

南京财经大学当代马克思主义中国化研究中心虞沈冠教授认为，根据马克思的人口学说，人口是一个社会的历史的范畴。就其本质而言，人口现象是社会现象，人口规律是社会规律，在阶级社会里，如果抛开构成人口的阶级，人口就是一个抽象，而不分阶级地抽象掉社会性的人口规律只能存在于未经人类干涉的动植物界。但是，人类作为自然界中的一个生物种群，其生物属性的烙印永远不可磨掉。因此，人口现象也是一种自然现象，但这种自然现象绝不仅是一种自发的自然现象，而是一种自觉的自然现象，例如人类能够自觉地控制生育，这种自觉，就是一种文化自觉，可以做到"五律协同"，就是人口规律与自然规律（通常指资源规律和环境规律）和社会规律（通常指经济规律与社会规律）的协同发展。考虑到人口问题的复杂性，全面贯彻落实科学发展观和建设和谐社会的目标，统筹解决我国的人口问题，当前主要是优先投资有利于人口全面发展的方面，稳定低生育水平，提高人口素质，改善人口结构，引导人口合理分布，保障人口安全，促进人口大国向人力资本强国转变，促进人口与经济、社会、资源、环境协调和可持续发展。

浙江大学人口与发展研究所尹文耀研究员认为，生态平衡是可持续发展的重要条件。从人口与可持续发展的关系考察有两种相辅相成的生态平衡：人口外部的生态平衡和人口内部的生态平衡。人口发展必须与人类赖以生存和发展的资源环境相适应，以维护自然界的生态平衡为条件。这就是要保护人口与人口外部环境之间的生态平衡。同时，人口内部也有生态平衡问题。这主要表现为：人口内部的消费者与生产者之间、各类物质文化和生理需求与供给之间、当代人生产消费需求供给与后代人生产消费需求供给之间的生态平衡。人口与外部生态环境失去平衡，会给人类发展带来困难甚至灾难。同样，人口内部生态失去平衡，也会给人类发展带来困难甚至灾难。将人口内外生态平衡的保护统一起来，才能实现可持续发展。为了保护人口外部生态环境，人口规模缩减时，要以不过度损害人口内部生态平衡为条件。在保护人口内部生态平衡时，年龄结构的保护、生产者和消费者比例控制要适度，要以不过度加重对外部环境压力为条件。要在安全允许的限度内，协调多种关系，平稳地、渐进地推进内外生态平衡的统筹兼顾。

国家人口和计划生育委员会原副主任杨魁孚认为，作为观念形态的旧传统生育文化，具有相对独立性和长期潜在性，它并非随着旧经济制度的消失而消失。我国在旧社会所形成的"生育子女命中注定"、"重男轻女"、"传宗接代"、"多子多福"、"不孝有三，无后为大"等旧观念还会长期存在，潜移默化地影响着人们的生育意愿和行为，这就加大了计划生育工作的难度。特别是"重男轻女"、"传宗接代"的旧观念是实行计划生育最大的思想障碍。这种深层的文化心态至今还在影响一些人的生育行为，成为多胎生育、计划外生育及出生婴儿性别比升高的根本原因之一。因此，实行计划生育是婚姻、家庭、生育领域里破旧立新、移风易俗的一场思想革命，是一项最广泛的群众性思想教育活动。我国几十年的计划生育发展史表明，广大群众生育观念的转变，需经历一个长期的渐进过程，必须通过持久不懈的宣传教育和引导，才能随着经济文化的发展而实现。我国人口出生率的下降不是像西方发达国家那样靠经济文化的发展，自然地诱发生育率的下降，而是靠社会主义制度的优越性，靠宣传思想工作的优势，靠群众路线，不断提高群众的思想觉悟，使群众成为计划生育的主人，充分发挥主观能动性，来促使生育率下降的。所以特别强调发动群众，移风易俗，贯彻计划生育工作要以宣传教育为主、避孕为主和经常性工作为主的"三为主"工作方针，把宣传教育放在首位，引导群众树立科学、文明、进步的婚育观念，积极建设社会主义生育文化，这是我国实行计划生育政策的一个重要特点。

为了加强运用马克思主义及其中国化理论，深入探讨中外经济、政治、文化和社会发展的重要现实问题，不断提出促进社会进步的政策建议，实现马克思主义的学术研究、理论宣传和政策探讨三者的有机结合，中国社会科学院经济社会发展研究中心、北京大学马克思主义学院、清华大学马克思主义学院、中国人民大学马克思主义学院、北京师范大学马克思主义学院、首都经贸大学人文学院、首都师范大学政法学院、上海财经大学马克思主义研究院、福建师范大学马克思主义研究院、南京财经大学当代马克思主义中国化研究中心、浙江大学宁波理工学院社会政策研究中心等首批11家马克思主义教研单位，决定成立了"中国经济社会发展智库理事会"，每年将召开一定规模的数次智库论坛，并出版《智库报告》、《智库通讯》和《智库丛书》。王伟光要求，主要由一批马克思主义理论工作者组织的"中国经济社会发展智库",要把对马克思主义的学术研究、理论宣传和政策探讨有机结合起来,高举马克思主义及其中国化理论的伟大旗帜,依托中国社会科学院和一些高等院校丰富的学术资源和我国哲学社会科学深厚的学术积累,紧紧围绕党和国家的中心工作,不断推出具有前瞻性、战略性和全局性的精品研究成果和学派性的政策建言,为党和人民的事业发挥重要而积极的作用。赵白鸽指出,可以借鉴美国智库在美国国家决策过程中所发挥的重大作用,它不仅起到了提供思想、提供决策依据,促进科学决策的作用,而且在整个国家的经济社会文化以及政治的发展过程中都发挥重大作用,相信中国经济社会发展智库也能在这些方面起到一个很大的作用,并且在落实科学发展观、促进以人的全面发展为中心的全面协调可持续的科学发展过程中发挥重大的作用。

出席此次研讨会的还有何秉孟、李成勋、白暴力、艾四林、孟捷、许为民、李德伟、程美东、辛红光、卢春山、张翼、郑彪、段霞、赵耀、潘玉腾、吴宏洛、黄茂兴、刘建民、林伟连、张旭、王新建等专家学者。

乙方文章

全面一胎化还是停止计划生育？
——与学部委员程恩富商榷

◇易富贤[*]

《中国经济周刊》2009年3月23日发表了记者汪孝宗对中国社会科学院马克思主义研究院院长程恩富教授的采访文章《人口政策大争鸣："一胎化"还是"放开二胎"？》。

程恩富教授是十一届全国人大代表、中国社会科学院学部委员，被称为"中国最有创见的经济学家之一"。他的最引人注目的"创见"要算是："老龄化社会是好事情，最好早点到来"，提出要实行比现在更严厉的计划生育政策，"城乡一胎、特殊二胎、严禁三胎、奖励无胎"，并以此使总人口较快"先控后减"。他认为："丁克家庭对祖国发展有贡献，应该享受高保"，"减少人口有利于缓解就业压力"。

这些观点与国际主流经济学家的观点截然相反，是真正的"创新"。

本文就《人口政策大争鸣："一胎化"还是"放开二胎"？》（简称《人口政策大争鸣》）里面的一些观点与程恩富教授进行商榷。

1.《人口政策大争鸣》认为30多年的计划生育政策使得妇女总和生育率（平均每个妇女一生中所生育的孩子数量）从5.8下降到目前的1.8左右。

其实，这种说法是不准确的，现在的生育率远远没有1.8，2000年人

---

[*] 易富贤，中南大学药理学博士、美国威斯康星大学妇产科专家。

口普查显示，20 世纪 90 年代中期生育率就已经只有 1.3 左右，2000 年只有 1.22，2005 年 1% 人口抽样调查再次证实中国的生育率只有 1.33。韩国、泰国、伊朗以及中国台湾地区 20 世纪 60 年代与中国内地一样，生育率为 6 左右，伊朗在 1990 年的时候生育率为 5.3。但是现在韩国、中国台湾地区的生育率只有 1.1 了。泰国、伊朗现在社会发展综合水平与中国差不多，但是现在泰国的生育率只有 1.6 左右，伊朗生育率只有 1.7 左右。如果中国从来就不实行计划生育，随着经济发展，生育率也会自发下降，现在生育率也很难达到 1.8。就是说中国当初根本就没有必要实行计划生育。计划生育使得中国的生育率降低到极其危险的 1.2—1.3 的超低水平。

2.《人口政策大争鸣》认为，我国人口目前仍将以年均 800 万—1000 万的速度增长。按目前总和生育率 1.8 预测，2010 年和 2020 年，我国人口总量将分别达到 13.7 亿和 14.6 亿；人口总量高峰将出现在 2033 年前后，达 15 亿左右。

这些数据是国家计生委和《国家人口发展战略研究报告》的预测结论，我在《大国空巢》第 15 章已经质疑了这个报告。联合国统计司负责人口和社会统计的原副司长游允中教授同意我对《国家人口发展战略研究报告》的看法，他也认为这个报告是错的。2005 年 1 月 6 日是中国 13 亿人口日；国家计生委主任张维庆 2005 年 11 月 14 日说："按照目前的总和生育率 1.8 预测，我国总人口将于 2010 年达到 13.7 亿。"意味着如果生育率稳定在 1.8 的话，2005 年至 2010 年这 6 年每年需要增加 1167 万人口。但是国家统计局历年《国民经济和社会发展统计公报》显示，2005 年、2006 年、2007 年、2008 年人口增量分别只有 768 万、692 万、681 万、673 万人，这说明中国的生育率远没有达到 1.8。依照《国家人口发展战略研究报告》，近年每年需要增加 1300 万人左右，今后十多年平均每年增加 800 万—1000 万人。但是国家统计局数据显示近年每年人口只增加 600 多万，没有 1300 万，也没有 1000 万，甚至没有 800 万。随着老年人口的激增，死亡人口将激增，每年净增人口将急速减少，现在每年净增人口只有 600 多万，两三年的预测就与事实相差甚远，未来十几年每年净增人口还能在 800 万至 1000 万之间？总人口会达到 15 亿左右？其实国家统计局的这个 600 多万数据还是"修正"后的数据。依照 2005 年 1% 人口抽样调查客观数据，2001 年至 2005 年这 5 年共出生 6846 万人，死亡 4143 万人，平均每年只增加 541 万人，已经接近负增长。2001 年至 2005 年每年平均死亡 828 万人口，每年只增加 541 万人口。今后每年死亡人口翻番，育龄妇女不到现在的 61%，每年净增人口还能在 800 万至 1000 万之间？总人口还能达 15 亿左右？

3.《人口政策大争鸣》认为，我国目前地区间人口转变差异较大，低生育面临反弹危险。在农村、中西部和贫困地区，群众生育意愿仍然较强，生育水平仍然较高。国家人口和计划生育委员会公布的人口发展"十一五"规划中期评估表明，低生育水平反弹风险依然存在、统筹解决人口问题机制尚未建立、人口计生工作难度加大等问题依然突出。

我在《大国空巢》第 21 章和《以人为本，用科学的发展观指导人口政策调整》一文根据中国的社会发展水平已经分析，中国的生育率不可能反弹。中国国家计生委《2006 年全国人口和计划生育抽样调查主要数据公报》显示现在全国生育意愿低下，平均只有 1.73，农业户口和非农业户口妇女的平均理想子女数分别只有 1.78 个和 1.60 个，未婚育龄妇女的平均理想子女数只有 1.46 个。由于有不孕不育、单身等人群的存在以及养育能力的限制，生育率会远低于生育意愿。比如日本生育意愿一直高于 2 个孩子，但是实际生育率却只有 1.25 左右。台湾省 2006 年育龄妇女理想子女数为 2.29 人，但实际生育率只有 1.1 人。中国平均生育意愿只有 1.73，生育率怎么可能反弹？

4.《人口政策大争鸣》认为，作为世界上人口最多的发展中国家，我国人口与资源、环境关系紧张的状况将长期存在。目前我国人均耕地是世界平均水平的三分之一，人均水资源是四分之一，人均矿产资源是二分之一，人均资源量综合排名列世界第 120 位。我国生态环境总体恶化的趋势尚未根本扭转，环境可持续指数在 146 个国家和地区中名列倒数第 14 位。

我在《大国空巢》第 5 章已经分析，"中国的人均资源不足"只是一个流传很广的谎言。由于资源分布很不均匀，"世界平均"意义不大。除了美国、俄罗斯、大洋洲、南美洲等少数地区外，大多数国家人均资源都低于"世界平均"水平。低于"世界平均"并不意味着资源不够。中国人均资源远远比日本、韩国以及英国、德国、意大利等很多欧洲国家要多。除了资源丰富的少数几个国家外，中国人均资源并不处劣势，比如，除中国以外，全球 40.9% 的人口人均农用地面积比中国多，59.1% 的人口人均农用地面积比中国少；全球 16% 的人口人均矿产资源是中国的 8 倍，但中国人均矿产资源却是另外 84% 的人口的 1.56 倍。比较资源丰富和资源贫乏的国家，发现经济水平并不完全是由人均自然资源决定的。巴西自然资源丰富，气候良好，面积 851 万平方公里，相当于美国的 91%，中国的 89%；巴西人口 1.9 亿，只相当于美国的 63%，中国的 14.6%，但社会发展水平与中国基本一致，综合国力还不如中国，中国目前在发展中所碰到的问题在巴西照样存在。阿根廷、俄罗斯的人均资源也远远超过美国，但社会发展水平却反而不如美国，而与中国差不太多（这些地区人均住房面积还不如中国）。因为人口资源才是第一资源，是中国最大的优势资源。人是"本"（能够将"非资源"变为"资源"），自然资源是"末"，想通过减少人口来提高"人均资源"是舍本逐末。人力资本理论之父、1979年诺贝尔经济学奖得主舒尔茨认为，当代经济的增长，国家财富的构成，主要是人力资本带来的结果，技术进步主要是靠人力资本积累。舒尔茨断言："人类未来不是由空间、能源和耕地所决定，而是要由人类的知识发展来决定。"

中国"资源短缺"和环境污染的原因主要是粗放式的发展模式而不是"人口过多"。由于资源利用水平低，目前我国单位资源的产出水平远远低于世界平均水平，而废弃物排放水平大大高于发达国家，每增加单位 GDP 的废水排放量比发达国家高 4 倍，单位工业产值产生的固体废弃物比发达国家高 10 多倍。据《2006 中国可持续发展战略报告》对世界 59 个主要国家的资源绩效水平的调查排序，中国资源绩效居世界倒数第 6 位。以目前这种粗放型的发展模式，人口减少到现在的几分之一资源也不够用。

5.《人口政策大争鸣》认为，按现在的需求水平，我国粮食需求总量到 2020 年为 6.03 亿吨，2033 年为 6.63 亿吨，大体比现有 5 亿吨粮食生产能力高出 20% 到 30%，粮食安全面临严峻挑战。

这个估算其实是错误的，因为是采纳 15 亿人口来估算的。而即使停止计划生育并千方百计鼓励生育，也难阻今后人口锐减，中国人口无论如何也不会达到 15 亿。即便人口真的达到 15 亿，甚至 18 亿，粮食也不是问题。随着科技的发展，单位土地的粮食产量在不断增加。由于人口增长跟不上粮食增长，耕地面积减少是必然趋势。比如 1978 年中国粮食产量只有 3 亿吨，在耕地面积还有所减少的情况下，现在粮食产量反而增加到 5 亿吨。由于气候、土质、日照、灌溉等的不同，人均耕地多并不意味着粮食产量多，比如我国的水稻亩产为 420 公斤左右，日本为 440 公斤，印度只有 200 公斤；中国很多地方适合种植两季甚至三季，而其他很多国家却只能种植一季。中国人均耕地面积只有印度的 73.5%，但中国近年粮食产量在 5 亿吨左右，而印度只有 2.3 亿吨。从农用地和耕地角度看，中国并不处于劣势，从资源角度讲，今后三色（绿色：传统农牧业，白色：微生物农业，蓝色：海洋农业）农业并重，粮食是不难解决的问题。但是从长远看，威胁中国粮食安全的将是人口结构——无人种地！肉荒、粮荒，归根结底是人荒。

6. 《人口政策大争鸣》认为，对于近年来有些经济学、人口学和社会学的学者主张立即全面恢复二胎生育政策，以此来解决所谓老龄化问题，程恩富认为："这种政策是不可取的，因为它会使中国人口基数继续不适当地增大，不利于很多问题的解决，如环境问题、资源问题、就业问题、人均生活水平问题等诸多方面。""在人均收入较低的条件下到达老龄化水平，是社会主义制度优越性的凸现。一方面劳动力仍然大量相对过剩，另一方面达到老龄化标准，这是人口领域的'二元结构'，需要做的工作不是增加人口，而是切实做好老年人社会保障工作。"

程恩富用"人口基数"作为全面实行一胎化的理由。其实如果欧洲不分成很多小国的话，人口基数也很大。中国人口基数大，但是地大物博，资源丰富，人均资源比日本、韩国以及很多欧洲国家还要多。程恩富作为经济学家，却不知道人口的密度效应和规模效应，却不知道一个国家人口密度越高的地区往往是经济越发达的地区。比如程恩富本人选择住在上海和北京这样人口稠密的地区，而不选择到人口稀少的云南、贵州工作。

　　我在上面已经分析，资源短缺和环境污染不能作为控制人口的理由。事实上德国的环保界现在也已经转变思路，不再认为人口本身是环境污染的原因，相反，他们认为合理的人口结构有利于保护环境。

　　程恩富与潘贵玉一样，认为减少人口可以提高人均生活水平。我在《大国空巢》第 10 章以及《以人为本，用科学的发展观指导人口政策调整》一文里已经分析，减少人口并不能提高人均 GDP。阿马蒂亚·森（Amartya Sen）（诺贝尔经济学奖获得者）通过比较中国和印度的人口增长率和人均 GDP 的增长率，也认为降低人口增长并不能提高人均 GDP。如果程恩富的如此"伟大的创新"是正确的话，那么获诺贝尔经济学奖的应该是程恩富而不是阿马蒂亚·森了。

　　作为中国四大经济学家之一，程恩富用"缓解就业"为理由要求实行全面一胎化，这本身就非常滑稽。"人口多导致就业压力"的观点与亚里士多德的"落体速度与其重量成正比"的理论一样荒谬。2007 年美国人口 3 亿，失业率为 4.6%；巴西面积相当于美国的 91%，人口 1.9 亿，只相当于美国的 63%，但是失业率却高达 9.6%。阿根廷面积是印度的 84%，人口只有印度的 3.5%，但 2007 年阿根廷失业率为 8.5%，印度为 7.2%。有什么样的生产水平，就有什么样的消费水平，就业机会更取决于人口，而不是人均收入。比如，穷人买件衣服，可以提供一个低工资裁缝一天的工作机会；富人买件衣服，可以提供一个高技艺、高工资裁缝一天的工作机会，富人总不至于里三层外三层穿一大堆廉价衣服吧？日本 4 万多亿美元的购买力只能提供 0.67 亿个左右（总人口的 50% 左右）的就业机会，而印度 3 万亿美元的购买力却能提供 5.1 亿个左右（总人口的 50% 左右）的就业机会。日本对低附加值的产品需求有限，而单位消费量的高附加值产品和服务所提供的就业并不多。以购买力计算，印度 2007 年人均 GDP 为 2600 美元，这个购买力大概可以提供一个餐馆服务员一年的就业机会；日本 2007 年人均 GDP 为 33500 美元，但是也只能提供一个餐馆服务员一年的就业机会。日本即使消费饱和，所提供的就业机会也不过是满足日本本国的就业而已。伽利略用"两个铁球同时落地"的试验推翻了亚里士多德的理论。但是程恩富至今不能理解"两个铁球"原理。

程恩富认为中国劳动力大量过剩。其实劳动力是否过剩是相对于本国总消费人口来说的。日本劳动力有 6700 万，远远比阿根廷的 1600 万要多，难道能说日本劳动力过剩？世界上绝大多数国家的劳动力与总消费人口比例在 50% 左右或以下。而中国由于实行独生子女政策减少了年幼消费者，劳动力与总人口的比例高达 63.5%。也就是说中国劳动力过剩，不是因为劳动力绝对数量太多，而是劳动力相对于中国的消费人口来说过剩。中国劳动力过剩的原因是计划生育。依照程恩富全面一胎化，那么中国劳动力在今后 20 多年内还将进一步"过剩"，但是今后却又将因为过度老年化而出现劳动力严重短缺。现在中国只有 1.6 亿 60 岁以上老人，但是养老金缺口已经很严重，这是社保制度有缺陷，是"制作面包技术"有问题。程恩富认为"做好老年人社会保障工作"就可以解决老年化，但是 2030 年之后 60 岁以上老人将超过 4 亿，那个时候就不仅仅是"制作面包技术"的问题了，更是"面粉"（劳动力短缺）的问题，难道程恩富能够做无米之炊？养儿防老，积谷防饥，这是最朴素的真理。现在西方国家的社保制度仍然是建立在养儿防老的基础之上，只是将养儿防老社会化而已。

程恩富认为"在人均收入较低的条件下到达老龄化水平，是社会主义制度优越性的凸现"，"'一胎化'生育政策和人口加速老化、家庭负担加大没有必然联系"，这种观点会让国际主流学者笑掉牙的。国际社会普遍认为人口持续发展是经济持续发展的基础，计划生育使得中国未富先老，威胁中国持续发展。还很贫穷的时候就得了富贵病，并不是什么好事情。

7.《人口政策大争鸣》里程恩富强调："我们不能用所谓个人自由生育权的观点来分析，那就会导致无控制的自由生育了，这才是争论的核心和关键。"

作为"左"派学者的程恩富的这一观点与自由派学者李银河有异曲同工之妙。李银河在《生育与村落文化》前言中说："实行强制性的计划生育，在总体上是合理的。既然是合理的，就不会行不通，不管它是不是强制的。"看来无论"左"派精英还是自由派精英，在强制计划生育上是高度一致的。人类数千年文明史，都是无控制的自由生育，都没有问题；现在其他两百多个国家也都是"无控制的自由生育"，也都没有问题。现在全世界两百多个国家都不实行的政策，肯定不是什么好政策！

个体人权不能得到保障的社会，都出现了很多棘手的社会问题；生育权是最基本人权，生育权不能得到保障的社会，也会受到惩罚，比如韩国、伊朗从1989年开始曾经阶段性地提倡二胎（而不是强制），部分地限制了生育权，但是这些地区的代价是昂贵的，生育文化遭到破坏，现在在鼓励生育的情况下，韩国的生育率只有1.1左右，伊朗只有1.7，社会丧失了可持续发展的能力，今后将面临严重的养老危机和经济危机。中国如此强制性地限制生育权30多年，其后果是无法估量的！

可见，无论是老一代知识精英陶行知、马寅初、邵力子、夏衍，20世纪80年代的政治精英，决策智囊胡鞍钢、王东京，"左"派学者何新、程恩富，还是自由主义学者何清涟、李银河、李小平，都认为人口过多是中国很多问题的根源，控制人口是中国的当然选择。从某种意义上说，计划生育反映出知识精英的短视、胆怯和伪善！

8.《人口政策大争鸣》认为，如实行"一胎化"的生育政策，2024年可以达到人口增长的峰值，峰值人口为13.93亿。而"放开二胎"生育政策的人口总量将继续增长，到2045年才达到人口增长的峰值，峰值人口为15.50亿。此后，在相当长的时间内"放开二胎"方案的人口总量保持在15亿以上，到2100年人口总量为15.33亿。而实行"一胎"生育政策的人口总量继续减少，到2100年为6.7亿。两种方案的人口总量差距逐渐增长到8.63亿。

根据《2008年国民经济和社会发展统计公报》，2008年末全国总人口为13.2802亿（事实上还有数千万水分）。那么依照程恩富的观点，实行"一胎化"后2024年达到13.93亿人，意味着2008年之后的这16年需要增加6498万人口。我们假设这16年人口增加是直线递减，到2024年的时候为0（零增长）。假设2009年人口增量为X，每年增量减少Y，那么2010年人口增量为X－Y，2011年人口增量为（X－Y）－Y＝X－2Y，2012年人口增量为X－3Y，以此类推，2024年人口增量为X－15Y＝0。这16年人口总增量为16X－120Y＝6498万。那么两个方程式就为：

X = 15Y

16X − 120Y = 6498 万

计算结果：Y = 54. 15 万，X = 812. 24 万。

那么依照程恩富的观点（2024 年人口为 13. 93 亿），2008 年以后每年人口增量和人口总量应该是这样的（至少接近）：

年份	年增量（万）	总人口（万）
2008		132802
2009	812	133614
2010	758	134372
2011	704	135076
2012	650	135726
2013	596	136322
2014	541	136863
2015	487	137351
2016	433	137784
2017	379	138163
2018	325	138488
2019	271	138758
2020	217	138975
2021	162	139137
2022	108	139246
2023	54	139300
2024	0	139300
2025	54	139246

就是说依照程恩富的观点，2009 年人口需要增加 800 多万。但是国家统计局历年《国民经济和社会发展统计公报》显示，2006 年、2007 年、2008 年人口增量都已经只有 600 多万了（客观调查的数据显示事实上只有 400 多万）。

每年出生的孩子主要是 20—29 岁生育旺盛期妇女所生。2008 年的

20—29 岁妇女是 1979 年至 1988 年出生的女孩，根据 2000 年人口普查资料，这 10 年共出生 1.0423 亿女孩，平均每年出生 1042 万女孩。而到 2024 年的 20—29 岁妇女是 1995 年至 2004 年出生的女孩，根据 2000 年人口普查和 2005 年 1% 人口抽样调查，这 10 年共出生 6356 万女孩，平均每年只出生 636 万女孩。就是说 2024 年生育旺盛期妇女不到 2008 年的 61%。《2008 年国民经济和社会发展统计公报》显示，2008 年只出生 1608 万人，那么稳定现在的生育政策的话，2024 年只出生 980 万人。其实如果依照客观调查数据，2008 年只出生 1300 万人左右，那么 2024 年只出生 790 万人。而由于老年人口的不断增加，死亡人数也在不断升高。根据国家计生委 2003 年的预测，2008 年 60 岁及以上老人只有 1.58 亿，65 岁及以上老人只有 1.07 亿；而到 2025 年，60 岁及以上老人将达 2.96 亿，65 岁及以上老人将达 1.72 亿。2008 年死亡人口 935 万，到 2024 年死亡人数将在 1700 万左右。就是说，即便稳定现行人口政策（政策生育率 1.38），中国人口在 2024 年之前就负增长很长一段时间了（我在《大国空巢》第 15 章推算，在 2016 年之前中国人口就会负增长）。而依照程恩富全面一胎化（政策生育率 1.0），难道反而会等到 2024 年才开始负增长？以妇女平均 25 岁生孩子计算，2024 年生孩子的妇女是 1999 年出生的女孩，依照 2000 年人口普查，1999 年只出生 516 万女孩，依照 2005 年 1% 人口抽样调查数据，也只有 600 多万女孩。这些女孩到生育之前，还有部分会死亡，还有部分不孕，依照程恩富的观点，平均每个妇女只生 1 个孩子，将只出生不到 500 万孩子，而死亡人口却高达 1700 万左右，负增长一千多万！

9.《人口政策大争鸣》认为，"即使按照 1998 年的消费模式和物价水平，我国抚养一个孩子从母亲怀孕开始到 16 周岁止，全国平均所需支付的总抚养费最低为 5.8 万元，最高为 6.7 万元。"程恩富介绍说，随着社会经济的发展，国家经济实力的提高，教育投资的不断升高，我国为抚养每个 0 至 16 岁少年儿童平均所需支付的总抚养费必然大幅度上升。这样，由于"放开二胎"而多生的几亿人口，将给家庭和社会带来沉重的经济负担。因此，他建议：我国不仅不能放松现行生育政策，而且还要继续把城乡的生育水平降到一对夫妇一个孩子这一底线，即严格的"一胎化"生育政策。实行"一胎化"生育政策可以通过微观上控制每个家庭的规模，宏观上控制社会的人口数量，来促进家庭和社会经济的协调发展。

程恩富认为养孩子到 16 岁，需要支付 5.8 万元至 6.7 万元的抚养费。为了减少抚养费，不但不能放开二胎，而且农村也必须实行一胎化。但是作为知名的经济学家，程恩富却不知道一个经济学常识：物质资本是报酬递减的，人力资本是报酬递增的。只有依赖于人口的投资才能增值，西方国家所有的长期投资都是建立在人口代际传承的基础上的。同样几万元钱的投资，如果投资到其他方面（还取决于人口结构），几十年之后的增值并不多；但是投资到人口，增值确是巨大的。两千多年前的商鞅就认识到这个道理，商鞅反对积聚黄金，而是鼓励积聚粮食，粮食可以养活更多的人口，转变为人力资本，而人力资本是递增的；而黄金是物质资本，难以增值。商鞅认为：国家喜欢在境内积聚黄金，那么黄金和粮食都会丧失，粮仓和金库都会空虚，国家会弱小；国家喜欢在境内囤积粮食，那么粮食和黄金都能产生，粮仓、金库都会充实，国家就强大。

这就是为什么当年投资"造人"的超生家庭现在生活水平比当年投资"造物"的独生子女家庭要高的原因。"少生"不会"快富"。农民家庭最佳投资就是多生个孩子。很多农民后悔当初没有超生。"省钱养儿女"是可行的，但"省养儿女的钱"是省不出来的。想想看，当初每月几十元的收入，假如不用来养孩子的话，这些钱也用掉了。20 世纪 80 年代的万元户很风光，如果将那些钱存起来养老，现在一两年就花光。程恩富的经济学远见既比不上舒尔茨、阿马蒂亚·森，也比不上两千多年前的商鞅，甚至连偏僻山区的农民都不如。

并且孩子多的话，养育成本还会降低。经济学者认为，在美国这样的主流家庭养育 3 个孩子的社会，养 3 个孩子的花销只相当于养 1 个孩子花费的 1.6 倍，可 3 个孩子长大后为社会创造的财富却是 1 个孩子的 3 倍。

程恩富认为："丁克家庭对祖国发展有贡献，应该享受高保。"他的依据在于，"孩子一生下来，对于国家的教育、医疗、就业等一系列压力随之而来。生得越多，国家的投入就越多"。因此他认为，相对而言"丁克家庭"对社会的贡献大，到 60 岁后享受高保是"有充分理由"的。但是程恩富却不知道一个国际上公认的经济学常识：一个人人力资本积累的大部分是发生在家里，特别是在生命周期中的最初阶段。即使在社会福利高度发达的西方发达国家（真正免费到高中的义务教育，高校学生家庭所分摊的高校教育成本比例通常在13%—15%），家庭的投入也是主要的，国家也是赚多孩子家庭的便宜，很多家庭因此不愿意生孩子，需要通过税收来惩罚丁克。

中国现在连小学和初中都不是真正的免费义务教育，家庭所分摊的教育成本占高中全部投入的70.1%，占大学的66%，"丁克家庭"吃喝玩乐舒服享受了，连孩子都懒得生，到老了还要盯上别人家孩子创造的财富，程恩富还认为"丁克家庭"对社会贡献大！

依照程恩富的观点，自杀的穷人应该被授予超级烈士称号？因为他们一方面减少了贫困，另一方面又减少了人口，还减少了低素质的、更穷的后代。

10. 程恩富的人口观是马尔萨斯主义人口观，而不是马克思主义人口观。

程恩富是中国社会科学院马克思主义研究院院长、马克思主义研究学部主任、中国社会科学院邓小平理论和"三个代表"重要思想研究中心主任、马克思主义理论研究和建设工程办公室主任、中国社会科学院"马克思主义基本原理"重点学科负责人。

但是纵观程恩富的人口观，却是典型的马尔萨斯主义人口观。

马尔萨斯人口论与马克思人口论是截然相反的。马克思和恩格斯都批判了马尔萨斯人口论。马克思在1853年所写的《强迫移民》中指出："不是人口压迫生产力，而是生产力压迫人口。"[①] 恩格斯分析了危机、失业、贫困的关系，指出："人口过剩或劳动力过剩是始终同财富过剩、资本过剩和地产过剩联系着的。只有在生产力过大的地方，人口才会过多。"[②] 而且，就业手段并不就是生活资料，"就业手段的扩大仅仅是机器力量增加

① 《马克思恩格斯全集》第8卷，人民出版社1961年版，第619页。
② 《马克思恩格斯全集》第1卷，人民出版社1956年版，第619页。

和资本扩大的最终结果；而生活资料却只要生产力稍许提高，就会立刻增加"①。只要通过社会革命战胜了造成人口过剩的制度，"我们就能保证永远不再因人口过剩而恐惧不安"②。

毛泽东也多次批驳了马尔萨斯人口论，毛泽东认为："世间一切事物中，人是第一个可宝贵的。"

胡锦涛总书记提出了以人为本的科学发展观。胡锦涛在十七大报告中指出：科学发展观，第一要义是发展，核心是以人为本。胡锦涛强调，人的生命是最宝贵的。我国是社会主义国家，我们的发展不能以牺牲精神文明为代价，不能以牺牲生态环境为代价，更不能以牺牲人的生命为代价。

可见，马克思、毛泽东、胡锦涛都重视人的发展，认为人是最宝贵的，是以人为本的人口思想。而程恩富却视人口为负担，根据他的理论，每年将减少上千万人口。

程恩富作为中国社会科学院马克思主义研究院的院长，却弃马克思人口论而转信马尔萨斯人口论，以"当代马寅初"（马寅初人口论是马尔萨斯人口论的变种）自居，令人匪夷所思。

总之，程恩富"全面一胎化"的观点所依靠的所有数据都是错误的。程恩富确实是非常有"创见"的，但是他的"创见"不仅颠覆了国际主流经济学理论，也颠覆了普通老百姓的常识，更颠覆了马克思主义和以人为本科学发展观的基本教义。鼓励创新是正确的，但是不能鼓励瞎胡闹！

---

① 《马克思恩格斯全集》第 1 卷，人民出版社 1956 年版，第 619 页。
② 同上书，第 620 页。

人口政策理应务实调整

人口政策是近年来颇具争议的话题。争议主要集中在"一胎化"方面，赞成调整的人认为，鉴于现行政策在人口老龄化、性别比失衡、养老以及独生子女等方面存在的诸多弊端，应该全面恢复二胎生育政策；反对者则认为，如放开二胎，将会对环境、资源、就业以及人均生活水平等方面产生问题，应该维持现有的"一胎化"政策。

程恩富属于后者。这位中国社会科学院马克思主义研究院院长主张实行更严格的"一胎化"政策，除了上面所举的这些原因外，还在于以下两方面：一是"放开二胎"而多生的几亿人口，将给家庭和社会带来沉重的经济负担；二是独生子女政策并不一定像许多人所担心的那样，最终势必造成过重的家庭养老负担，或者"一胎化"生育政策与人口加速老化、家庭负担加大没有必然联系。

程恩富是经济学者，上述理由是从经济角度来谈的。但即使撇开人权的、道德的、社会的角度不谈，仅从经济角度而论，"放开二胎"真的会如程所说给家庭和社会带来沉重的经济负担，或者"一胎化"生育政策与人口加速老化、家庭负担加大没有必然联系吗？

先看第一个方面，"放开二胎"会给家庭和社会带来经济负担只是一种假设。它假设人只是一个消费者，因此，生育越多自然对社会和家庭的

负担也就越重。但其实人不仅是消费者，还是生产者；或者在某个阶段是消费者，而在另一个阶段是生产者。而且，即使作为消费者，由于年轻人的消费种类比老年人多，所以他们为社会提供的工作机会也比后者要多，就此而言，一个社会人口构成中年轻人多，反而有利于解决就业问题。

总之，说"放开二胎"会给家庭和社会带来沉重的经济负担，不但在理论上不成立，也没有实例证明。相反，倒是有大量的事实证明"放开二胎"不会给家庭和社会带来经济负担。就整个人类来看，人口的快速增长是最近 200 年才出现的，但恰恰在这 200 年内，人类的整体生活质量是 200 年前根本无法比拟的。这其中的原因，就在于人类的创造力、科学技术的发展以及更合理的制度安排。

从第二个方面看，说"一胎化"政策与人口加速老化、家庭负担加大没有必然联系明显是违背常识。的确，现在一对年轻夫妇养两个至四个老人的情况不是很多，这是因为年轻人的比例在社会人口结构中还相对较高，但随着 90 后的年轻人结婚生子，将来这种情况就非常普遍。西方国家建立福利制度时，年轻劳力有余，需要享受福利的老人少，即人口结构是纺锤形的，所以能够支撑福利制度运转，但随着老龄化的进展，生育率持续维持在低水平，人口结构呈倒三角形，即老年人口增加，劳动力减少，西方国家的福利制度也开始出现问题。中国未富先老，要仿照西方现在的福利制度是不可能的，至多只能部分靠社会养老，大部分养老尤其农村养老还得靠家庭。这不可能不造成独生子女过重的养老负担。至于说"在人均收入较低的条件下到达老龄化水平，是社会主义制度优越性的凸现"，更是站不住脚的。

在人口政策方面，我们有很多这样的糊涂认识。比如，认为放开生育会造成资源的紧张和环境的破坏。但无论从中国还是其他国家来看，许多经济发达的地区恰恰都是人口密集的地区，在那里，资源问题并没有成为制约因素。环境恶化也主要不是因人口增加引起的，而是人们对环境粗放式、掠夺式的开发利用所致。人口因素即使对资源环境有影响，也不是主要因素。还有一个广泛流传的观点，认为如果任由人们生育，将会造成人口爆炸。然而事实并不是这样，从全世界的经验来看，生育率与人类发展指数呈直线负相关关系，即社会越发达，生育率越低。统计表明，人均收入在 1 万美元的国家人口基本都呈现零增长和负增长局面。我国山西翼城县在 1985 年试点二胎方案，但到 2000 年生育率也只有 1.51，远低于目前 1.8 平均生育意愿。

许多主张严格 "一胎化" 政策的学者总是有意无意地夸大 "一胎化" 取得的成就而贬低其可能和实际带来的后果与风险。在我看来，"一胎化" 政策给中国带来的危害长远而言要远大于其作用。养老就不说了，独生子女家庭始终面临着子女夭折的风险，还有出生性别比的严重失衡，等等，都是社会正在并将继续要付出的代价。特别一提的还有，中国粗放式经济增长方式也将因受制于大规模的低素质劳动力而不能比较快地得到转变。因为从实际情况来看，政府的计划生育政策主要在城市有效，在农村往往失灵，结果造成人口的 "逆向选择" 现象，新一轮的人口增长并没有带来年青一代人口素质的全面提高和发展。无疑这对中国的现代化是一个不利因素。

人口问题事关中国现代化的成败。在人口政策上，由于它直接关系到人本身的再生产问题，与我们每个人的基本利益都攸关，因此，不能仅由少数人口学家和经济学家把持话语。如果说在实行计划生育的初期，由于生产的落后和产品不丰富，这样做很有必要的话，那么，在生产得到极大发展、许多产品已经过剩的今天，人口政策的重点还是放在人口控制上，则实为不妥。这里的关键就在于要把人看成是生产元素而不仅是消费元素。所以，在现行人口政策的负面作用越来越显著的时候，务实调整人口政策是有必要的。这也符合社会多数民众的意愿。

我国人口政策应如何走？

◇穆光宗[*]

一个以科学发展观为指针的人口政策需要符合四个基本原则，即尊重原则、安全原则、公平原则和发展原则。

首先是对民意和民权的尊重。生育权首先是私权，然后是公权。还权于民、造福于民是历史赋予我们的重大责任。历史的经验是，家庭和夫妇在生育问题上应该有自主自决的权利，但国家和政府是否在生育方面也应该承担社会和历史责任？是否应该为微观层面的生育在知识、信息、技术等方面提供宏观的优质服务和基本的公共服务？是否应该为计划生育家庭的手术后遗症或者说广义的生殖健康问题买单？是否应该为独生子女家庭、纯女户家庭、孩子夭折家庭建立起福利性民生关怀体系和养老助老体系？

毫无疑问，国内需要合理界定生育私权和生育公权的责任空间和权利空间，为此我提出"两权互持理论"，即生育的私权和公权的实现应该互相扶持，不能相互对峙冲突。在大众的意愿生育水平已经低于更替生育水平的历史新阶段，其实生育的多样性生态呈现的已经是普遍追求小家庭制的趋同格局。所以，通过宣传教育、公共服务和社会保障来帮助人民树立适度的生育意愿，这是真正意义上的"以自由寻求幸福"。

---

* 穆光宗，北京大学人口所教授。

另一方面，政府应该承担维护生育安全、提供公共服务、构筑社会保障的重大责任，政府行使的所谓生育公权在一个文明社会里只能理解为生育的服务保障权，这也是"政府责任"的题中应有之义。在后计划生育时代，政府的责任是放大了而不是在缩小。家庭和政府两大权利主体面对的是不同的问题。政府应回到自己的权利空间中去，承担起应尽的社会、政治和历史责任。

其次是要维护人口发展的结构安全性，坚持人口控制的底线伦理。随着计划生育风险家庭和残缺家庭的逐年增加，中国大陆开始进入人口意义的风险社会。汶川大地震再次提出血色警告：天有不测风云，人有旦夕祸福。结构决定功能，如果说独生子女家庭本质上是风险家庭，那么一个以独生子女人口为主体的社会本质上就是风险社会。

事实表明，"一胎化"为主导的生育政策存在着难以克服的内源性风险。很多完成计划生育义务的家庭实际上已经进入后人口控制阶段，一个生育率超低的社会也已经进入后人口计生时代，从而不得不应对人口发展的风险和人口控制的代价。完善人口政策不仅要预防和控制人口发展的风险——和谐社会不需要比现在更多的独生子女和风险家庭细胞，而且要通过事后补偿、关怀民生的社会公共政策体系的建设来消解人口控制的弊端和代价。

再次是城乡和两性之间能否"一碗水"端平的社会公平性。目前城乡二元、两性有别的人口生育政策违背了起码的社会公平性，既可能诱发人口素质逆淘汰，也可能加剧性别发展不平等。很多研究指出：我国形势严峻的出生人口性别比失调问题与现行生育政策存在着不可割裂的联系。很多农村地区第一胎是女儿的可以生育第二胎，但第一胎是儿子的却不能再生，这种政策导向隐含着男女不一样的信息，也是对男女不平等事实的默认。城乡一元、性别平等、一碗水端平的人口生育政策更符合社会和谐、科学发展的要求。

最后，合理的人口政策需要彰显以人的全面发展统筹解决人口数量问题的历史智慧。所以，从"控制人口"到"优化人口"，是历史发展的必然。从今往后，超低生育率将持续挑战国运和民生。低生育目标的实现并不意味着人口问题的终结，而是伴随着人口问题的转型，国内需要关注的与其说是增长性的人口问题，不如说是结构性的人口问题，特别是政策性人口问题的预防和解决。综上所论，本文对人口政策未来走向的理解是："城乡对等，性别平等；适度生育，鼓励二胎；投资人口，优化人口。"

（原载《中国社会科学报》2009 年 7 月 2 日）

人口问题上的三个重点

◇穆光宗

13 亿人口日是一个寻常又不寻常的日子。"寻常"是说中国并没有因为第 13 亿个公民的出生而更加艰难和愁闷，我们的日子并没有因此发生任何意外的改变。"不寻常"则是这个日子的意义。13 亿毕竟是一个人口超载的国度从未达到过的高度，但这个高度却同时意味着挑战和压力。

人口问题观决定人口治理观，没有比这更基本的人口观了。到了 21 世纪，中国人口问题的内涵和表现都有了新的变化。在内涵上，中国人口问题越来越强烈地表现出人口问题的本质是发展问题，其中最关键的发展又是人类的发展或者说人的全面发展的特征，以人类发展引领的人口发展将使中国人口问题迎刃而解。在外延上，中国人口问题林林总总，不再局限于人口的增长，而是越来越与人口素质、人口结构、人口分布、人口迁徙和人力开发相联系，与资源环境和经济社会系统相融合。所以，树立"大人口观"是时代进步的必然要求。

为了更好地解决中国人口问题而不是单一地减少人口增量，我们需要探究一些新的人口命题和人口理论，归根结底是要树立"以人为本"的人口和计生工作观。保障基本人权、促进人类发展、优化人口结构将成为 21 世纪人口原理的三大支点。

家庭安全比社会安全重要

家庭养老是全人类都值得珍视的文化传统，在老龄化时代揭幕之后尤其如此。我们在严格控制人口增长的过程中必须考虑生育率下降的社会文化边界性。仅仅考虑到人口控制的必要性是不够的，一个以人文关怀、人的发展为归依的政策一定会考虑到人口控制的可能性和合理性。如果说必要性是出于经济发展的尺度，那么可能性是出于社会承受的尺度，而合理性则是出于伦理关怀的尺度。在三维的框架里，我们才能确立人口控制政策恰当的历史坐标。

家庭安全是指家庭的安全发展要以家庭人口的一定数量、家庭人口的合理构成为基础。亲情需要和养老需要是家庭发展最重要的安全需要。著名社会学家费孝通先生在其早期著作《生育制度》中曾经提醒人们：一个由父、母、子组合而成的三角形家庭结构才是稳态的家庭结构。生育可以激发和加固家庭的功能。更重要的是，生育资源是最重要、最基本、最可靠的养老资源。独生子女家庭本质上是风险家庭，因此缩小而不是扩大独生子女规模和比例应该成为理性、智慧、以人和家庭为本的人口政策的当然之选。

毫无疑问，只有家庭的健康才能确保社会的健康，只有家庭的安全才能确保社会的安全，只有家庭的发展才能确保社会的发展，社会并不是空的架构，而是由一个个家庭细胞组合而成的组织体系。显然，确立适度生育权、探究计划生育的底线伦理已越来越难回避。

人口发展比人口增长重要

正如经济发展不同于经济增长一样，人口发展范畴也提供了远比人口增长更宽的视野、更深的内涵。人口发展的真实含义是指人口的结构和功能状态。人口增长只是人口发展的一个方面。人口增长是指人口过程的数量变化，而人口发展还要包括人口过程的结构变化，同时这种结构的变化在广义的意义上也是一种人口素质的变化。对"人口增长"与"人口发展"的辨析实际上是给我们一个提醒,即任何单纯从人口增长角度来设计的人口战略事实上都是片面的、非均衡的和事倍功半、得不偿失的。

真正意义上的人口发展战略必须综合考虑人口总量的变化和人口结构的变化这两个方面,这样一个健全的战略需要在总量和结构之间架起联系的桥梁,建立起良性互动、均衡发展的机制。人口性别年龄结构是一种内在的力量,一旦形成,就形成人口惯性,不以我们的意志为转移。科学的人口发展战略必须考虑人口的性别年龄结构问题,必须从全面的"人口发展"而不是褊狭的"人口增长"框架出发,构筑起安全、协调、持续的人口发展体系。

单纯追求人口增长目标(譬如零增长和负增长)的战略无疑有违于"人口发展比人口增长重要"这一原则,在精神实质上与全面、协调、持续的发展观相去甚远。十六届三中全会提出的新的发展观和五个统筹发展的论断是值得高度重视的理论创新。人口增长需要考虑这样的发展要求。毫无疑问,预先确立生育率下降适度边界、充分考虑了人口结构平衡要求的人口增长才能确保人口安全、健康、积极的发展,才符合发挥人口推力、实现持续发展的宗旨。

人口投资比人口控制重要

21 世纪的新经济开始转向人力资本依托型的经济形态,知识经济即使不是现实的形态,也一定是未来的趋势。"新经济"呼唤"新人口"。新人口就是亲生态、亲知识、亲道德、亲市场的人口,就是具有更多更新人力资本存量的人口。在全球性资源环境危机的历史背景下,人力资源和人力资本的重要性将凸现而出,逼迫人类努力以人力之创造补天力之不足。美国人口经济学家朱利安·西蒙早就提出:最后的资源就是蕴藏在广大人口身上的脑力资源和智力资源。这给我们一个巨大的信心:13 亿中国人口意味着有 13 亿中国人脑。一旦将这些人脑资源开发出来,所谓的人口问题将逐步消解,而中国未来的发展将因此获得巨大的动力和支持。这正是

"人口投资比人口控制重要"的题中应有之义。中国的改革开放历经25年的艰辛探索之后，进入了一个"统筹发展、以人为本"的崭新阶段。若有恰当的投资和开发，人力资源将成为最宝贵的资源，但在中国，太多的人将人力资源看做最廉价的资源，这是巨大的悲哀。跳出"人口论"和"人手论"之争的传统视界，我们蓦然发现了一个更深邃广阔的天地，这就是"人脑论"。这也是笔者心中深层人口学的历史取向。

最重要的理念是，看似负担的"生育成本"概念完全可以理解为有预期回报的"人口投资"概念。从"投资"而非"成本"的角度出发，我们就树立了积极的人口观。毫无疑问，中国人口是不能不控制的；但同样毫无疑问，仅仅控制人口并不足以解决中国人口问题。恰恰相反，过分重视人口减少而严重忽视人口投资，会形成巨大的历史失误。

综上所述，我们只有将人口的协调发展、人类的全面发展、家庭的结构安全圆满地统一起来，才可能创造出以人类发展为主旨、均衡各方面力量的、健康积极的人口发展格局，使中华民族的伟大复兴成为新的历史传奇。

（原载《学习时报》2005 年 1 月 26 日）

中国人口数量问题的"建构与误导"

——中国人口发展战略再思考

◇李建新[*]

一 引言

2007年初，随着《国家人口发展战略研究报告》（以下简称《报告》）的发表，和《中共中央国务院关于全面加强人口和计划生育工作统筹解决人口问题的决定》（以下简称《决定》）的颁布，历时两年多由上百名专家学者参与的中国人口发展战略研究终于"尘埃落定"，这标志着中国人口和计划生育工作进入了新阶段，而在《报告》基础之上形成的《决定》也被认为是指导新时期人口和计划生育工作的一个重要的纲领性文件，成为目前认识我国人口问题，解决新时期人口问题的重要基础。

在有关我国人口问题重要性紧迫性的认识上，《决定》指出："实现我国经济社会又好又快发展所面临的重大问题，无不与人口数量，素质、结构、分布密切相关，在人口问题上的任何失误，都将对经济社会发展产生难以逆转的长期影响。以人的全面发展统筹解决人口问题，变人口压力为人力资源优势，为经济社会发展提供持久动力，是实现中华民族伟大复兴的战略选择。"这样深刻的认识、这种统筹解决问题的长远思路不可谓不精辟。

---

* 李建新，北京大学社会学系、社会学人类学研究所副教授。

　　然而，通观《报告》与《决定》，笔者认为都还存在着一些瑕疵，一些判断和论证不够充分，缺乏科学的严谨性，特别是在关于中国人口数量问题的认识上，许多观点还没有彻底摆脱 20 世纪 70 年代末期"一孩"政策出台前后对人口数量问题认识的范式，依然存在着许多主观"建构"的因素。而在应对各种不同人口问题的措施上，也未真正体现出全面统筹解决人口问题的思想。事实上，面对我国人口现实，无论是认识上还是实践中，都还存在对人口数量问题的建构与误导，而科学发展观以及人的全面发展观似乎还只停留在文件中。本文通过解读《报告》与《决定》，结合当前人口计划生育政策实践与导向中的一些问题，讨论我们在人口数量问题认识上的一些"建构与误导"，反思我国的现行生育政策。相信这些反思与再思是十分必要的，因为这关乎到我们中华民族伟大复兴的发展战略。

二　人口数量危机与人口数量问题化

　　美国社会学家罗伯特·K. 默顿（Robert K. Merton）指出，社会问题跟人类社会中的其他现象一样，既有其主观性方面，也有其客观性方面，前者表现在社会中人们的认识和评价之中，他们明确肯定或者否定某些东西为社会问题；而后者表现在被评价的实际对象之中。人口问题作为社会问题的一部分，也是如此。中国人口问题的形成一方面有其庞大的人口基数和过去较快增长的客观社会事实，另一方面也有我们如何认识如何判定的主观因素。我们不妨简要地回顾一下 20 世纪新中国成立以来我们对人口问题的认识与界定。

　　早在新中国诞生前夕，美国国务卿艾奇逊秉持马尔萨斯人口观，认为并判定中国之所以贫困落后其本质是因为庞大的人口数量问题无法解决。毛泽东对其悲观观点进行了坚决而有力的回击，中国庞大的人口数量不仅不是问题，而是宝贵的财富；解决中国人口贫困落后问题的办法就是"革命加生产"，即制度变革与发展经济。20 世纪 50 年代初期，一方面，我们秉持马克思人口观和前苏联的人口理论；另一方面，中国经济的快速增长与社会主义建设的高涨热情，都使人们认识到庞大的人口是宝贵的资源，而不是负担。在这个辉煌的时期，"人多力量大"成为主流的人口观。这是后来马寅初先生"新人口论"遭到批判的一个历史背景，也是"人手"论战胜"人口"论的一个历史背景。

20世纪50年代末的"大跃进"以及60年代的"文化大革命"，使中国现代化建设陷入了"混乱和停顿"之中，其直接的人口学后果是使庞大的人口资源"无用武之地"。与此同时，由于人口死亡率迅速下降，人口转变形成了我国人口数量的高增长期。20世纪70年代初，面对中国人口高速增长和庞大人口数量压力的局面，中央高层认识到人口数量问题的存在并且形成了解决问题的政策。20世纪70年代初期开始，我国全面开展了计划生育工作，并最终在全国范围内实施了"晚、稀、少"的生育政策。这一时期尽管认识到人口数量问题的重要性与紧迫性，认识到了人的生产要与物的生产相适应，但在人口生育行为的干预上，以及处理政策实施者（国家）与被实施者（个人）的关系上都富有弹性。这时期对我国人口数量问题的认识是渐进趋于明朗，由过去不认为人口数量是个问题转向了人口数量必须控制，但是并没有将我国人口数量问题危机化。

20世纪70年代末期，十一届三中全会确立了以经济建设为中心，提出了到2000年实现人均国民生产总值翻两番的经济目标，与此相适应的人口数量目标则是力争到20世纪末把我国人口控制在12亿以内。1980年9月，全国人大五届三次会议《政府工作报告》提出："要普遍提倡一对夫妇只生育一个孩子，以便把人口增长率尽快控制住，争取全国总人口在本世纪末不超过12亿。"1980年9月25日，党中央发出《关于控制我国人口增长问题致全体共产党员、共青团员的公开信》，要求所有共产党员、共青团员特别是各级干部要带头终生只要一个孩子，并向广大人民群众做好宣传动员工作。《公开信》的发表标志着我国"一孩"政策的正式出台并全面实施。"一孩"政策出台的背后一方面有着我国现代化建设"洋跃进"的"急躁情绪"；另一方面，有着所谓自然科学家和社会科学家合作的有力论证。从此，中国人口数量被认为是我国实现"四个现代化"的最大障碍、最大包袱！"一孩"政策的出台是自然科学家的"科学理性"战胜了社会科学家"人文关怀"的标志，是我国对人口数量问题认识发生了根本性转变的标志，是我国人口数量问题彻底危机化的标志！与20世纪50年代"人多力量大"相比，"人多是包袱"则成为这个时期的"共识"。正是有了这样的认识和对人口数量问题的界定，所以我国出台了世界人口史上最严厉的控制人口增长的政策。虽然其后由于无法在农村地区实现这一"天下第一难"事，生育政策进行了调整，但均未跳出"人多是包袱"的认识理念，依旧是围绕着"以数为中心"开展工作。"一孩"政策背后所形成"人口认识范式"对以后20多年我国人口数量问题再认识以及生育政策制定调整都产生了深远影响。

三 人口数量问题的持续"建构"

进入21世纪，中国社会包括人口在内的方方面面发生了巨大的变化，在这种背景下，新一轮中国人口问题再认识以及生育政策是否要调整的论战再次"复燃"。为统一思想，2000年3月2日，中共中央、国务院发布了《关于加强人口与计划生育工作稳定低生育水平的决定》，为我国今后10年人口与计划生育制定了目标和方针。2001年12月29日通过《中华人民共和国人口与计划生育法》，2002年9月1日起施行。从2004年起，国家政府组织了众多专家学者研究新时期中国人口发展战略，在此基础之上，2007年中共中央国务院公布了《关于全面加强人口和计划生育工作统筹解决人口问题的决定》。可以看出，从2000年稳定低生育率的决定，再到2007年统筹解决人口问题的决定，无不显示出中央政府对于我国人口问题的高度重视。不过，无论是2000年的稳定低生育率《决定》，还是目前统筹解决问题的《决定》，从本质上看，对我国人口数量问题的认识和判断并没有发生根本性的转变。

（一）我国人口数量之谜

进入新世纪之后，我们与人口规模有关的指标和数值就越来越成为难解之谜。中国人口数量究竟是多少？这并不是一个简单的数字问题。有关中国人口数量统计的真实性一直为学者所诟病。早在 2000 年全国第五次人口普查中，人口总量的真实性问题就存在了。主要数据公报（第一号）在总人口部分指出："全国总人口为 129533 万人。其中祖国大陆 31 个省、自治区、直辖市和现役军人的人口共 126583 万人。"但这个数字与各省直接登记到的人口之和 124261 万人以及加上 250 万的现役军人并不相等，全国总人数高出 2072 万人。为了使各省公布人口之和与全国人口一致，国务院普查办不得不"分配衔接"这 2072 万人，其中分配给省里 1967 万人，未能分配下去 105 万人，这样"高估"的结果直接导致了许多省份数据的混乱（乔晓春，2002）。关于这 2000 多万人来自何处，恐怕永远是个谜了。国家有关政府部门之所以这样调整主要是依照以往的"漏登"经验，通常人口数量都存在着一定的瞒报、漏报现象，所以，调整公布的数据总是高于实际调查得出的数据。一些当年基层普查员高报虚报数字的"故事"以及统计部门利用普查数据对过去人口增长率调整都证实我国人口数量规模的"水分"，在如此重视"数量"的年代，"高报"比"低估"总是更安全。

与我国人口数量"测不准"相关的是人口生育率水平。对于 20 世纪末 21 世纪初中国生育率水平到底是多少也是众说纷纭。从 2000 年普查数据公布的总和生育率最低的 1.22 到专家利用其他数据估计的 2.3，相差如此之大。如果承认国家统计局的结果，那么，我国就处在超低生育水平国家的行列了，这其实是国家计生委不愿意接受的"事实"。因为如果事实果真如此，国家计生委继续实施严格的生育政策也就失去了基础。另一方面，如果接受总和生育率 2.3 的水平，那就意味着彻底否定了 20 世纪 80 年代以来计划生育的"伟大成就"，因为，如果 2000 年人口普查的总数是准确的，那么反推过去十多年的生育水平就应该是 2.3 左右（梁中堂，2006）。这个结果同样也是计划生育部门不愿接受的。这样看来，接受我国人口数量不准确且有高报现象的事实，应该是合理的。

（二）人口净增规模之"建构"

对于我国人口总量，我们普查不清楚，有诸多复杂的原因和现实的困难，特别是对于一个流动人口规模如此巨大的国度来说更是如此。但是，令人费解的是，中央政治局通过的《决定》里，在有关人口和计划生育工作的重要性和紧迫性一节中，有这样的判断："今后十几年，人口惯性增长的势头依然强劲，总人口每年仍将净增 800 万—1000 万人。"试问，作出这样的结论依据何在？事实上，从 20 世纪 80 年代起，每年净增长量就逐年下降。到 20 世纪 90 年代，每年净增人口降到了 1500 万以下；2000 年又降到了 1000 万以下，2003 年又进一步降到了 800 万以下。其实，在 2003 年时，我国人口每年净增就已经低于 800 万了，这些年人口净增数量都低于官方估计的区间最小值即 800 万，2006 年净增人口"跌破"了 700 万，仅为 692 万。那么未来十几年又会是怎样一个增长趋势？利用联合国 2005 年出版的世界人口预测数据，可以看到，从 2005 年至 2020 年十几年的时间里，即使我们的生育水平回升并保持在 1.85 的水平（明显高于我们现实的生育水平，接近二孩水平），15 年间平均每年净增人口为 720 多万，低于官方估计的最小值 800 万；如果是更低的总和生育率 1.4 的方案，那么每年净增人口仅为 340 多万。由于人口生育水平不大可能保持在 1.85 的水平，所以，未来几十年中国人口每年将净增 350 万—700 万。所谓今后十几年，总人口每年仍将净增 800 万—1000 万完全是没有根据的。为什么相关部门不顾事实（如 2005 年年初 13 亿人口日中的宣传），不断地"杜撰"出这样一个人口增长的数字呢？为什么要严重偏离未来变化趋势持续"建构"这样一个"危言耸听"的人口增长压力呢？答案只有一个，那就是继续强化我国人口数量压力的危机，从而凸显计划生育控制人口数量工作的必要性和紧迫性。

与此同样，时下所谓"第四次人口出生高峰"也有数量建构之嫌。虽然今后十多年我国育龄妇女特别是生育旺盛期妇女（20—29 岁）有所增加，但由于维持较低的生育水平，所以根本形成不了所谓的"第四次人口出生高峰"。即便是在这个时期调整计划生育政策，总和生育率达到 1.8、1.9 的水平，出生人数会随育龄人群的增多而增多，但是，中国人口平均每年净增人口也不会超过 800 万，而这个净增数字较之 20 世纪 90 年代平均每年递增 1200 多万的数字低多了。实际上，这样一个"出生高峰"数字的建构和炒作,一方面混淆了"出生高峰"与人口增长"高峰"之概念;另一方面,通过这样的宣传,也在加重人们对中国人口数量增长潜力不可掉以轻心的危机感。

(三)"生育水平不稳定论"之夸大

在有关部门"建构"人口数量增长危机的同时,也对我国当前的生育水平波动进行了不适当的夸大。在《报告》开篇,有这样一个基本判断:"目前的低生育水平反弹势能大,维持低生育水平的代价高。"有关部门也一再表示,民众生育愿望与国家生育政策之间仍然存在较大的差距,存在着反弹的风险。这些判断成为我国需要继续千方百计维持现行生育政策的基础。因为,目前中国人口低生育率水平还不稳定,任何政策上的不谨慎都可能使中国人口失控,都会重蹈 20 世纪 80 年代中期中国人口生育水平大幅"反弹"之覆辙,断送中国二三十年来之不易的计划生育成果。事实果然会如此吗?不错,我们承认中国人口目前的低生育水平在不少地区由于超前于社会经济发展水平,存在着不稳定的因素,但是能否成为我们继续维护现行生育政策的理由,则还需进一步深入思考。实际上,今天我国的现实是,社会经济发展水平与 20 世纪 80 年代不可同日而语,社会经济基础发生了巨大的变化,人们的生育文化观念也相继发生了显著的变化。也就是说,近三十年的社会大变迁无论从哪个方面讲,经济的、社会的、文化观念的、制度的所有影响生育率变化的因素,总体上大致都是一个方向,即促使生育率水平下降。那些导致生育率水平反弹的不利影响因素无论是在范围上还是在程度上都在不断减弱。维持一个高于更替水平的社会经济基础以及生育文化基础已不复存在,现在不稳定是局部的而非全局的,与 20 世纪 80 年代的不稳定有着根本的不同。更何况调整生育政策不意味着没有生育政策,计划生育政策依然是制约部分农村地区人口快速增长的制度底线。

相信所有了解我国基本国情的人都不会否认我国社会经济、文化观念包括生育文化,以及人口形势在改革开放之后发生巨变的事实。面对这样一个基本现实,上述基本判断何以能够立论呢?其实,这种立论的背后是这样一套推理逻辑：现在是一孩政策大家都生两孩，如果给两孩政策岂不就生三孩了（注意既违背事实又是不真实的假设），所以一旦调整政策，生育水平就会反弹，且超过更替水平导致人口数量增长失控。从逻辑推论上讲，这种结论是必然的。但是，这种逻辑推论的荒谬之处在于：这是在一个违背事实和一个不真实的假设条件下，演绎推出一个不可能的"真实"的结果，而这个不可能的"真实"结果又成为我们今天不能进行现行生育政策调整的"有力"论据。在人口数量问题的认识上，存在着许多这样貌似合理却很荒谬的逻辑推理如"著名"的"人均分母效应"推论。

（四）"名人、富人超生"等事件之误导

在 2007 年初中央公布《决定》后不久，国家有关部门负责人指出，对社会上的名人、富人超生，要严加惩罚，除此之外，还要记入档案，不得参加社会各种评奖活动。国家计生委认为，社会上一些名人、富人超生、多生问题会对大众生育观念带来不利影响，动摇计划生育成果，影响社会公平。紧随其后，许多省份也相继出台了严惩名人、富人超生的地方法规，新一轮的"秋后算账"也在公众媒体的介入之下"大张旗鼓"地展开。2007 年 9 月中组部、人口计生委等 11 个部门又联合下发了《关于加强人口和计划生育工作若干政策措施的通知》。《通知》进一步明确和强化了惩治"超生"现象的力度。不过，我们需要质疑的是，这场由国家计生委"主动"曝光的"问题"，即所谓"超生"问题真的有如此严重吗？名人、富人超生真的会影响计划生育的成果、会影响社会公平吗？其实稍有统计知识的人都应该知道，首先，我们要清楚谁是名人、富人，这个群体有多大规模？其次，在这个群体中，又有多大的比例超生了？这些基本信息之所以重要是因为没有这些数据就不能得出"超生"对总体水平有多大程度影响的判断。奇怪的是，所有讨论这个问题的人、所有给这个问题定性（严重性）的人对这样一个基本数据都是语焉不详，而权威部门人口计生委也常常在"问题总体"这个关键数字上大玩数字游戏，只见"吓人"的百分比，不见"问题人群"的总量。

更为重要的是，在我们这个日趋民主日趋开放的社会中，不同的人群

有着不同的选择，这是社会宽容、进步的表现！请注意下列的数据变化，全国人口普查数据显示，1982年我国家庭平均人口为4.43人，1990年每户家庭人口下降到3.97人，而目前则进一步下降到3.6人左右。这种家庭规模的迅速变化，一方面，是计划生育少生孩子的结果；另一方面，也是家庭类型多样性的结果。无须否认，改革开放以来，我国空巢家庭、单亲家庭、独居"单身"者、同居者甚至同性恋，都有上升趋势，呈现出越来越多的不同类型的家庭，整个社会也呈现出多样性和宽容性。为什么在社会发展呈现出多样性的今天，我们却不能容忍部分名人、富人的"超生"呢？须知这个所谓的"超生"还仅仅是以二孩为主，这是个问题吗？无怪乎制度经济学家茅于轼尖锐地质疑到：名人、富人是社会的精英，对社会是有贡献的。为什么要仇视他们？为什么要专门针对名人、富人提出特殊政策？这种做法不仅让人们对政府应有的公正执法原则产生怀疑，而且还有煽动贫富人群之间的对立情绪、破坏和谐社会之嫌。所谓"特殊人群超生抬头，党员干部和名人、富人超生虽数量不大，但社会影响极其恶劣"这种印象，实际上是由计生委牵头"界定"出了这样一个名人、富人加部分党员超生的"问题"，"建构"出了这个问题的"严重性"，各级政府在问题"严重性"的"预言"下，也纷纷采取措施积极寻找"问题"对策，如湖南省已出台了惩治名人、富人"超生"的办法，现在又进一步出台禁止违法生育者进入人大、政协候选代表的行列，并且通过奖励方式，动员群众举报！在全民追求和谐社会的今天，我们何须以这种方式制造不和谐之音，引发新的社会矛盾？

四 当前人口数量问题认识范式的症结及后果

无论是对人口总量和净增人口的"高估"，对生育水平反弹的"夸大"，还是对一小部分人群"合理超生"的"小题大做"，都显示出相关部门对数量的过度敏感。为什么相关部门会不断地以不同的方式强化我国人口数量压力、"建构"出种种人口数量问题危机呢？并以此成为继续实施现行人口政策、稳定低生育率水平的理由呢？对于这一现象有许多不同视角的解释，比如"建构"危机、维护部门利益和扩张权力等。本文则从认识范式着眼进行分析。在《科学革命的结构》一书中，库恩认为，"范式"代表着一个特定共同体的成员所共有的信念、价值、技术等构成的整体。范式是一组信念、是对事物的看法，是认识论上的见解。那么，当前主导我们认识判定我国人口数量问题的"范式"是怎样的特征呢？我们是如何认识、如何判定我国人口数量成为"问题"的，其认识和判断背后的价值取向又是什么？这些都需要我们认真反思！

20世纪70年代末80年代初所形成的关于我国人口数量问题的认识以及问题判定背离了我们今天所倡导的科学发展观，而一孩生育政策恰恰是在这种错误认识之下的一个错误选择。遗憾的是，对于这样一个错误认识、错误选择，我们并没有进行深刻地反思，今日关于中国人口数量问题的认识及判定依旧没有彻底摆脱旧有"范式"。具体表现在：其一，目前我国人口数量问题界定的背后依然是由一种单一的片面的发展观来支持。这种发展观以"数"为核心，以提高"人均值"作为衡量发展的标准和追求的目标。这种效用主义的发展观，即为了人均目标可以牺牲个体的一切，完全没有以人为本的价值理念。在追求发展目标过程中，在判定人口数量问题中，宏观上的人口数量完全被当做发展的手段，微观上每个个体的生育意愿、生育选择不仅被大大忽视了，而且最基本的生育权利也受到了极大的限制，这些都完全背离了以人为本的科学发展观；其二，在认识人口数量与发展之间的关系上，在判断人口数量"问题"的性质上，都是以静态的数量观和"人均分母效应"为分析手段。我们看到，这种基于"人均分母效应"论的人口数量"问题"的认定，一方面忽略了人口自身再生产的规律性，如人口数量与内部结构之动态关系；另一方面，也完全"庸俗化"了人口变量与发展之间的动态的、能动的本质关系，通过简单静态的"人均"对比，片面地夸大了人口数量的负面作用。在经过二三十年人口计划生育宣传之后，"中国人口数量就是一个大包袱"的观点已经深入人心，已成为判断"问题"的范式。上至国家领导人，下至普通平民，人人都会算笔人口账！在这个人口账中，人口数量无论是作为分子（如小问题由于庞大人口数量乘积而变大），还是作为分母（如巨大成就由于庞大人口数量除商而化小），都被当做"负担"而彻底的"妖魔"化了。人口数量的问题这种界定的简单化以及"人均分母效应"方法的滥用，使得中国人口数量是问题之源、万恶之源的荒谬结论比比皆是。

正是由于这种对我国人口数量问题的认识判定存在着严重问题，所以导致了现行生育政策实施日趋严重的后果。在这种旧有人口数量问题认识范式指导下的现行生育政策，依旧以数为本，漠视广大群众的基本生育权利，片面追求人均指标的发展观，不仅背离了广大人民群众的基本生育意愿，而且干群关系无法和谐，国家和个人也都付出了巨大的成本；同样，没有摆脱传统发展观的现行生育政策，在实施过程中，依然是以牺牲结构为代价换取人口数量的控制。其后果是，人口数量虽然得到了控制，但却引出了一系列严重的结构问题。直接导致了人口自身再生产严重失调，导致了年龄性别结构的失衡，由此导致了许多社会经济发展问题。如性别歧视（女婴死亡率反弹就是明证）、婚姻挤压、社会不稳定以及许多潜在的问题。再如人口年龄结构的急剧老化也将极大地影响经济增长的后劲。最终是破坏了人口、社会经济协调可持续发展，遏制了我国人口长远发展的国际竞争力。令人遗憾的是，新出台的《决定》由于还没有彻底摆脱旧有的人口数量问题的认识范式，所以在解决我国诸多人口问题中，并没有任何突破。相反，围绕着我国人口数量问题，还有"变本加厉"之势。《决定》对策中首条即是"千方百计稳定低生育水平"，在现实中不少地区已经演变成一种"不择手段"地降低已经很低的生育率了！《决定》之后相关部门提出的各种所谓影响人口数量控制的"问题"，以及出台的各项对策，无一不显示出认识和解决人口问题的片面性。

阿马蒂亚·森在研究中印两国人口问题时，列举了两个非常富有启发的例子：其一，是毛泽东时代给我国留下宝贵人口遗产的事例。新中国成立之后，虽然我们在控制人口数量问题上有所失误，但是在教育以及健康上比起印度大有收获，毛泽东时代的全民教育普及和"赤脚医生"制度使得全民人口素质得到了极大的提高，20世纪70年代末中国人口平均预期寿命大大高于同等经济发展水平的印度及其他发展中国家就是一个明证，而这一切又为70年代末期的改革开放打下了良好的人口基础，这是令阿马蒂亚·森所"望洋兴叹"的。森指出,毛泽东本人也许并没有考虑到他领导下的这些社会变革会有这样一种特定效果。但是这里存在着一种普遍性的联系,因为这些社会变革(普及识字、基本的医疗保健和土地改革)确实能增强人们享受有价值和更有保障的生活的人类可行能力;其二,是印度在人口问题上的"无为而治"与中国政府"一孩"政策强干预效果比较的事例。森用印度克拉拉邦的例子与中国作对比,指出即使不采用强制的人口政策,而依靠增强妇女的主体地位和民主权利,可以达到同样甚至更好的生育率降低的结果,这是阿马蒂亚·森引以为自豪的。这些事例无不体现了两个人口大国解决人口问题的大智慧。

五 结语

20世纪80年代中国实施"一孩"政策以来(虽然有关部门坚持认为现行生育政策不是"一孩"政策,但笔者认为,现行生育政策的认识基础与"一孩"政策并没有本质差别),世界(包括世界人口格局)发生了巨大的变化,中国社会更是发生了举世瞩目的变化,中国人口同时也发生了根本性的转变。为什么我们依然停留在20世纪80年代对人口数量问题极端片面的"旧范式"认识之中,依旧没有彻底摆脱"马尔萨斯人口悲观论的阴影",依旧在"以数为中心"的圈圈里"修修补补"。20多年人口计划生育的强势宣传,全国上下形成了对我国人口数量问题的固有成见,遮蔽了我们对人类自身发展意义的认识,扭曲了人口与社会经济发展、与资源环境变化的辩证关系。诚如库恩所言,认识范式的改变,世界本身也随之改变。认识范式的革命,科学家面对的是一个不同的世界。我们迫切需要改变认识我国人口数量问题的旧范式,迫切需要改变我国现行生育政策。

在党的十七大中,中央领导集体又进一步阐述了科学发展观。科学发展观其第一要义是发展,核心是以人为本,基本要求是全面协调可持续,根本方法是统筹兼顾。依据科学发展观我们需要对我国人口问题特别是数量问题重新认识,重新界定,需要对旧有认识范式基础上现行生育政策进行深刻反思。在新的人口认识"范式"中，首先应该突出以人为本、尊重公民基本生育权利、倡导社会公平以及追求人的全面发展等这些人类共同珍视的基本价值观。其次，在空间和时间维度上新的人口认识"范式"要满足协调可持续的基本要求。具体表现在：一是人口自身再生产内部数量与结构的协调，二是人口与外部发展的协调（前者是后者的必要前提），以及体现当代与未来的协调可持续。最后，新的人口认识范式在解决各类人口问题的方略中体现统筹思想。在中国和平崛起之时，我们的确需要重温毛泽东人口思想对唱衰中国的艾奇逊之流进行的有力批判和论证，我们需要在人口数量问题的认识上彻底解放思想。在制定中国人口长远发展战略中，在探索中华民族复兴之路中，我们需要全球化的大视野、需要高瞻远瞩的大智慧！在这个问题上我们已经错过了终结以往对人口数量问题认识的"旧范式"、错过了终结现行计划生育政策的良好机遇，但是，我们不能一错再错！

对低生育率水平与人口安全的思考

◇原　新[*]

向低生育水平迈进是全球人口发展的大趋势。从生育水平的现状和对生育水平的态度，大致把世界各国和地区分为两大阵营：一是已经实现低生育水平，特别是超低生育水平的大多数发达国家和地区正为国家人力资源不足，甚至国家和民族的安全忧心忡忡，想方设法提升生育水平；二是生育水平依然比较高的发展中国家和地区担心人口快速增长对国家社会经济发展和资源环境的持续压力，正在努力控制人口过快增长。虽然中国在20世纪90年代初期就达到了生育率的更替水平，实现了低生育水平，目前正在向稳定的低生育水平或者更低的生育水平迈进。但是，高生育率时代的人口惯性作用依然存在，并将继续存在很长一段时期，使得总人口以较高增量持续增加。低生育水平对总人口也同样存在惯性作用，前瞻未来，我们应该对低生育水平有一个理性的认识。

全球人口发展大趋势：迈向低生育水平

尽管目前世界各地的生育率水平参差不齐，在非洲和中东的一些国家总和生育率高达6—8（尼日尔最高为8.0），而欧洲的平均总和生育率不足2（最低的波兰等国只有1.2）。全球生育率水平呈不断下降的趋势，在

---

* 原新，南开大学人口与发展研究所教授。

过去的半个多世纪，全球平均生育率水平从 1950 年的 5.02 降到了 2.69，其中，发达国家从 2.84 跌落到 1.56，发展中国家从 6.16 下滑到 2.92，就连最不发达国家的生育率也从 6.64 下降到 5.13。[①] 不仅如此，越来越多的国家和地区正在走向超低生育水平。1980—1985 年，德国总和生育率下降到 1.5 以下，成为第一个跨入超低生育水平的国家。到 2004 年生育率低于或等于 1.5 的国家和地区已经达到 36 个，主要分布在欧洲、亚洲和北美洲。另外还有 30 多个国家的总和生育率也已经降到了更替水平以下，遍及除非洲大陆以外的所有大洲。[②]

长期以来，保持低生育水平的发达国家和地区一直致力于低生育水平的研究和实践，采取了一系列激励措施，鼓励女性结婚并生产，但收效甚微，低生育水平不但没有升高，反而普遍继续下降，时至今日，世界上还没有一个促成低生育水平提升的成功范例。目前，一些超低生育率国家对低生育水平的担忧，已经从关注低生育水平综合征（如劳动力短缺、人口老龄化甚至总人口缺乏）上升到国家与民族生死存亡的战略高度。据日本厚生省《人口动态统计》透露，2004 年日本人口生育率再创二战后的历史新低，仅为 1.28。日本总人口为 1.2 亿，自然增长率为 0.05%，总人口将在 2006 年达到峰值，2007 年以后逐步减少，即使乐观估计（总和生育率为 1.36—1.39），2050 年时的日本人口总数也会比现在减少 3000 万人。如果按照目前的生育率水平不变，200 年后日本"国将不国"，就算不考虑其他自然因素，日本也会因人口的极度减少导致种族消亡。[③] 而俄罗斯联邦、西班牙、比利时、乌克兰等国的生育率水平既比日本低，持续的时间又比日本长，它们的低生育率危机感要比日本更加强烈。

中国是世界上生育率下降速度最快的国家之一。20 世纪 50—60 年代的平均总和生育率水平一直保持在 6.0 以上，1963 年最高达到 7.5。1971

---

① Population Division of Department of Economic and Social Affairs (2003), World Population Prospects: The 2002 Revision, Vol. 1 Comprehensive Tables, New York: United Nations.

② Population Reference Bureau (2005), 2004 World Population Data Sheet, Washington D. C.

③ 朝日新闻：《人口出生率过低，日本 200 年后可能消亡》（http://biz.163.com, 2005—05—30）。

年开始在全国推行计划生育的时候，总和生育率水平依然高达5.8，到20
世纪90年代初期就已经下降到更替水平以下，用短短30年时间走完了多
数发达国家上百年才完成的历程。这之后，生育率水平一直在更替水平之
下逐渐降低，虽然学术界和政府部门对当前的生育水平有争议，官方和部
分学者认为世纪之交的中国总和生育水平为1.7—1.8，甚至更高①，也有
学者认为更低，只有1.5—1.6，甚至很有可能比1.5还低。② 事实上，我
国已经跨入了低生育水平国家的行列，而且生育率还在持续走低，这是一
个不争的事实。

　　联合国最近公布了对世界人口未来300年（2000—2300）发展趋势的
研究报告，尽管这个报告的主要观点非常乐观，报告的中方案把世界各地
的人口生育水平趋同，定位在更替水平，以稳定人口为人口发展的最终目
标。但是，报告也警示了低生育水平国家（特别是超低生育水平国家）暗
淡的人口前景。③ 在低生育率问题上，发达国家的今天，是否一定就是我
们的明天？发达国家今天所面临的问题，是否一定会出现在我们的明天？
发达国家今天的担忧，是否一定是我们明天的忧患？至少目前的答案还是
不确定的，关键要看我们对低生育率问题的认识和采取的行动。受联合国
报告的启发，本文想勾勒出一幅不同生育水平对中国人口发展长期影响的
清晰画面，从而更加理性地判断我们未来的人口前景以及低生育水平可能
引发的人口安全问题。

---

　　① 王金营：《1990—2000年中国生育模式变动及生育水平估计》，载《中国人口科学》2003年
第4期；中国人口信息研究中心课题组：《中国90年代以来生育水平研究》，2003年；于学军：《对第
五次全国人口普查数据总量和结构的估计》，载《人口研究》2002年第1期；丁峻峰：《浅析中国
1991—2000年生育模式变化对生育水平的影响》，载《人口研究》2003年第2期。
　　② 郭志刚：《对中国1990年代生育水平的研究与讨论》，载《人口研究》2004年第2期；张广
宇、原新：《对90年代出生漏报和生育水平估计问题的一些思考》，载《人口研究》2004年第2期；
王谦：《中国大陆十年来生育水平估计》，2000/2001年度人口普查数据分析研讨会，香港科技大学，
2002年6月19—21日；张二力、郭志刚、顾宝昌等：《从政策生育率看中国生育政策的多样性》，载
《人口研究》2003年第5期。
　　③ Population Division of Department of Economic and Social Affairs（2003），World Population Pros-
pects：The 2002 Revision，Vol. 1 Comprehensive Tables，New York：United Nations.

鱼和熊掌不能兼得：人口数量与结构的矛盾

人口数量巨大是我国最重要的人口特征，"人口过多仍是我国首要的问题"；"控制人口数量，提高人口质量，是实现我国现代化建设宏伟目标和可持续发展的重大战略决策"[①]。"人口太多，减少人口"一直是政府人口和计划生育工作与学者研究的主导思想，是我们梦寐以求的目标。1981年，当中国人口逼近10亿的时候，宋健等自然科学家从食品、水资源等约束条件出发，提出了中国适度人口应不超过7亿的结论，并把7亿人口作为中国人口发展的最终目标和最佳方案。2002年以来，又有人提出中国人口发展的长远目标应该为：100年后人口力争减少到8亿或更低的水平，无论如何不应高于10亿；200年后减少到3亿左右，至多不高于5亿。[②]

中国是已经拥有13亿人口的泱泱大国，而且根据人口惯性规律还将至少在30年内再增加1.5亿—2.0亿人，使总人口规模达到14.5亿—15.0亿，如何才能够在100—200年的时间内减少到所谓"适度"的最佳人口规模？从理论上讲，道路只有两条：移民和减少生育。移民是指调整人口在全球范围内的空间分布，将我们认为太多的人口大规模迁移到世界其他地区，以期减少我国的人口总量，在可以预见的未来，这条路是显然行不通的。那么，留给我们唯一可以走的路就是降低生育率，稳定低生育率水平，减少新出生人口，以求从根本上减少人口的数量。

对低生育水平的长期后果绝对不可轻视。为了充分认识低生育水平对中国人口发展的长期影响，在此，我们设计了不同的方案模拟未来300年（2000—2300）的人口变动趋势，探讨人口生育率水平对人口数量和人口结构的长期影响。第一，采用联合国关于中国男女平均出生预期寿命到2300年分别为98岁和101岁的假设；第二，假设四个不同的生育水平方

[①] 《中共中央国务院关于加强人口与计划生育工作稳定低生育水平的决定》，中国人口出版社2000年版。

[②] 人口研究编辑部：《中国人口数量：究竟多少亿才合适?》，载《人口研究》2002年第4期；李小平：《论中国人口的百年战略与对策》，载《战略与管理》2004年第3期。

案，即总和生育率在现有水平上，到 2050 年分别达到：方案一 总和生育率 = 2.35，方案二 总和生育率 = 2.08（更替水平），方案三 总和生育率 = 1.465（2000 年政策生育率水平），方案四 总和生育率 = 1.30（极低生育水平临界值），并在未来的 250 年内（2050—2300）一直保持不变。

（一）人口数量的变化

100 年以后（2100），若保持生育水平 2.35，中国总人口将持续增加，2100 年为 17.55 亿；如保持更替水平生育率，中国总人口将在 2032 年达到峰值 14.67 亿，然后开始减少，2100 年时为 11.68 亿人；如果维持 1.465 政策性生育率水平，总人口达到峰值的时间将提前到 2026 年，峰值人口规模缩减到 14.37 亿，2100 年时的总人口将减少到 7.97 亿；以极低生育水平 1.30 为假设，总人口达到最大值的时间进一步提前到 2024 年，峰值人口规模进一步缩减到 14.27 亿，2100 年后的人口数量为 6.80 亿。

200 年以后（2200），方案一 总人口规模持续膨胀到 29.08 亿，比现在的人口规模扩大一倍；方案二 为保持更替水平生育率，当人口惯性作用被化解后，总人口基本实现稳定人口，人口规模徘徊在 12 亿—13 亿；方案三和方案四的生育率水平低于更替水平，一旦开始人口负增长，人口规模的缩减几乎是直线性的，2200 年方案三总人口进一步下降到 2.44 亿，方案四的总人口更少，仅为 1.38 亿。

300 年以后（2300），方案一的人口数量达到 48.86 亿，占当时同方案测算的世界总人口的 13%—14%；方案二推测总人口规模基本保持在 13 亿上下；方案三和方案四的总人口将持续减少，前者总人口规模将减少到 0.75 亿；后者人口总量将只剩下 0.28 亿，接近消亡。

（二）人口年龄结构的变化

不同生育水平引发的人口结构性变化更是触目惊心，重度老年型的社会将是必然趋势。生育率水平越低、保持的时间越长，总人口年龄结构的老龄化和高龄化程度越高；反之，生育率水平越高，人口老龄化和高龄化程度就越低。

总和生育率 = 2.35，虽然老龄化进展相对较慢，老龄化程度相对较低，但是，如果维持的时间足够长，人口结构依然老化严重，而且总人口规模持续增加。2100 年老龄化水平为 18.9%，2200 年为 22.9%，2300 年为 26.3%。如果生育水平保持更替水平，人口老龄化水平将逐渐从 2050 年的 22.8% 升高至 2100 年的 24.5%，2200 年达到 27.0%，2270 年超过 30%；高龄化程度将在 2150 年超过 10%，2200 年以后达到 12%—16%。如总和生育率保持 1.465，100 年后老龄化水平达到 30% 以上，200 年以后老龄化水平将高达 40% 以上，2300 年增至 47.2%；高龄化程度在 2070 年超过 10%，2190 年超过 20%，300 年后接近 30%。如果总人口按照总和生育率 = 1.30 运行，150 年之后，老龄化程度达到 40% 以上，高龄化水平超过 20%；300 年后，每 100 人中就有 52 个人的岁数高于 65 岁，34 个人的年龄超过 80 岁。

由此判断，要想在 100 年内把中国人口总量减少到 7 亿—8 亿、200 年后减少到 3 亿—4 亿的所谓最佳适度人口规模，人口的生育率水平必须控制在 1.5—1.6。当这两个长期 "目标" 实现时，2100 年的中国人口老龄化和高龄化程度将分别达到 32% 和 13%，2200 年分别超过 40% 和 20%，重度老龄化和高龄化是必然趋势。

生育率与人口数量和人口结构的变化规律是由人口过程所决定的，人口过程有其客观规律性，不以人们的意志为转移。历史人口过程和未来人口过程是迥然不同的两种模式，历史人口演变经历的是 "前人口转变" 时期和 "人口转变前期"，未来人口发展将要经历的是 "人口转变后期" 和 "后人口转变" 时期。综观历史，中国人口从 1602 年的 0.99 亿增加到现在的 13 亿，只用了 400 年时间，这期间的绝大部分时间处在 "前人口转变" 时期，以高出生、高死亡，特别是高婴儿和新生儿死亡率为典型特征，生育率接近生育力，死亡率成为决定人口数量和结构变化的主导因素，其后果是人口总量的长期缓慢增长和人口年龄结构的梯度变化；20 世纪中叶，伴随人口死亡水平率先下降并在低水平稳定，人口变动进入了 "人口转变前期" 的快速转变期，高出生、低死亡，人口数量急剧增加。仅仅半个世纪，人口总量从 5 亿猛增至 13 亿，出现了前所未有的人口

"大爆炸"。未来的人口变化过程将以"人口转变后期"的出生率下降和低死亡水平以及"后人口转变"时期的低出生、低死亡为特点，因为死亡水平稳定保持在低位，生育率水平成为未来人口数量和人口结构变化的主导，低生育率不但导致人口总量的减少，而且使人口年龄结构底部收缩，同时伴随着人口预期寿命延长所带来的人口年龄结构的顶部膨大，人口老龄化将成为不可避免的趋势。生育率下降越快，持续时间越长，人口的老龄化速度就越快，程度也越深。长期维持过低的生育水平，是对国家综合实力和国际竞争力的削减。

理性认识低生育水平：可为与不可为

（一）民众未来生育行为的不确定性

有人认为中国的低生育率是计划生育政策主导的结果，只要放宽计划生育政策对家庭生育孩子数量的限制，生育水平就会反弹。也有人对过去30年生育水平下降进行路径分析，认为计划生育政策的作用在下降，社会经济发展的作用在增强，20世纪70年代计划生育作用是主导，20世纪80年代计划生育与社会经济发展二者的作用基本达到平衡，而90年代社会经济发展发挥了主导作用。[①] 尽管中国被"多子多福"的传统生育文化统治了几千年，可是自计划生育政策推行以来，举国上下一直在号召人们少生，计划生育的宣传攻势对人们产生着强烈影响。一代人已经实践着少生孩子的行为，而更年青一代则是在少生的文化熏陶下长大，一旦少生孩子成为新生代生育价值观的主流，在国家需要增加人口数量时，是否能够唤起民众的生育意愿？根据多次城乡人口生育意愿的调查结果显示，过去20多年来中国城乡居民的理想子女数一直呈减少趋势，"多子多福"已经是非常过时的观念，55%城市妇女理想子女数是1个孩子，43%认为2个孩子最理想，70%的农村妇女认为2个孩子最理想，生育意愿最高的西部农

---

① 陈卫：《"发展—计划生育—生育率"的动态关系：中国省级数据再考察》，载《人口研究》2005年第1期。

村，也仅有不到 13% 的妇女有多子女的偏好；低生育意愿的形成与社会经济发展、尤其妇女地位相关，伴随女性受教育机会和程度的提高，生育意愿回升会被有效抑制。[①] 所以，千万不要忽视计划生育长期宣传教育和经济发展所培养的少生文化，它足以用 2—3 代人的时间彻底转变中国传统的生育文化，使中国很快进入自发的低生育愿望时期。

(二) 长期维持过低生育率水平是人类的灾难

低生育水平带来的总人口负增长（哪怕很小），只要维持时间足够长，就是人类的灾难。中国人口数量至少还要持续增长 30 年达到 14.5 亿—15.0 亿的峰值，然后总人口开始负增长，此时人口减少的速度几乎是直线性的。一对夫妇平均生育 1.5—2.0 个孩子（正是目前中国的生育水平），并非是一个让人们感觉太低的生育水平，而其长期的人口后果则是人口数量的锐减、人口结构的极端异化，所引发的人口和社会经济问题将是人类历史上前所未有的。

多数发达国家已经陷入了低生育水平危机，采用一系列的手段设法提升生育水平，个别国家的生育水平也的确有所升高，然而，它们为此所支付的经济代价是巨大的。中国人口的基本特色是规模庞大，而且中国又是一个发展中国家，经济实力十分有限，一旦遭遇低生育水平所导致的危机，问题表现的程度会比任何一个国家都更加严重，政府有足够的经济实力和经验来解决这些问题吗？

(三) 兼顾人口数量和人口结构的生育水平是不存在的

中国是一个超级人口大国，人口数量与社会经济和资源环境的矛盾本来已经十分突出，控制人口规模是我们梦寐以求的。然而，生育率水平与人口规模成正比，与人口老龄化程度成反比的动态变化规律使决策者陷入了两难的境地。是否存在既能兼顾人口规模又能照顾人口结构的适度生育率水平？答案是否定的。从人口发展规律和我国人口现状来看，这个适度点几乎不存

---

① 郑真真：《中国育龄妇女的生育意愿研究》，载《中国人口科学》2004 年第 5 期。

在，现实注定了我们没有双赢的最优选择机会，只能退而求其次，在偏重解决人口数量问题或者偏重解决人口结构问题之间做痛苦的抉择。

稳定低生育水平是我们应该坚持的人口发展方略。我们所理解的低生育水平是："生育水平在更替水平以下，称为低生育水平。"① "计划生育是我们必须长期坚持的基本国策。在实现了人口再生产类型的转变之后，人口与计划生育工作的主要任务将转向稳定低生育水平，提高出生人口素质。" "未来几十年，在实现稳定低生育水平的前提下，我国人口将由低增长逐步过渡到零增长，人口总量达到峰值后（接近16亿）开始缓慢下降，人口素质不断提高，为基本实现现代化和可持续发展创造良好的人口环境。"②

计划生育政策有其历史延续性，在1980年出台"一孩政策"时，党和政府已经认识到了由此可能产生的新人口问题，并对未来调整计划生育政策的时间表作出了预告。第一，独生子女是针对一代人的政策。"国务院经过认真研究，认为在今后二三十年内，必须在人口问题上采取一个坚决的措施，就是除了在人口稀少的少数民族地区以外，要普遍提倡一对夫妇只生育一个孩子……"③ 第二，"一对夫妇只生育一个孩子，将来会出现一些新的问题；例如人口的平均年龄老化，劳动力不足，男性数目会多过女性，一对青年夫妇供养的老人会增加"④。第三，人口政策不是一成不变的，而是要适时变动的。"到三十年以后，目前特别紧张的人口增长问题就可以缓和，也就可以采取不同的人口政策了。"⑤ 采取紧缩的计划生育政策是中国严峻的人口形势之所迫。政府已经超前预言了执行低生育水平政策的负面影响，也列出了调整生育政策的时间表。人口事件是长周期事件，对它的认识要有远视，对问题的预警和解决方案要有足够的提前量。

---

① 国家计划生育委员会：《中共中央国务院关于加强人口与计划生育工作稳定低生育水平的决定》，载《学习宣传提纲》，中国人口出版社2000年版。

② 同上。

③ 《国务院总理在五届全国人民代表大会第三次会议上的讲话（1980年9月7日）》，载国家计划生育委员会《计划生育文件汇编（1950—1981.3）》，北京，1987年。

④ 《中共中央关于控制我国人口增长问题致全体共产党员、共青团员的公开信》，载国家计划生育委员会《计划生育文件汇编（1950—1981.3）》，北京，1987年。

⑤ 同上。

激辩新人口策论

相关信息

新浪网、第一调查网对程恩富教授人口政策建议的网上调查

一 新浪网的网上调查

调查问题：你是否赞同实行更严格一胎化生育政策？（单选）

调查说明：3月11日，中国社会科学院专家程恩富对媒体表示，将建议国家实行更严格一胎化生育政策，称我国人口压力仍非常沉重，全民一胎化将有效缓解人口与资源环境矛盾。此言论一出，立刻引来一片争议。

调查时间：2009年3月23日至2009年4月30日，共有133803人参加。

调查结果：

选项	票数	占比
1. 反对，独生子女家庭结构脆弱，人际矛盾较难调和，经济供养风险大，严格一胎化政策将可能影响社会和谐，不利于个体培养健全性格。	90327 票	67.5%
2. 赞成，中国人口基数庞大，生育政策一旦放开将带来灾难性后果，严格执行一胎化将有效缓解资源环境压力，每个人都会生活得更舒适。	39073 票	29.2%
3. 不好说。	4383 票	3.3%

资料来源：新浪网（http://survey.news.sina.com.cn/result/31852.html），2009年12月1日。

二 第一调查网的网上调查

调查问题：你是否赞同实行更严格一胎化生育政策？（单选）

调查说明：3月11日，中国社会科学院专家程恩富对媒体表示，将建议国家实行更严格一胎化生育政策，称我国人口压力仍非常沉重，全民一胎化将有效缓解人口与资源环境矛盾。此言论一出，立刻引来一片争议。

调查时间：2009年3月24日至2009年12月1日，共有2110人参与调查。

调查结果：

选项	票数	占比
1. 赞成，中国人口基数庞大，生育政策一旦放开将带来灾难性后果，严格执行一胎化将有效缓解资源环境压力，每个人都会生活得更舒适。	945 票	44.7%
2. 反对，独生子女家庭结构脆弱，人际矛盾较难调和，经济供养风险大，严格一胎化政策将可能影响社会和谐，不利于个体培养健全性格。	859 票	40.7%
3. 不好说。	306 票	14.5%

资料来源：第一调查网（http://www.1diaocha.com/Survey/GetVote_ 5_ 110395. html），2009 年 12 月 1 日。

关于中国人口政策的问卷调查

调查说明：程恩富教授受邀到河南某知名大学经济学院作了"关于先控后减的'新人口策论'"的报告，并在报告前后对研究生进行了问卷调查。

调查对象：102 名研究生

调查时间：2009 年 11 月

调查结果：

你认为今后几十年中国最佳人口政策是什么？	倡导无胎，只许生一胎	只许生一胎	头胎女孩，可生二胎	自由生育	弃权
听报告前人数	16	55	17	9	5
听报告后人数	58	30	3	3	8

听报告后，你是否赞成程恩富教授的新人口观？	赞成	反对	弃权
人数	93	3	6

当代又出"马寅初"

《杭州日报》2009 年 3 月 30 日

人大代表、中国社会科学院专家程恩富呼吁：中国正在享受 20 多年来少生约 3.5 亿人的"人口红利"，以任何形式放开二胎都不可取。

中国计划生育政策自 20 世纪 80 年代初严格实施"一胎化"。30 年中，生育政策逐渐出现松动，从当初严格的"一胎化"逐步过渡到部分人群和地区允许生育二胎。近几年来，是否应该实行更广泛的二胎政策也一直是学界争论的热点。

近日，全国人大代表、中国社会科学院马克思主义研究院院长程恩富提出应实施严格的"一胎化"政策，即"城乡一胎、特殊二胎、严禁三胎、奖励无胎"的方式，实现人口素质的较快提升，从而赶上美欧日的人均国民生产总值、人均国力和人均生活水平，进而解决中国正面临的环境、资源、城镇化、就业等诸多问题。该观点引起争议。面对质疑，程恩富日前接受了媒体专访。

记者：中国除少数民族外，只有少数农村、乡镇执行"间隔两胎化"政策，城市基本还都保持着一对夫妇只生一个的"一胎化"政策，从 20 世纪 80 年代初期开始的"一胎"政策已经实施 30 年，你认为效果如何？抑制人口暴涨、减轻社会负担、提高出生人口素质的目标是否达成？

程恩富：30 年来，"一胎化"政策大约少生 3.5 亿人，效果很好，值得高度肯定和评价。否则，今天我国的人均收入、人均生活水平、人均资源、人均国力会比现在少得多，而失业、城镇化、环境、资源等问题会比现在严重得多。但抑制人口增长、减轻社会负担、提高出生人口素质的目标只是部分达到，因而需要继续而不是改变"一胎化"政策。

记者：在刚刚结束的"两会"上，你曾建议中国应实行更严格的一胎化，以抑制人口增长带来的社会压力，你的理论依据是什么？

程恩富：21世纪初，我国的总和生育率已降到1.8左右，人口的发展经历了历史性的巨大变化，但来自人口惯性增长的压力依然巨大。从某种意义上说，中国人口的发展和政策设计又面临一个新的十字路口。近年来，有人主张扩大推行"二胎政策"，即允许所有农村户口的家庭在第一胎是女孩的情况下可以生二胎。我不赞同这个政策，因为它会使中国人口基数继续不适当地增大，不利于很多问题的解决，如环境问题、资源问题、城镇化问题、就业问题、人均国力和人均生活水平问题等诸多方面。在现有的生产资料和经济条件下，社会总劳动力相对过剩，是中国一系列问题的两个总根源之一（一个是体制机制问题，另一个是人口问题）。

记者：此前曾有专家发出质疑，认为我国目前日益严重的老龄化现象是计划生育政策所导致的后果，你怎么看？

程恩富：这些年来，人口老龄化的呼声很大，似乎"老龄化社会来了"就是"狼来了"，可怕得很。我认为，老龄化社会并没有什么可怕的，在某种意义上说，老龄化社会是好事情，最好早点到来。现在出现老龄化，一个重要因素是因为我国20多年来实行计划生育少生了3亿多人口，否则，那当然还是年轻化，那中国的问题就更多、更难解决了。

现在，有些经济学、人口学和社会学的学者主张立即全面恢复二胎政策，以此来解决所谓老龄化问题，这一主张是不可取的。我认为，解决老龄化问题，应实行一种有差别的农村社会保障。比如说，对于不生育的家庭实行高保，生一个女孩的家庭实行中保，生一个男孩的家庭实行低保，违纪生二胎的家庭实行不保，变处罚为奖励。要知道，现在我们都在不同程度上享受20多年来少生3亿多人口的"人口红利"。如果把实行严格计划生育所省下的大量的钱，来立即解决老龄人口的生活等问题，那么经济上肯定更为合算。如果参照美国等发达国家的经济总量与人口的比例，中国在整个21世纪都不会出现劳动力总量上的供不应求，因而必须坚持严格的一胎政策。

记者：1985 年 8 月，山西翼城经批准试点"晚婚晚育加间隔"的二胎生育政策。经过 20 多年的试点试验，全县人口出生率和人口增长率平均下降近 4 个百分点，男女出生比趋于正常。以此不少专家学者认为，翼城试点的成功为在全国范围内推行宽松的生育政策奠定了实践基础，你怎么看？

程恩富：不赞成。一是因为太晚婚晚育，不符合医学界关于男女最佳生育年龄，从而不利于中华民族妇女和后代的身体健康和身体素质；二是推迟几年结婚或生育，只对这几年的人口增长率指标及相应的工作有作用，从 10 年等长期来看，结果没有太大差别。

记者：有人指出"一胎化"造成了独生子女负担过重，社会结构不合理等现象，你怎么看待这个问题？

程恩富：我认为"一胎化"生育政策与人口加速老化、家庭负担加大没有必然联系，这些都是可以正确认识和科学解释的。

记者：有学者提出，进入新世纪，我国人口和计划生育工作正处于稳定低生育水平的保持和发展时期，在当前基础上按照人群适当给予宽松的生育政策是大势所趋。你是否赞成这种观点？在你的研究中，新时期我国的人口和计划生育工作形式和特点是什么？人口控制问题是否依然严峻？

程恩富：我当然不赞成这种观点。近年来，一些学者提出实行"放开二胎"的生育政策，认为这种方案虽然使人口总量提高，人口零增长的时间推后，但可以缓解人口老龄化问题，优化人口结构。一直以来对于我国人口生育政策的调整争论大致可分为三种观点：第一种观点是认为应该尽量扩大一孩家庭比例；第二种观点是坚持全面放开二胎；第三种观点是适当放宽二胎的生育政策。现在第一种和第三种都已经在现实生活中得以应用。

此前，我们也和一些机构合作做了相关调查，对调查结果做比较我们可以看出，在目前的生育水平下，通过生育政策控制、社会经济发展和生育文化进步的综合作用使生育率逐渐下降到 1.2 的水平（即基本实现"一胎化"政策），与全国城市农村普遍允许双方独生子女夫妇可以生二孩的方式相比，中国的人口总量达到峰值时规模差异很大，达到峰值人口时的最小规模为13.93亿，最大规模为15.50亿，相差1.57亿人；人口实现零增长的时间也差异很大，推行"一胎化"，达到人口零增长的时间是2024年，放开"二胎"最晚达到人口零增长的时间是2045年，相差21年。由此可见，任何形式的放开"二胎"都是不可取的。

此前，程恩富在接受采访时坦陈："我现在是少数派，赞同我观点的人较少，甚至有人骂我，也有人称我为'当代马寅初'。"

人口政策与可持续发展问题综述

◇高建昆[*]

可持续发展是建立在人口、经济、社会、资源、环境相互协调和共同发展的基础上的一种发展，其宗旨是既能相对满足当代人的需求，又不能对后代人的发展构成危害。在诸多因素中，人口是最重要、最活跃的因素，是可持续发展的中心。

人口政策是一个国家或地区用来影响和干预人口运动过程以及人口因素发展变化的法规、条例和措施的总和。[①] 人口政策是一个国家社会经济政策体系中的重要组成部分，它在人口再生产、经济发展、社会进步、资源合理利用、生态环境良性循环中起着重要作用。

以国家对待生育的态度和影响、干预生育的作用方向为标识，可将人口政策划分为鼓励人口增殖政策和限制人口增殖政策。

鼓励人口增殖政策指一个国家的政府通过直接和间接的措施来影响、干预人们的生育行为，鼓励早婚、早育、多育，限制不婚不育，禁止或惩罚堕胎、避孕、溺婴、弃婴，以达到促进人口较快增长的目的。目前实行鼓励人口增殖政策的国家，主要集中在欧洲、大洋洲和西亚地区，如法国、英国、瑞典、德国、俄罗斯、澳大利亚、科威特等20多个国家。

限制人口增殖政策指一个国家的政府通过多种措施鼓励人们晚婚、晚

---

　*　高建昆，北京航空航天大学北海学院经济管理学院讲师。
　①　张纯元：《中国人口政策演变历程》（网址：http://www.360doc.com/content/080329/11/58981_1151416.html）。

育、少生、优生，以降低人口增长速度，稳定或缩小人口规模的政策。今天，绝大部分发展中国家和部分发达国家都走上了限制人口增殖政策的道路，如印度、中国、韩国、巴基斯坦、泰国、印度尼西亚、埃及、加纳、赞比亚、卢旺达、乌干达、秘鲁、墨西哥、牙买加和日本等130多个国家。

中国现行人口生育政策是属于限制人口增殖的政策。2001 年 12 月 29 日颁发的《中华人民共和国计划生育法》，将原有的政策性规定法律化为："国家稳定现行生育政策，鼓励公民晚婚晚育，提倡一对夫妻生育一个子女；符合法律、法规规定条件的，可以要求安排生育第二个子女。具体办法由省、自治区、直辖市人民代表大会或者其常务委员会规定。"

从1971年推行"晚、稀、少"政策和1980年进一步推行"一胎化"政策后，实现了人口再生产类型的历史性转变，"增长型人口"已转化为"缩减型人口"，从五六十年代的 6% 生育率，直至现在仅略高于 1%。人口政策的有效性，缓解了人口对资源、环境的压力，增强了我国的可持续发展能力。但是，在人口政策取得成效的同时，我国出现了发达国家高收入时期出现的"人口老龄化"现象，而且人口数量、质量、结构、分布以及男女性别比例等问题交织，使统筹经济、社会、人口、资源和环境协调发展的任务更加艰巨。

是否继续推行人口的"一胎化"政策，如何实现人口增长与经济、社会、资源和环境协调发展，已成为理论界争议的焦点。关于这个焦点的争论，大体可分为两类观点：

第一类观点主张继续推行人口"一胎化"政策。比如，程恩富认为中国必须始终把稳定低生育水平和控制人口数量放在首要位置，同时注重人口结构的调整和人口素质的提高，建议坚持严格的一胎政策，并实行一种有差别的社会保障（如对于不生育的家庭实行高保，生一个女孩的实行中保，生一个男孩的实行低保，违纪生二胎的不保，可考虑变处罚为奖励）。[①] 李小平认为应进一步扩大一孩家庭的比例，将总和生育率降到 1.5

---

① 程恩富、王新建：《中国可持续发展的回顾与展望》，载《中州学刊》2009 年第 5 期。

以下的水平并长期保持下去。① 尹文耀则认为独生子女政策并不一定造成过重的家庭养老负担，"一胎化"生育政策和人口加速老化、家庭负担加大没有必然联系，"二孩加间隔"生育政策也可能出现宏观人口未能控制、微观家庭负担也未能减轻的后果。②

第二类观点主张放弃"一胎化"政策。这类观点具体分为三种情况：

一是主张适当放宽二胎。比如，曾毅提出"二孩晚育软着陆方案"③；李建新提出"从 2000 年开始实行现行的一孩或一孩半生育政策向二孩平稳过渡"④；穆光宗提出"回到上个世纪 70 年代的二孩加间隔生育政策"⑤。

二是全面放开二胎。比如，刘金塘与林富德提出总和生育率保持在 1.8 左右的人口负增长战略。⑥

三是停止计划生育。比如，易富贤主张主流家庭养育三个孩子。⑦

关于人口政策与可持续发展的关系，争论主要围绕以下几个问题展开：

一 人力资本与经济增长

易富贤认为，超生形成的劳动力才是未来中国经济的动力。⑧

然而，主张应放弃"一胎化"的人口政策带来的问题是：在中国，出生率很高的原因是养育子女的成本低廉。在广大农村，由于教育落后，对子女的智力投资很少，妇女受教育和参加工作的机会不多，"多子多福"、

---

① 李小平：《论中国人口的百年战略与对策——生育控制与农村社会经济问题的综合治理》，载《战略与管理》2004 年第 3 期。

② 尹文耀：《中国独生子女家庭与二孩家庭生育模式百年模拟与选择》，载《人口学刊》2001 年第 3 期。

③ 曾毅：《试论二孩晚育政策软着陆的必要性与可行性》，载《中国社会科学》2006 年第 2 期。

④ 李建新：《论生育政策与中国人口老龄化》，载《人口研究》2000 年第 2 期。

⑤ 穆光宗：《"一胎化政策"的反思》，载《人口研究》2000 年第 4 期。

⑥ 刘金塘、林富德：《从稳定低生育率到稳定人口：新世纪人口态势模拟》，载《人口研究》2000 年第 4 期。

⑦ 易富贤：《大国空巢》，香港大风出版社 2007 年版。

⑧ 同上。

"传宗接代"的传统生育观念还没有发生根本明显的改变。由于素质相对低的人口比例较大,如果放松计划生育政策,必然在总人口中出现低素质人口增长高于高素质人口增长的人口逆淘汰现象。

王德文、蔡昉认为,当人口特征在短期内不能与经济增长的要求相适应时,就会出现人口对经济增长的制约。例如,在资源状况极端恶劣的增长环境下,过高的人口增长水平就会导致"越生越穷,越穷越生"的贫困恶性循环。这时,低水平均衡陷阱就不仅仅是一种虚构的理论假说(Nelson,1956);迫切需要在一个地区发育产品市场时,过低的人口密度可能导致规模不经济,成为市场网络形成的瓶颈(Johnson,1994)。[①]

传统的经济理论认为,经济增长必须依靠于物质资本和劳动力数量的增加。而西奥多·舒尔茨认为,在当代研究经济增长问题,有必要将传统的资本概念中包括进人力资本(即劳动者受到教育、培训、保健等方面的投资而获得的知识和技能的积累)。人力资本的提高对经济增长与社会发展的贡献远比物质资本、劳动力数量的增加重要得多。随后,在舒尔茨和贝克尔等人重视人口质量对经济增长的作用、把人力资本看成经济增长外生变量的基础上,罗默、卢卡斯等人使人力资本"内生化",提出如果引入知识、人力资本等内生技术变化因素,资本收益率可以不变或递增,人均产出可以无限增长,并且增长率在长期可能单调递增。

刘华等人通过分析,发现物质资本仍然是我国经济增长的主要源泉,1978—1990年物质资本的贡献率为51.32%,而1990—2001年物质资本的贡献率上升到61.31%;而人力资本的贡献率却从1978—1990年间的32.78%下降到1990—2001年间的22.30%。这说明在我国对人力资本投资理论还不够重视,投资严重不足,人力资本存量偏低,使得人力资本在经济增长过程中的贡献份额很小。[②]

曹新认为,实现中国人口可持续发展,就是要实现中国人口现代化。

---

① 王德文、蔡昉:《中国人口与劳动问题报告》(网址:http://www.china.com.cn/aboutchina/data/rkyld/txt/2006—10/12/content_ 7236408.htm)。

② 李本庆、吴苏朋:《人口增长对我国经济可持续发展的影响》,载《商场现代化》2008年第29期。

人口现代化的内涵主要包括两方面：一是人口再生产类型的现代化；二是人口素质的现代化。现代人口再生产类型指与现代科技为基础的社会生产相适应的低出生率和低死亡率所形成的低人口自然增长率的再生产模式，即人口质量与经济技术进步的交互发展呈现"低生育率—高人口文化素质—高劳动生产率—低生育率"高级循环模式。在西方发达国家，自产业革命后，与工业化、人口城市化、产业结构现代化以及教育普及化相同步，已形成现代化的人口再生产模式。与西方发达国家不同，中国人口再生产转变并不是与工业化、城市化、产业结构现代化和教育普及化同步发生。因此，曹新认为在中国很有必要通过计划生育政策推进人口现代化。①

笔者认为，易富贤将"人口数量"与"人力资本"的概念等同是错误的。人口数量成为中国经济发展的沉重包袱，根本原因是中国人口文化智力素质低下，人力资源没有转化为人力资本，且不能得到充分利用。而教育是提高人力资本最基本的主要手段。因此，只有加大对教育的投入，努力提高中国人口素质，充分利用人口资源并使其转化为人力资本，中国的人口包袱才会变为社会财富，变为中国经济发展的真正源泉。

二 人口政策与人口老龄化问题

人口老龄化指在总人口中，老年人口比例上升的过程，表现为人口年龄中位数的升高。老龄化是人口统计学两种潜在趋势的必然结果：日益下降的总和生育率（按照当前的年龄组生育率估测的一名妇女一生中生育的子女数量）和日益延长的出生时平均预期寿命（按照当前的年龄组死亡率估测的一个人预期的存活年数）。

2000年，中国是世界上工作年龄人口（15岁至59岁）比例最高的国家之一。中国年龄在60岁以上的人口比例与世界平均水平相当。但据

---

① 曹新：《协调人口与资源环境的关系》，载《中国人口未来的可持续发展研究》，中国人口网。

估计，到2050年，这一比例会上升至30%。绝对数字将从2000年的1.28亿上升至2050年的4.31亿。一般来说，生育率高的地区人口相对年轻。然而，人口流动抵消了这种趋势。大部分从农村到城市的流动人口都是年轻的成年人。因此，农村地区年龄在60岁以上的人口比例高于城镇地区（10.9%对9.7%）。随着流动人口的不断增加，预计这种差别会更大。

在中国，用于养老金的公共支出占GDP的2.7%。对于年龄在85岁以上的老人而言，将近80%的人依靠子女或亲属提供经济支持。对于年龄在60岁以上的老人中，大约有70%与子女或亲属同住，而只有0.8%的老人居住在社会养老机构。而在较发达国家，社会养老金基本完全普及，GDP的6%—18%用于养老金的公共支出。与儿女同住的老人非常少，3%—6%的老人居住在养老机构。

比较而言，中国的老龄人口比例与比较发达的国家相似，但经济和社会福利设施与欠发达国家相似。中国计划到2020年，实现人均GDP从2000年的大约1000美元翻两番。这还是与当前GDP较高国家的平均水平（在2003年约为30000美元）有很大差距。如果预测准确，中国将面临"未富先老"的问题。

田雪原（1987）认为中国人口老龄化的特点表现在：一是人口老龄化的速度比较快，达到的水平比较高；二是老龄化发展在时间上具有阶段和累进的性质；三是老龄化在空间分布上不平衡。他认为，中国人口从属年龄比的大幅度降低，为国民经济发展提供了人口方面的有利条件，未来二三十年是人口年龄结构变动的"黄金时代"，总的来说利大于弊。

袁方认为人口老龄化将对社会经济发展产生重大影响，解决中国老龄问题要依靠国家、社会、集体和家庭相结合的方式。

马赢通（1987）认为人口老化是好事而绝不是坏事。人口老化是人口发展的必经阶段。只有按规律办事，促进其发展，才能促进社会经济的发展。他指出，如果不实行计划生育，必然形成少儿人口远大于现时少儿人口和老年人口同时上升的"两头沉"的现象，而人口老化过程起到了减轻一头负担的作用。因此，只有通过计划生育降低生育水平，加速人口老化，才能促进社会经济发展。

曲海波（1988）指出，人口老化是社会经济发展的产物。反过来，人口老化又对社会经济的运行产生相应的影响。人口既是生产者又是消费者，人口作为生产者是有条件的，而作为消费者是无条件的。人口老化是人口年龄结构变化的一种表现形式，必然涉及经济发展的各个方面，从而使社会经济的各个领域发生这样或那样的变化。

于学军认为，伴随中国人口转变过程中出现的人口老化是必然的。只要在大力发展经济的同时，注意人口老化的动向，采取相应的对策，及时调整社会经济结构，建立和完善社会保障制度，我们就可能将人口老化给社会经济发展的消极影响限制在最小的范围内。[①]

李小平根据马克思的资本有机构成不断提高的原理，通过中美人口与经济的对比，认为在人口和劳动力过剩的状况下，中国人口老龄化的进程必然是一个加速用资本密集型生产替代劳动密集型生产的过程，也就是加速人均国民生产总值提高的过程，从而也就是更有利于老年人福利的过程，也就是老年人和全体社会成员共同分享机器红利的过程。[②]

杨宜勇（2008）提出，应改革目前老年就业政策，延长高技能老年劳动者的工作年限。我国应改革目前的老年就业政策，实行弹性退休制度，允许部分符合条件的劳动力推迟退休。尤其是对高技能老年劳动者，国家应逐步建立起灵活的退休制度，允许身体健康、企业需要的高技能人才推迟5—10年退休，以延长其工作年限。[③]

笔者认为，我国人口老龄化既是一种客观的发展趋势，也具有深刻的历史和制度根源。应当正视人口老龄化问题，以积极的态度对待人口老龄化，以科学的对策迎接人口老龄化的挑战。人口老龄化问题研究，不仅要考察人口老龄化的原因和过程，而且要研究人口老龄化对人类生活全方位

---

① 于学军：《中国人口老化问题研究综述》，转引自中国人口网（http：//www. chinapop. gov. cn/rklt/gzyj/200403/t20040326_ 141678. htm）。

② 李小平：《人口老龄化是中国和世界的福音》，载《科学决策》2007年第2期。

③ 杨宜勇：《人口老龄化背景下我国就业政策与人口政策的完善》，载《中国金融》2008年第7期。

的深刻影响，并探索相应的应对策略。

三　人口容量与资源问题

随着人口增长，自然资源日趋紧缺。从总体上看，中国属于资源短缺的国家。这种短缺主要表现为：一是重要资源的人均占有量短缺，如人均耕地面积仅相当于世界平均水平的三分之一，人均森林面积不足六分之一，人均草原面积不足二分之一，人均矿产资源也只有二分之一；二是严重的结构性短缺，主要包括总体资源的结构性短缺，如全部资源中除煤炭十分丰富外，其余较丰富的多为经济建设需求量小的金属和非金属矿藏；同类资源的结构性短缺，如在化石能源中石油、天然气等优质能源所占比例偏低，煤等劣质能源所占比例过高；开发条件的结构性短缺，如铁、磷等矿产资源虽较丰富，但多为贫矿，增加了采炼的成本。

自20世纪中叶以来，随着人口、资源、环境关系的日益紧张，人口容量的研究受到普遍的重视和青睐。

人口容量指某一国家或地区在一定时期内所能供养的人口数量。美国人口学家科恩（Joel E. Cohen）于1996年出版的专著《地球能养活多少人》对人类在近400年来对人口容量的研究进行了总结。这是一项迄今为止有关人口容量的最系统、全面、深入的总结性研究。科恩发现，不同学者对于地球能养活的最高人口数的估计值相差极大。科恩认为这个问题现在不会有答案，以后也永远不会有，而对人类承载力估计的真正价值在于其在启发认识和指导行动中所起的作用。

在国内，对地球人口容量或人类承载力研究的价值和意义，有两种相反的观点：

一种观点对人口容量的客观存在性和研究意义持否定态度。比如，孙峰华（1991）认为，由于地理环境人口容量参数的不定性，合理环境人口容量只不过是个类似"虚数"的使用方便的概念。张得志（1994）认为，人口容量是一个人为生造的不科学术语，研究人口容量意义不大，在某种程度上讲人口容量是不存在的。

与此相反，多数学者认为人口容量客观存在，大有研究之必要。例如：

田雪原、陈玉光（1981）从就业角度研究了中国适度人口的数量。他们首先从经济发展速度假定未来若干年内固定资产增长速度和劳动者技术装备增长速度；其次，在生产性固定资金、劳动技术装备程度和工农业劳动者人数之间建立数学方程；最后，由工农业劳动者人数推算总人口，提出中国 100 年后的经济适度人口为 6.5 亿—7.0 亿之间。

中国科学院自然资源综合考察委员会 1986 年承担了"中国土地资源生产能力及人口承载力研究"项目，对中国的土地承载力进行了系统的研究。该研究把研究内容分解为五个基本层次：（1）各类资源之间的平衡关系。（2）资源结构与农业生产之间的平衡关系。（3）不同土地资源类型内部光、温、水、养分等诸要素的平衡关系。（4）人口需求与土地资源生产能力之间的平衡关系。（5）通过上述层次的反馈过程和机制的研究，寻求提高土地资源承载能力的途径和措施，探讨人口适度增长、资源有效利用、环境逐步改善、经济协调发展的战略和对策。该项目（陈百明等，1991）根据各地人口供求平衡关系和承载力指数，把中国划分为富余、临界、超载和严重超载 4 类地区。该研究认为中国粮食最大可能生产能力为 8.3 亿吨，以人均 500 公斤和 550 公斤计，最大承载力为 16.6 亿和 15.1 亿人口。[①]

毛志锋（1995）以研究适度人口为基本思路，从中国人口、经济、资源和环境诸方面研究了人口再生产和国民经济各个部门的平衡关系。他从国民经济空间大系统的拓扑结构和联系入手，根据物质生产、生活消费和人口与经济结构之间的内在演变机理、规律和发展的趋势，建立了劳动力需求预测、人口控制乘数、消费人口控制、城乡转移方程模型，以及人口类型转变、人口年龄结构优化、人口与产业结构发展关联的结构模型，这是国内较早地论述适度人口的定量模型。此外，该研究还对中国未来适度

---

① 陈卫、孟向京：《中国人口容量与适度人口问题研究》，转引自老龄网（http://www. laoling. com/yanjiu/lunwen/rkyj/2004—09—20/55. html）。

人口规模进行了不同方案的预测和比较。但上述研究的明显不足是没有将各种制约适度人口的因素综合地放在定量模型中，而是分别地考察经济、资源环境对人口的吸纳能力。[①]

袁建华等的估算（1998）表明，如果人均国民收入达到中等发达国家的发展水平，人均年用淡水量为532吨，从水资源上看，中国的适度人口是11.45亿。在充分有效利用科技进步来增加粮食产量的条件下，到21世纪中叶后，中国粮食最大可能的生产量是80000万吨，如果分别按每人需要粮食500公斤和600公斤，中国的最大人口容量分别为16亿和14亿。他们提出中国21世纪的人口战略应使人口逐渐进入零增长，零增长人口保持在最大人口规模或以下。

童玉芬（1998）从可持续发展角度进行了最优人口探讨的尝试。她提出，区域可持续发展最优人口是指最有利于区域达到可持续发展目标要求的人口条件（包括人口数量、人口增长率、人口结构、人口质量、人口分布等条件）。她认为衡量人口的适度与否，应该从是否最有利于可持续发展的角度来衡量。

田雪原认为，随着人口增长和资源消耗量的增大，总体资源的稀缺性加剧，耕地、淡水等资源短缺严重，制约着可持续发展。因此，对于中国说来，控制人口数量增长是拯救资源短缺的根本性战略举措。他同时强调，控制人口数量增长是减少资源短缺的外部效应，解决资源短缺还必须从资源的开发利用本身具有的内部效应去寻找。面对资源消耗增加的战略重点是提高资源利用率，走节约资源型发展道路。[②]

程恩富结合人口因素，认为资源对中国未来可持续发展的制约体现在：一是人口数量的增加和生活质量的提高，使人均资源的消耗表现出很强的人口"分母加权效应"，导致目前人均主要资源不足世界水平的三分之一至二分之一的状况更趋严峻，资源安全问题日益突出；二是总体看中国目前各类资源在经济技术所能及的范围内都得到了高位开发利用，然而

---

① 陆杰华：《改革开放以来中国人口与经济关系问题研究的回顾与展望》，载《人口与经济》1999年第6期。

② 田雪原：《人口、资源、环境可持续发展宏观与决策选择》，载《人口研究》2001年第4期。

由于总量上的绝对短缺和结构性相对短缺，资源对经济社会发展的保证程度也将日趋降低。[①]

尽管人口容量是一个难以准确计量的抽象概念，但地球的有限性（空间的固定性和资源利用的局限性）决定了人口极限值的存在。适度人口规模是经济社会发展的理想境界。中国计划生育政策的实践表明，发展中国家能够在经济尚不发达的条件下有效控制人口过快增长，缓解人口增长给资源和环境带来的压力，并使现有人口分享到越来越多的发展成果。但是由于人口增长有很强的惯性，而且在控制人口增长方面城乡之间、地区之间并不平衡，包括中国在内的发展中国家实现适度人口规模的理想境界还需要付出很长一段时期的努力。

四 人口政策与环境问题

改革开放30多年来我国的环境问题呈现出局部好转、整体恶化的局面，主要体现在以下四个方面[②]：

第一，环境污染非常严重。我国的环境污染主要有大气污染、水污染、海洋污染、土壤污染、固体废弃物污染等。

第二，水土流失严重。我国是世界上水土流失最严重的国家之一，由于特殊的自然地理条件，水蚀、风蚀、冻融侵蚀广泛分布，局部地区存在滑坡、泥石流等重力侵蚀。

第三，矿区生态环境恶化，由于开采技术或冶炼技术等原因，我国矿区的生态环境受到了严重的破坏，在矿区，由于废气、粉尘及废渣的排放，使矿区的大气环境受到了不同程度的污染。

第四，生物多样性受到严重破坏。由于人口的急剧增加和对资源的不合理开发，加之环境污染等原因，我国的生物多样性遭受的损失也非常严重。目前大约有200个物种已经灭绝，估计约有5000种植物处于濒危状

① 程恩富、王新建：《中国可持续发展的回顾与展望》，载《中州学刊》2009年第5期。
② 董涛涛：《我国人口、资源与环境协调发展的现状分析》，载《中国经贸》2008年第20期。

态，约占我国高等植物总数的 20%，有 398 种脊椎动物处在濒危状态，约占我国脊椎动物总数的 7.7% 左右。

曲格平、李金昌（1991）认为，中国庞大的人口数量通过对粮食、衣着等基本生存条件的巨大需求而转化为对土地、淡水等农业资源的沉重压力，从而促使对矿藏、森林、草原、海洋等生态资源的过度开发，这一切过程又转化为对环境质量的严重损害。低素质的人口结构，也降低了系列旨在调整人口与环境关系的政策效力。因此，尽管人口因素不是产生中国环境问题、资源问题的唯一原因，但确实是个不可忽视的终极根源。他们指出，中国人口与环境之间的矛盾，表现为沉重的人口压力，难以通过迅速的科学技术进步来消解，因而持续地作用于有限的自然资源和生态环境上。因此，中国人口政策不应被单纯理解为限制人口数量的过快增长和提高受教育人数的比例，而应该更着重于推动科学技术进步，提高人类适应和调控自然环境的能力。[1]

从中国的情况出发，牛文元等通过研究认为，任何一个国家要实现可持续发展的良性循环，必须依次实现三个"零增长"，即人口的自然增长逼近于零、资源和能源消耗速率的零增长以及生态环境退化速率的零增长。他指出，只有在人口的零增长实现以后，才可能实现资源、能源消耗速率的零增长。而只有在人口、资源和能源消耗速率这两个方面的"零增长"依次实现的基础上，生态环境的退化速率才能实现零增长。[2]

田雪原认为资源是可持续发展的起点和条件，人口是总体可持续发展的关键（通过人口的生产活动和社会活动，即经济发展和社会发展改变着资源和环境，形成一定历史时期的发展模式），环境是可持续发展的终点和目标。环境是不同发展方式结果的警示器，可持续发展归根结底是为了创造有利于人的全面发展的环境。在此基础上，他提出了环境可持续发展战略的决策选择：一是要扩大宣传，加强全民环境意识；二是要严格执法，贯彻落实《环境保护法》；三是要加大环境治理投入；四是实施环保

① 曲格平、李金昌：《当代中国人口对环境的影响及其协调对策》，载《中国环境报》1991 年 4 月 4 日。

② 牛文元：《可持续发展战略：中国 21 世纪发展的必然选择》，载《中国发展》2001 年第 1 期。

市场取向的改革。[①]

曹新强调提高人口的资源环境素质。[②] 人口的资源环境素质指人口开发利用和保护资源、环境的知识、技能以及人口的生态环境意识。是否具有健康的生态环境意识已成为衡量一个国家国民素质的重要标志。因此，要把树立全民生态环境意识作为提高人口资源、环境素质的重点，把人口教育、环境教育植根于国民教育之中，使社会公众具备基本的生态环境基础知识、生态环境国情意识和人口意识，并使之长期保持人口、环境的危机感和忧患意识。

目前我国的人口与环境之间存在着一些不协调的因素。我们既要有效控制人口增长，又要综合采取教育宣传、法制、科技等方面的措施来协调人口与环境的依存关系。

五　人口政策与失业问题

就业压力巨大是中国经济社会发展长期面临的突出矛盾，主要表现在劳动力供求总量矛盾和结构性矛盾同时并存，城镇就业压力加大和农村富余劳动力向城镇转移速度加快形成叠加，新成长的劳动力就业和下岗失业人员再就业相互交织。程晓农估计，中国城市的实际失业率达到20%，失业人数约有4000万—5000万，他认为，中国内地中小城市的失业率都在30%以上。[③] 2009年高校毕业生人数达611万，比2008年增加52万，同比增长9.3%。同时，农村富余劳动力转移就业规模继续加大，而且转移速度不断加快。新增劳动力已经进入高峰期，大大超过了当前经济发展水平的吸纳能力，从而使得就业矛盾进一步突出。

易富贤强调人口多对我国当前扩大内需和增加就业的积极作用。他认为，人口决定消费，消费决定需求，需求决定就业。[④]

---

① 田雪原：《人口、资源、环境可持续发展宏观与决策选择》，载《人口研究》2001年第4期。
② 曹新：《协调人口与资源环境的关系》，载《中国人口未来的可持续发展研究》，中国人口网。
③ 彭人哲：《中国失业问题现状及对策》，载《经济研究导刊》2008年第15期。
④ 易富贤：《大国空巢》，香港大风出版社2007年版。

　　胡鞍钢（1999）使用回归分析技术，根据我国 30 个省区市 1979—1994 年的有关数据，测算了发展的初始条件（即 1978 年的人均 GDP）、区位条件、基础设施、资本投入、人口增长、人口质量等因素对经济增长（用人均 GDP 增长率表示）的影响。在 4 个多元回归方程中，人口增长率作为自变量之一，其回归系数均为负值，在 −0.59 至 −0.36 之间，于是得出结论：人口增长率每降低 1 个千分点，人均 GDP 增长率可提高 0.36—0.59 个百分点，并进而推论：“人口自然增长率只要降低几个千分点就会明显促进人均 GDP 增长。”[①]

　　王谦、郭震威则认为，虽然控制人口增长在我国及绝大多数发展中国家有利于经济发展，但是现有的理论研究还不能完全揭示人口与经济相互作用的内在机制。现有的实证研究往往因为数据质量不佳、定性分析失当、定量分析欠妥等原因，尚不能准确反映人口变动与经济增长有关指标的数量关系。[②]

　　周培元认为，中国失业问题的根源可以归结为两个方面：一方面是由于错误的政策导致我国人口基数太大和人口质量太低形成失业；另一方面是由于生产效率的提高导致相对人口过剩引起失业。他进一步指出，近几年来中国沿海发达地区的“民工荒”现象一个很重要的形成原因就是计划经济时遗留下来的城乡分割的户籍制度和就业制度，使得农村劳动力的合理流动十分不畅，其中表现最突出的就是进城务工的农民缺乏身份认同，子女入学困难，常受到不平等待遇及歧视，而城市政策制定者对进城务工农民的管理手段往往也是粗放式和粗暴式的，没有从以人为本的角度去解决问题。[③]

　　曹新认为，中国经济发展不能再走以资源高消耗和生活资料的高消费来支撑和刺激经济增长的传统现代化道路，更不能靠“人海战术”来实现

---

　　①　胡鞍钢：《中国发展报告：社会与发展——中国社会发展地区差距研究》，浙江人民出版社 1999 年版。

　　②　王谦、郭震威：《人口增长对经济增长的影响分析——与胡鞍钢博士商榷》，载《人口研究》 2001 年第 2 期。

　　③　周培元：《我国失业原因探索》，载《东南学术》2005 年第 3 期。

其经济增长的目标。在中国人口、资源、环境等各个方面都比较紧张且相互联系、相互制约的状况下，中国未来的经济发展战略应该是各个方面协调配套、相互衔接、兼顾当前和未来的整体发展战略。[①]

陆杰华认为迄今学术界对人口变化与市场需求关系的研究仍存在着两个明显的不足：一是在测量人口变动对市场需求的作用缺少科学的量化方法；二是没有充分利用现有的数据资料和人口分析方法来分析人口变化对市场需求的影响。[②]

尽管人们对人口增长和经济发展关系的研究还很不充分，在人口增长如何影响经济增长的内在机制及作用幅度与方向上还没有达成共识，但是在人口过度增长对经济发展的阻碍方面，全球基本上已经形成共识。笔者认为：只有保持人口适度增长才可能扩大市场，刺激消费，促进经济增长，带动就业。片面强调靠人口增长来拉动需求从而扩大就业的观点是没有科学依据的。

六　人口政策与人口性别比问题

出生人口性别比指该人口某一时期（通常为一年）内出生的男婴总数与女婴总数的比值，用每百名出生女婴数相对应的出生男婴数表示。联合国 1955 年设定的正常值在 102 至 107 之间。

我国已成为世界上出生人口性别比失调程度比较严重、持续时间比较长的国家。我国 1953 年、1964 年、1982 年、1990 年和 2000 年五次人口普查出生人口性别比分别是 104.9、103.8、108.5、111.3 和 116.9，从 1982 年以来有明显偏高势头，并有继续攀升的迹象。国家统计局公布的 2004 年人口变动情况抽样调查结果报告，零岁组的人口性别比为 121.18。如果以 107 为合理范围的最高限，2000 年全国只有西藏（102.7）、新疆（106.1）和贵州（107.0）在正常界域，其余都超过了标准，其中有 7 个

---

① 曹新：《协调人口与资源环境的关系》，载《中国人口未来的可持续发展研究》，中国人口网。
② 陆杰华：《中国人口与经济关系问题研究》，载《人口与经济》1999 年第 6 期。

省超过了 120.0，海南和广东高达 135.6 和 130.3。[①]

国内外学者进行了比较深入的研究，特别是利用 1995 年全国 1% 人口抽样调查资料、2000 年全国人口普查数据以及其他专项调研资料，对出生人口性别比的状况与趋势做了深入研究。综合近年来有关出生人口性别比研究的主要成果，中外学者的看法已经基本趋于一致，那就是：自 20 世纪 80 年代以来的出生性别比偏高，且在逐渐升高是中国已经普遍存在的客观事实；出生性别比偏高是多因素综合作用的结果，产前性别鉴定和性别选择终止妊娠为主因，漏报等因素也有影响。由此，出生人口性别比问题的研究从"存疑"进入到了"求解"的新阶段。[②]

慈勤英强调出生性别比问题的分析必须要有性别视角，是因为性别比问题是女性社会经济地位低下的一个极端的集中的表现，其最深层的原因是社会广泛存在的性别不平等和性别歧视。对出生性别比问题的关注不仅要关注出生前性别选择技术和行为的控制，更应强调对出生后女性的生存保护以及对分性别死亡率的关注，后者才是出生性别比已然升高之后的一个解决对策，即通过尽可能的保有已出生的女性，期望成年后的性别比有所降低或至少不再升高。[③]

穆光宗认为"B 超"管理和控制虽然重要，但毕竟是末端治理，并不能从根本上消除性别歧视。根本问题是要改造性别歧视文化，发展性别平等文化。然而，这么一种新文化的发展不可能单纯依靠政府的宣传去推动和实现，还需要和利益导向机制的完善、性别平等的实现等紧密结合。[④]

周长洪根据被调查的农民家庭情况，概括了一个因果关系链条，即：农民家庭从其所处的经济社会文化环境中，产生特定的生育需求和男孩偏好，并本能地以生育的家庭效用最大化和成本最小化原则出发，斟酌医学技术支持的方便性、有效性、安全性、经济性等因素，考虑现行生育政策

---

① 穆光宗：《中国出生人口性别比研究》，载《21 世纪经济报道》2006 年 4 月 10 日。

② 杨云彦主持：《中国出生人口性别比：从存疑到求解》，载《人口研究》2006 年第 1 期。

③ 慈勤英：《研究出生人口性别比问题要有性别视角》，载《人口研究》2006 年第 1 期。

④ 穆光宗：《出生人口性别比问题的新发现和新对策：以湖北为例》，载《人口研究》2006 年第 1 期。

的约束条件，权衡各种行为可能带来的后果，在此基础上，作出是否进行、何时进行以及采取何种方式进行生育性别选择。在这些诸多因素的综合作用下，许多农民家庭的男孩偏好被"挤压"到政策内二孩生育上进行男孩性别选择，结果导致二孩生育性别比显著升高，并使总出生性别比偏高。[①]

马瀛通等认为，总体出生性别比升高与生育率下降速度快慢没有必然的因果关系，但性别偏好影响生育行为在一定条件下与终止生育或再生育有着一定的相关关系。他们对比20世纪70年代与80年代以来的出生性别比变化，认为中国近期的人口出生性别比异常升高，并非是计划生育政策所致。他们指出，那种把出生性别比异常升高归因于生育率下降速度，乃至把中国人口伴随着生育率的持续下降，其出生性别比呈现升高的趋势视为是一种必然，显然是定性错位。

笔者认为，导致出生人口性别比升高的因素很复杂，但从本质上看，出生人口性别比升高是男女不平等的突出表现，是女孩生存权和发展权受到侵害的集中反映。只有从根本上提高妇女的政治、经济和社会地位，实现男女平等，才能消除人们在生育问题上的男孩偏好。当前应采取有效措施遏制出生人口性别比升高的势头。一方面要加大宣传力度，倡导生男生女都一样的生育观，制定有利于提高女童和妇女地位的经济社会政策；另一方面要加强法制建设，坚决杜绝非医学需要胎儿性别鉴定行为和选择性别人工终止妊娠行为。

总结和结论

我国是世界上人口最多的国家，既有丰富的人力资源优势，又面临巨大的人口压力。当前我国可持续发展面临的诸多问题无不与人口有直接的关系。人口生育政策应统筹人口与经济、社会、资源、环境等因素，既要

[①] 马瀛通、冯立天、陈友华、冷眸：《中国出生人口性别比研究》，载《中国人口发展评论：回顾与展望》，人民出版社2000年版，第169—199页。

不断完善现有的政策和做法，稳定低生育水平，又要精心研究，适时调整目前实行的城乡差别化的计划生育政策，完善现行计划生育政策和目标，促进可持续发展。

后　记

　　由亚洲和中国第一智库——中国社会科学院（根据 2009 年初由美国学者发布的"全球智库影响力研究"报告）所属的经济社会发展研究中心领衔、全国十多所知名高校共同组建的"中国经济社会发展智库理事会"，通过举办智库论坛、出版智库报告和智库丛书等，对国内外重大理论和政策问题陆续发表反思性、建设性、前瞻性和创新性的观点，发挥名符其实的学界思想库的作用，供有关党政部门和公众思考。

　　伴随新中国成立 60 周年、改革开放 30 余年来经济社会发展取得的辉煌成就和计划生育政策的成功实施，我国的人口形势也发生了巨大变化。在人口基数庞大和继续增加的基础上，人口出生率和人口增长率都下降到较低水平。人口结构也发生重大变化。城市化进程加快，而人口流动和就业问题凸显。新世纪新阶段在科学发展观的指引下，如何调整我国的现行人口政策？是继续执行严格"一胎化"的生育政策，还是开始放开"二胎"的生育政策？人口数量与人口结构、质量如何兼顾？人口与资源、环境如何协调？现今的人口数量、结构和质量与未来的人口数量、结构和质量如何统筹？这些问题成为专家学者、政府官员等社会各界关注和辩论的焦点。中国经济社会发展智库理事会于 2009 年 7 月 21 日在中国社会科学院召开了"新人口理论与政策——中国经济社会发展智库首届论坛"，中国经济社会发展智库丛书第 1 辑《激辩"新人口策论"》，是在会议论文集的基础上，选编了不同人口理论和政策主张的专家学者的文章集结而成的，以飨读者。

此书的顺利出版特别感谢宋健院士、王伟光常务副院长、赵白鸽副主任、杨魁孚原副主任、田雪原学部委员等人的大力支持，感谢中国社会科学出版社赵剑英总编辑、田文编辑等编校人员的帮助和辛苦劳动，感谢作者们的赐稿和杰作。

编　者
2009 年 12 月